熟議が壊れるとき

民主政と憲法解釈の統治理論

Cass Sunstein
キャス・サンスティーン 著
那須耕介 編・監訳

Deliberative Trouble? Why Groups Go To Extremes
Beyond the Republican Revival
Beyond Judicial Minimalism
Second-Order Perfectionism
Second-Order Decisions

勁草書房

熟議が壊れるとき　民主政と憲法解釈の統治理論

目　次

Deliberative Trouble? Why Groups Go to Extremes

第１章

熟議のトラブル？

——集団が極端化する理由

早瀬勝明訳

民主主義がいつでも望ましい結論をもたらすとはかぎらない．
熟議の過程には極端な結論へと“暴走”するメカニズムがあった——．
「集団極化」というこの現象は，同質的な集団が閉鎖性を強め，
異論の表明をさまたげるときほど生じやすい．
閉鎖的熟議をめぐる著者の考察は，
熟議が誰の目にも不合理な結論を下してしまう可能性を示しつつ，
他方では多数派の声にかき消されがちなマイノリティの主張を
汲み上げるための梃子にもなりうることを指摘する．

統治を担う（立法）機関における意見の相違や党派の対立は、……しばしば熟議や精査を促し、多数派の暴走の抑制に資することが多い。

――アレグザンダ・ハミルトン[1]

我々は日々意見交換を行い、それによって自らの偏向を抑え、視野を広げている。他人との意見交換によって、我々は、自分とは異なる視点から物事を見るよう促され、自分の視野には限界があることを痛感させられる。……討論が有益なのは、事実、立法を担う代表者であっても、推論を行うための知識と能力には限界があるからである。彼らの中に、他の代表者が知っていることのすべてを知っている人はいないし、全員が協力したときにできる推論とまったく同じ推論ができる人もいない。討論は、情報を持ち寄り議論の幅を広げる方法の一つなのである。

――ジョン・ロールズ[2]

人はそれぞれ、自分の知識を他人と共有することができる。それによって、全体の知識は、最低でも各人の知識の総和となる。ただ、残念ながら、このような現象はそう頻繁に起こるものではない……。

……極化が進行すると、集団の構成員は、あるテーマについて集団の合意ができあがりつつある状況で、その合意と抵触しそうな情報を議論の俎上に載せるのを、ますます躊躇するようになる。その結果、集団は、限られた事実しか考慮しない、偏った討論を行うようになる。構成員が他の考慮要素を組上に載せないからである。

……

……こうして、彼らが述べる考えは、それぞれ、意見を多様にして議論を活性化するのではなく、集団的合意へ向かう単調な流れを強化する。

――パトリシア・ワラス(3)

1　序

以下の事例について考えてみよう。

・テキサス州で、積極的差別是正措置《アファーマティヴ・アクション》が非難の的になっている。一方、テキサス大学のある学部に在籍する多くの教授たちは、積極的差別是正措置を支持する傾向にある。彼らは、意見交換のため、そして必要ならば追加措置を講じるために、集まった。意見交換をした後、教授たちはどう考え、どう行動するだろうか。

・ある高校で銃撃事件が起こり、全米に報道された。その後、ある地域の住民が、新たな銃規制の導入がありうるかを討論するために集まった。ほとんどの人が、より厳しい銃規制の導入に、どちらかといえば賛成している。この討論のあと、人々の見解に変化が起こるとすれば、それはどのような変化だろうか。

・陪審が、ある事案について懲罰的損害賠償金の額を決めようとしている。大企業の重大な過失が、小さな子どもの深刻な怪我につながった事案である。集団として審議を始める前、各陪審員の念頭にあった適切な賠償金の額は、平均すると一五〇万ドルであり、最高額と最低額の中央値は一〇〇万ドルであった。さて、統計にあらわれる一般的現象として、陪審が最終的に決定する額は、右の額と比べてどうなるだろうか。

・ある女性グループは、彼女らが「フェミニズムの専制」とみなす事態を懸念している。彼女たちは、「女性は自分のことを自分で決められるべきだ」と考えるが、女性と男性には根本的な違いがあり、その違いのゆえに各々異なる社会的役割が割り当てられるのは理に適っているとも考えている。そのグループは、共通の関心事に焦点をあてて議論するために、二週間に一回集まることにした。さて、一年後、このグループのメンバーの考えはどのようなものになっているだろうか。

どの社会にも、熟議（deliberation）を行う無数の集団がある。教会、政党、女性団体、陪審、議会、規制委員会、合議体の裁判所、大学の学部教授会、学生組織、ラジオのトーク番組の出演者、インターネット上の討論集団やその他の集団が、熟議を行っている。人は討論を通じて自分の意見を変えることがある[4]。それはごく普通の社会的事実であり、道徳的、政治的な問題について討論した場面でも起こる。この点を強調して、最近の評者の多くが、米国で受け継がれてきた「熟議民主主義」への熱情を好ましく受け止めてきた。それは、民衆の応答を、異なる意見をもつ人々の間で行われる深い熟考や意見交換と結びつけようとする理念である。[5] しかしながら、そこから生まれた論考の大半は、実証的なものではなかった。[6] 熟議によって現実の世界にもたらされる帰結や、実際の熟議の背景にある一般的な傾向、内部にさまざまな傾向や構成員を含む集団の問題には、あまり取り組んでこなかったのである。

先に引用したハミルトンやロールズの見解は、熟議についての標準的見解である。集団討論において、競合する見解が示され、意見が交換されさえすれば、よりよい結論が導かれる可能性が高い、と。アリストテレスは、同様の言葉で、以下のようなことを述べている。すなわち、多様な人々が、

> 一堂に会すると、……彼らは――個人としてではなく、ひとまとまりの集合体として――、滅多にいない最高の人物を凌駕する力をもつだろう。……（熟議の過程に貢献する）多くの人々がいる場合、それぞれが美徳と実践知を分けもっている。……各人がそれぞれに異なる側面を正しく理解する結果、人々は全体として、すべてを正しく理解することになる。[7]

しかしながら、ここに重要な問題がある。経験的な事実として、「各人がそれぞれに異なる側面を正しく理解する結果、人々は全体として、すべてを正しく理解する」などということが本当にあるのだろうか。そして、あるとすれば、どのような条件が揃った場合なのか。

本章は、「集団極化（group polarization）」[8] について考察する。この現象は、統計にはっきりと頻繁にあらわれるのだが、ほとんど無視されてきた。私の主要な目的は、集団極化現象について検討し、こ

の現象を、異質混交的な民主政の「公共圏」[9]における熟議の役割にかかわる、基礎的な諸問題と関連づけて議論することである。簡単にいえば、集団極化とは、熟議集団の構成員が、お決まりのように、熟議前の自分たちの傾向をより極端化させることを意味する。[10]「分子が極性化するように、集団の構成員は一丸となって自分たちの傾向を強めていく」[11]。たとえば、先にみた第一の、積極的差別是正措置について議論する集団は、その措置をますます強固に支持するようになる可能性が高い。第二の、銃規制について議論する集団は、かなり熱心な銃規制推進派になっているだろう。懲罰的賠償金の額を決める陪審は、中央値の額以上の、またおそらくは平均よりも高い金額をはじき出すだろう。さらに、審議前に個々の陪審員が考えていたなかでもっとも高い額か、あるいはそれ以上の金額を決定する可能性も十分にある。フェミニズムを憂慮する女性グループは、ジェンダーの問題についてじつに保守的な態度をとるようになるだろう。とくに、集団の構成員が極端主義的な傾向をもつ場合は、以上のような変化が起こる可能性が高いし、変化の度合いも大きくなりやすい。同じことは、なんらかの明確なアイデンティティを共有している集団についてもあてはまる（そのような集団として、共和党員や民主党員、法律家が考えられるが、陪審や実験の被験者は、そのような集団ではない）[12]。考えの似通った人々が、「反復的極化ゲーム」に参加している場合——すなわち、自分たちと異なる見解をほとんど見聞きせずに、定期的に集まるような場合——、そこからよりいっそう高い確率で極端化が生じると考えられる。

集団極化は、おもに二つのメカニズムによって生じる。第一に、個人の行動に及ぶ社会的影響、とくに自分の評判や自己像を守りたいという願望の存在が指摘される。第二に重要視されるのは、各集団における「議論の蓄積」の有限性と、その結果として集団構成員が向かうことになる方向である。この二つのメカニズムを理解することで、熟議集団にかかわる多くの洞察が得られる。ここでいう集団には、合議体の裁判所や陪審、政党や議会が含まれる――民族集団や過激派組織、犯罪集団、学生組織、教員組織、他と抗争や「縄張り争い」をしている団体、職場、家族は、いうまでもない。同時に、二つのメカニズムは、規範的な観点から、熟議に関して深刻な疑問を提起する[13]。すなわち、もし熟議によって、集団のもともとの傾向がより極端になることが予想されるのならば、その傾向がどのようなものであれ、熟議によって事態が改善されると考える理由はあるのだろうか、と。

本章のもっとも重要な目的の一つは、孤立集団内の熟議（enclave deliberation）に光をあてることである。この種の熟議は、社会的安定への潜在的脅威、社会の断片化の原因であると同時に、社会的な不正義や不合理に対する防波堤でもある[14]。集団極化は、社会の同質性が熟議の適正さを大きく阻害する要因となりうるのではないかという、古くから指摘される問題を説明する一助となる。そして、これは憲法の問題とも明確に関連する[15]。人々が反響して返ってくる自分自身の声を聞いていると、支持や補強を大きく超える結果を生むことがある。そう考えると、集団極化を理解することは、考えの似通った人たちだけで行われる熟議の危険を減じるための、社会的実践の道筋を示すことにつながる。独立規制委員会を一つの党が独占することの禁止、二院制の要請、そして比例代表あるいは集団代表の価値に関する合衆国内外の論議について考えてみてほしい。孤立した集団で行われる熟議に疑いをもつ理由として、また熟議が多様な人々からなる幅広い集団の間で行われるよう試みられる理由として、集団極化が挙げられるのは、自然なことなのである。

しかしながら、孤立集団による熟議には、好ましい面もある。多様な人々からなる集団では、劣位におかれている構成員――時代や場所によって、女性やアフリカ系米国人、満足な教育を受けていない人々がそれにあたる――の見解は、簡単に無視されがちである[16]。このような場合、孤立集団による熟議は、彼らの意見を発展させ、人々の耳に届くようにするための唯一の方法かもしれない。孤立集団による熟議の機会がなければ、より広い公共圏にいる市民は、決まりきった方向に向かうだろうし、その方向性をさらに極端にすることもあるだろう。その原因は、はっきりしている。反対意見を聞く機会がまったくないからである。ここには相反する二つの教訓がある。すなわち、熟議を行う孤立集団は、不当に抑圧された見解を発展させるための基盤にもなりうるし、筋の通らない極端主義、実質上熱狂ともいうべき状況を生み出す基盤にもなりうるのだ。

本章の構成は以下のとおり。第2節では、個人の判断を左右する社会的影響について検討する。ここでのおもな検討の素材は、社会的カスケード現象である。多くの人々が行動したり発言したりした後、それを見聞きした人が自分ではさほど多くの情報をもっていない場合には、見聞きした行動や発言に沿った言動をとる可能性が高い。そして、この現象が、政治に参加する人々を予想外の方向、場合によっては極端な方向に向かわせかねないのである。第3節では、集団極化に関する基本的な説明を行う。あわせて、集団極化の根底にある社会的影響と説得的議論のメカニズムについて詳しく述べる。第4、5、6節で扱うのは、民主主義や法と集団極化との密接な関連性である。第4節では、記述的な作業を行う。ここでは、集団極化が、法理論と民主主義理論が交差するさまざまな問題領域で、どのような帰結をもたらすのかについて考える。ここには、抗争、民族紛争、陪審、委員会、合議体の裁判所、インターネット上で行われる熟議の問題が含まれる。第5節は、規範的視点から検討を行う。ここではさまざまな要素を同時に取り上げるが、これは集団極化がいかにして熟議のトラブルを生み出すのかを明らかにする一つの試みである。ここではさらに、集団極化現象と熟議のための制度設計との関連性、および、この現象と立憲主義的構想の主要な特質との結びつきも明らかにする。第6節は、考えが似通った人々からなる孤立集団の内外で行われる熟議の役割に焦点をあてる。そして、熟議を行う孤立集団の構成員が、自分たちとは異なる観点を遮断してしまわないようにする必要性について、強く主張する。第7節では、本章の結論を簡単に示す。

2　社会的影響とカスケード

(1) 一般論

近年非常に大きな注目を浴びているのが、個人の言動を左右する社会的影響というテーマである。[17]この種の影響は、集団極化の場で起こることと多くの共通点をもち、また民主的熟議ともかかわる。したがって、ここで社会的影響について簡単にでも触れておくことには意味が認められるだろう。

社会的影響は、さまざまな集団を急激に一定の方向へ向かわせることがある。これは、多くの場合、カスケード（cascade）効果〔訳注：階段状の滝のように、あることから次々に影響が及んでいくこと〕が生じた結果である。この効果は、情報（正誤は問わない）の広がりと、評判の圧力の高まりの、いずれかを含んでいる。カスケード効果は、局地的に集中して、一定集団の構成員を特定の考えや行動に向かわせることがあるが、これ自体に不合理な点があるわけではない[18]。ただ、行き着いた先の考えや行動は、他の集団構成員の目には、根拠のない、あるいはそれ以下のものに映る場合がある。だが、このような見方も合理性に欠けるところはない。局地的なカスケードは、さまざまな集団を、同じ話題や出来事について、まったく異なるが同じように頑迷な見解に導く可能性をもつのである[19]。

人はよく身近な人の考えや行動につられて、同じように考えたり行動したりしてしまう[20]。たとえば、労働者たちが訴訟を起こすと、同じ職域に属する他の労働者たちも訴訟を起こす可能性が高くなる[21]。整理整頓をするしないの習慣は他に伝染するといわれる[22]。税金をきちんと納める人を増やすには、自発的な納税率の高さを宣伝するとよい[23]。テレビ局は他局と同じような番組を作りがちである[24]。学生が、酒を飲んで大騒ぎするような学生はほとんどいないと考えている場合には、その学生も無茶な酒の飲み方をしない可能性が高い。だから、「酒を飲んで大騒ぎをする人間は少ないのだ」と教えることは、大学キャンパスでの馬鹿騒ぎを減らすことに成功した数少ない方法の一つなのである[25]。

社会的影響は、二つのメカニズムによって、人の言動を左右する[26]。第一は、情報にかかわる。人の行動や発言は、情報の外部効果を生む[27]。多くの人が特定の候補者を支持したり、薬の服用を拒否したり、銃を携行したりすると、それを見聞きした人、とくに同じ集団に属しながら見聞きした人は、そこから一定の行動への示唆を受ける。第二のメカニズムは、評判にかかわる。集団の構成員がある人を変わり者とみなし、その人になんらかの制裁を加えるようなことが起こると、他の人は自分も同じような扱いを受けるかもしれないと考えるようになる[28]。人は、自分が本当にすべきことが何かを知るには他人の行動を見ればよいとは考えていなくても、他人が何をすべきだと考えているかを知るには、他人の行動を見ればよいと考えることもあるだろう。このように、人の行動が表に出ると、評判の外部効果が生まれる。人は自分の評判を気にするし、集団の構成員が期待している（と自分が思う）とおりに行動した方がいいような気持ちになる。たとえば、評判を気にするがゆえに、法に従ったり従わなかったり、集団討論である一つの考えを力説したり、特定の車種を買ったり[29]、飲酒運転をしたり、誰かを手助けしたり、定まった方向での政治的論議をしたりする。評判を心配すると、あらゆる場面で人の言動に影響が出る。そのなかには、民主的討論における言動も含まれる。この討論の参加者たちは、評判を気にして表向きの意見を変えることが少なくないのである[30]。

(2) 古典的実験

ソロモン・アッシュが行った実験は、集団の影響力をもっとも鮮明に表している。この実験で、人は、自分の感覚で認識したことが何よりの証拠となるはずの場面で、その証拠をみずから放棄するような行動に出たのである[31]。実験では、大きな白いカードが用意された。そこには一本の線が描かれている。被験者は、その線と同じ長さの線を、別の同じようなカードに描かれた三本の線から選ぶよう指示される。三本のうちの一本は、間違いなく同じ長さである。他の二本は、全然長さが違っていて、その違いは、一・七五インチから〇・七五インチとなっている。もともとの実験では、八人が同じ長さの線を選ぶよう指示されたのだが、じつは、真の被験者は一人であった。他の七人は、被験者であるとみせかけて、実際にはアッシュの実験の協力者だったのである。

さて、実験の最初の二回は、全員が同じく正しい解答を選んだ。この時点では、実験に緊張感はまったく感じられない。しかし、三回目には、「予想外の混乱」がもたらされる。[32] 七人の実験協力者が、明らかに誤った答えを選ぶのだ。その答えが間違いだということは被験者にはっきりとわかるし、まともな人なら誰にでもわかる。しかし、七人の実験協力者たちは、明らかに長い、あるいは明らかに短い線を、同じ長さだとして選んだのである。このような状況で、被験者は、自分自身の判断を維持するか、多数派の答えに合わせるかの選択を迫られることになる。はたして、被験者の多くは、多数派に合わせた答えを選んだ。通常は、被験者の誤答率は一%にも満たなかったのだが、誤った答えを選ぶ方向に集団の圧力がかかると、被験者の誤答率は三六・八%になった。[33] 線の選択は一二回くりかえされたが、じつに七〇%以上の被験者が、少なくとも一回は、集団に合わせた解答をして、自分自身の感覚がつかんだ証拠を無視したのである。

　集団の影響を受ける度合いは、人によって異なっていた。ほとんどつねに集団に合わせる人もいれば、集団の影響をまったく受けずに判断する人もいる。重要なのは、実験の条件を少し変えるだけで、結果がまったく違ってきたことである。正しい答えを選ぶ人、まともな発言をする人が最低一人いるだけで、同調と誤りは劇的に減少した。たとえ誤った答えを述べる方が圧倒的多数だとしても、他にたった一人でも正しい答えを述べると、被験者の誤答は四分の三程度減ったのである。[34] 逆に、間違う人数によって違いが出るのは、三人までである。それを超えると、間違う人数による違いはほとんどなかった。自分と違う答えをする人が一人である場合、被験者の誤答はまったく増えない。二人の場合、誤答率は一三・六%に増えた。三人の場合、三一・八%に増えた。そこからは、自分と違う答えの人がより多くなっていっても、誤答の確率にたいした変化はなかった。

より最近の研究では、社会的影響のある重要な特徴が明らかにされている。それは、民主政における集団的言動に直接関係する。被験者が、自分と実験協力者たちとの関係をどう考えているか、とくに実験協力者たちが属する集団に自分も属していると考えているかどうかに、多くのことが左右されるというのである。公の発言における同調――そして誤り――が、劇的に増加したのは、被験者が、自分はある程度まとまりのある集団に属しており、実験協力者たちも同じくその集団の構成員だと考えている場合である（たとえば、全員が心理学専攻）[35]。対照的に、公の発言における同調が劇的に減少し、したがって誤りも劇的に減少したのは、被験者が、自分は実験協力者たちが属している集団（たとえば、全員が古代史専攻）とは別の集団の構成員だと考えている場合である[36]。注目すべきは、あとで匿名を条件に聞いてみると、被験者が他の実験参加者と同じ集団に属していると考えている場合とそうでない場合とで、個人的な見解にはほとんど違いがなかったということだ。どうやら、公の場で多数派に対する賛成の意が示されたとしても、発言者が自分は多数派と同じ集団に属していると考えている場合、その発言は不正確で本心ではないという可能性が高いのである[37]。

人は、情報と評判のどちらを考慮に入れても、誤った方向に向かうらしい。アッシュの実験では、個別の面談において、自分の意見は間違っていたにちがいないと述べた人が、何人もいたという[38]。一方で、これらの発言は、ある不協和を避けようとするがゆえになされている可能性がある。その不協和は、自分の発言は間違いだが、そう発言した理由は評判を気にしたからという以外にはないと認めることから生じる。注目すべきは、被験者が純粋に個人的な回答を求められたときは、誤りが大きく減少することが実験で確認されたことである[39]。先に紹介した研究において明らかになったのは、次のような人々の姿であった。すなわち、人があくまで個人的に話すときは、実験協力者と自分が同じ集団に属していると考えていても、答えの正確性は非常に高くなるし、答えを周りの人に合わせることも非常に少なくなるのである[40]。

アッシュは、実験結果から、「社会的プロセスが『同調を強いる力』」によって「深刻な悪影響を受ける」可能性があると結論づけた。「……われわれの社会において、同調の圧力が非常に強いものであるがゆえに、……十分な知性と善良さをそなえた若者が、白を黒だと自分から言ってしまうのは、憂慮すべき問題だ[41]」。ただし、アッシュの実験には、熟議がともなっていない。実験に参加した人たちは意見交換をしていないのである。実際、もしアッシュの実験の協力者たちが理由を示しながら答えを述べたとしたら、同調と誤りは減ったと思われる。誤った答えにどのような理由を示すことができようか。しかし、他人の誤った答えに接しただけで相当な数の誤りが生じてしまうという事実から、提起される問題がある。すなわち、集団内で行われる熟議によって、はたして人々は正しい方向に向かうことになるのか、向かうとすればそれはどのような場合なのか。

(3) 社会的カスケードと法関連カスケード

社会的影響を扱った最近の非常に多くの著作が、情報と評判にかかわる「カスケード」の可能性を指摘する[42]。これらの知見は、明らかに法や政治と関連がある[43](人種的平等、男女平等、地球温暖化、死刑、エイズ、訴訟提起、大統領候補といった問題について考えてみてほしい)。事実、アッシュの著作は、人がカスケード効果の影響をとても受けやすいことを論証している。この効果の興味深いところは、それが流行病にも似た性格、あるいは伝染病のような性質をもつ点にある。いつもそうだとはかぎらないが、集団極化はカスケード効果の所産である場合がある。したがって、カスケード効果を背景として考えれば、集団極化の理解に役立つだろう。

情報カスケード

独自の情報がほとんどないとき（時にはそうした情報がある場合ですら）、人は、他人の言葉や行動がもたらす情報に頼ることになる。たとえば、有毒性廃棄物が放置されている場所が実際に危険なのかどうかについて、Aは知らないとしよう。もし、Bがその場所の危険性をおそれており、そう考えることにきちんとした理由があるようにみえるならば、Aの気持ちは危惧する方へ傾く可能性がある。もし、AとBの危惧にはどちらもきちんと理由があると考えるならば、危険はないとする見解の根拠となる情報をCが独自にもっていないと、Cも、AやBと同様の考え方をするようになるかもしれない。もし、A、B、Cが有毒性廃棄物の放置場所が危険だと考えているにもかかわらず、Dが彼らの考えには同意しないと言うためには、Dは自分の考えについてかなり強い確信が必要だろう。

人が何か新しいこと、またはそれまでと違う何かを信じたり、行ったりしはじめるのは、ある閾値を超えたからであるが、その閾値は人それぞれである。閾値の低い人が一定の考えや行動にいたると、ある程度閾値の高い人がそれに同調する。その同調が波及していって、集団を形成する力が臨界に近づき、やがて「頂点」に達する。あるいは、その力は国家すら形成してしまうかもしれない[44]。このような作用は、雪だるま効果あるいはカスケード効果を生む可能性がある。すなわち、大小を問わず集団が、「他の人たちが正しいと考えているような気がする」というだけの理由で、何か——たとえ、それが誤りであっても——を信じるようになるのである。さまざまな実験から、情報カスケードにかかわる多くの証拠が得られている。それらの証拠は、実験室で簡単に取り出せる(45)。また、現実世界でも、カスケード効果に関係する現象は非常に多く存在すると思われる(46)。たとえば、喫煙、抗議運動への参加、ストライキ、暴動、株の購入(47)、テレビの選局(48)、さらにはひどいディナー・パーティーを抜け出すことなどについて考えてみてほしい(49)。

カスケード現象は事実判断と結びつけて論じられることが多かったが、同様の作用は政治的、法的、そして道徳的な問題領域でもはたらいているはずである。たとえば、以下のような状況を考えてみよう。Ａは、積極的差別是正措置は誤りであり、憲法違反だとさえ考えている。Ｂの考えは、賛成、反対のどちらでもないが、Ａの考えに耳を傾けることにした。そして、Ｃは、積極的差別是正措置にどちらかといえば賛成なのだが、ＡとＢが賛成しないなら、自分の意見を押し通すつもりはない。もしＤが、このような状況、すなわち、他の三人が自分とは違う考えを本気で信じている（ようにみえる）状況で、三人とは異なる立場に立つとすれば、Ｄは、自分の考えの正当性を本気で信じていることになるだろう。人は、さまざまな問題について、何が正しいのか確信をもてないことがある。たとえば、死刑が科されるべきか否か、憲法は中絶を権利として保障しているのかどうか、ごみのポイ捨てや喫煙は誤りなのか等々。たいていの人は、自分自身の考えに確信がもてないとき、身近な人の考えのように感じるものと同様の考え方をするようになる。

裁判官もまた、カスケード効果の影響を受けやすい人たちである(50)。同じ作用が、選挙においてはたらく場合もある。それは流行があちこちに移ろうような、階段状の滝《カスケード》の水が「昇」「降」するような現象であり、時に驚くべき結果や破滅的な結果をもたらす。カスケード効果が政府による規制、最低賃金、場合によっては憲法問題にかかわる判断を方向づける状況を、思い描くことは簡単だ。実際、そのような効果は一九六〇年代の法文化において（ウォーレン・コートへの熱狂的な支持の高まりとともに）作用していたように思われるし、また一九八〇年代においても同様に（連邦最高裁に対する懐疑の高まりとともに）作用していたように思われる。憲法解釈の方法論におけるカスケード効果を思い描くこともまた可能である（たとえば、テクスト主義、原意主義、民主主義補強的司法審査論）。ここで、情報カスケードが生じる前提条件が、多くのあるいはほとんどの人が独自にたいした情報をもっていないことだと銘記しよう。独自に十分な情報を有している、あるいは自分の判断に確信をもっている人は、他人の行動が発するシグナルに左右される可能性は低いのである。[51]

評判カスケード

評判の圧力と評判カスケードが存在する可能性もある。[52] この作用の影響下にある人が話したり、黙したり、一定の表現行動に出たりするとき、そこには自分の評判を守る目的が含まれている。そのために、自分の本当の考えは犠牲にされ胸の内にしまわれたまま、表に出ることはない。たとえば、次のような場面を想定してみよう。Ａは、有毒性廃棄物の放置場所の存在が、深刻な環境問題を引き起こすと考えている。一方、Ｂは、その考えに疑問をもっている。Ｂは、Ａの意見は正当だとしておくためだけに、自分の考えを話さずにいるか、（アッシュの実験の被験者のように）Ａに同意することすらあるかもしれない。それをみて、Cは、Aが有毒性廃棄物の放置場所が深刻な問題を招くと考えていて、BもAに同意していると思うこともあるだろう。そうなるとCは、たとえ個人的には懐疑的である場合や立場を決めかねている場合であっても、賛成の声をあげるかもしれない。

このような現象は、政治の世界で簡単に見出せる。たとえば、政治家は、死刑支持を（個人的には疑問をもっていても）表明したり、神への信仰を（自分自身は不可知論者なのに）表明したりする。通常、評判の圧力に屈する閾値は、人によって異なる。圧力に屈するのは、その力が非常に大きい場合（たとえば、大勢から圧力がかかる場合）だけだという人もいれば、たいして大きくもない圧力に（たとえば、身近な人が圧力をかけるだけで）屈する人もいる。これもカスケード効果の結果——なんらかの方向に向かう巨大な社会変動——でありうる。人々が互いに圧力をかけあい、その圧力に屈する人が徐々に増え、最終的には臨界点に達するのである。その段階では、多くの人がある行動を支持する結果となったようにみえるのだが、その理由は単に他の人がそうしている（ようにみえる）からにすぎない。

情報カスケードの場合と同じく、事実判断についてあてはまることは、道徳的、法的、政治的判断についてもあてはまる。たとえば、積極的差別是正措置を違憲だという人たちは、合憲だというと自分の評判が落ちるという意識に縛られているだけなのかもしれない。あるいは、死刑について賛否を述べる人たちは、おもに、自分がかかわりをもつ集団において反対意見を述べることで生じる、社会的非難を避けるためにそうしているのかもしれない。評判カスケードが生じる前提条件は、ある事項について決断をする際、評判への憂慮が膨れあがることである。人が自分の評判を気にしない場合や、評判が選択の際に小さな役割しか果たさない場合、決定的な役割を果たすのは、自分が本質においてよいと認識しているものであり、そこでカスケードが生じる可能性は低い。

社会的カスケードはよいか悪いか。一般的に答えても意味はないだろう。時としてカスケードは非常に短期間で終わることがあるが、それは人々の傾倒の根拠に自分なりの情報がほとんどないからである。また、カスケードは、愚かな誤りから生じる（そして、その傷口を広げる）ことがある。カスケード効果は、重大だが従前は無視されていた問題に対する懸念を示すことで、集団や公共の関心を呼び起こす場合もあるだろう。しかし、カスケード効果が人々の不安を必要以上に煽る場合もあるだろうし、個々人の判断や公共政策、法を大きく歪めてしまう場合もあるだろう。奴隷反対運動とナチ運動はともに、カスケード的な特徴を明確に示しているし、合衆国での環境運動や共産主義の没落も同様だというのは無理な推論ではないと思われる[53]。情報と評判のいずれの社会的カスケードにも、事実その他について誤りを広範に誘発しうるというリスクがともなう。カスケードはかならずしも熟議をともなうとはかぎらないが、カスケードに関連するさまざまな問題は熟議のプロセスに影響を及ぼす。以下、それを示そう。

3　集団はどのようにして、そしてなぜ、極化するのか

考えの似通った人々からなる少数集団は、多様な考えの人からなる大人数の集団と何がちがうのか。他から離れて熟議を行う孤立集団のなかで何が起こりうるのか。これらすべて[54]のことが熟議民主政にどのような影響をもたらすのか。こうした問いに答え、集団内の社会的プロセスと民主政理論との関

係を理解するには、集団極化について理解することが不可欠である。

（1）基本的現象

集団極化は、熟議体にみられるパターンのなかでもっとも典型的なものであり、多種多様な集団的取り組みのなかに見出される。極化が「起きているといわれるのは、個々の集団構成員のもともとの傾向が、集団討論を経て、ますます強くなるような場合である[55]」。その結果、集団はしばしば、そこに属する標準的あるいは平均的な個人がするよりも、極端な決断をする（ここで「極端」とは、もっぱら同じ集団内での変化に着目した用語であり、集団のもともとの傾向に比べて、という意味である）。集団極化とカスケード効果には明確な関連性がある。両方とも情報的影響と評判的影響が深くかかわっている。重要な違いもある。その一つは、集団極化が、カスケード効果と違って、熟議をともなうところにある。さらに、極化はカスケードに似たプロセスを含む場合もあるし、含まない場合もある。極化は、集団を極端な方向に向かわせる別個独立の決断が同時に下されれば、それだけで生じうる。

「集団極化」という用語は、標準的用法であるとはいえ、いくらか誤解を生みやすい表現である。これは、集団の構成員が二極に分かれることを意味するわけではないし、異なる集団の間での意見の多様性が増すことを指すわけでもない。最終的な結果としてそうなる可能性はあるが[56]。むしろ、この用語が指すのは、なんらかの事案や問題について議論する集団の内部で生じることが予想される変化である。その変化が起こると、集団とその構成員は、当初彼らが有していたさまざまな傾向の中間に位置する意見ではなく、いっそう極端な方向へと立場を変え、一体性を強める。熟議は、集団構成員の意見の不一致を減らし個々の相違を縮減する効果と同時に、熟議が始まる前の構成員個々の判断よりも極端な見解を全員一致で採用させる効果をもつのである。

集団極化の基本的現象は、多くの国々で確認されている[57]。

・討論の後、フランス市民は、米国に対して、そして米国の経済援助の狙いに対し、ますます批判的になる[58]。

・穏健なフェミニズム支持の女性グループが、討論を経て、より強固なフェミニズム支持者になる[59]。

・熟議の結果、もともといくぶん人種的偏見の強かった白人たちが、米国の都市部におけるアフリカ系米国人が直面する状況は白人至上主義のせいなのかという問いに対し、ますます否定的に答えるようになる[60]。

・同じ問いに対し、討論の後、人種的偏見をもっていなかった白人たちは、ますます肯定的に答えるようになる[61]。

これらすべての事案において、人々は熟議を通して、熟議を始める前の立場をより極端な方向に推し進めている[62]。

(2) リスキー・シフトとコーシャス・シフト

集団極化が最初に発見されたのは、リスクを冒す決断を含む一連の実験においてであった。これらの実験で、「リスキー・シフト」として知られる現象がみつかったのである[63]。最初の実験では、経営工学を専攻する男性の大学院生たちが、リスクをともなう問題について質問された。そこでは、一三のうち一二の集団において、よりリスクの高い集団的決定が行われるパターンがくりかえしみられた。討論を経て全員一致で出した結論は、たとえば次のようになった。どの程度の見込みがあれば財務の健全性が認められるかの基準は、討論前に個々の集団構成員が考えていた基準の中央値よりも、甘いものとなった。加えて、個人の意見も明らかにリスクの高い方に変化したのである。この変化――「リスキー」・シフト――は、これ以後すぐに行われたさまざまな研究によっても確認された。それらの研究は、あるものは男性だけ、またあるものは女性だけを被験者とするものだった。

ここで重要なのは、上記実験結果の二つの側面の区別である[64]。その区別は、通常心理学の文献では用いられていないが、法や政策にとってはいずれも大きな意味をもつ。第一は、集団的決定が必要とされる場合に、熟議集団が極端に向かう変化である。これをチョイス・シフトと呼ぼう。つまり、集団的決定が要請されると、当初の個々人の意見の分布が示す傾向に応じて、集団がより極端な方向に進むことが予測されるのである。ここでは、集団的決定のルールがどのようなものであるかが、間違いなく重要な意義をもつ。たとえば、いちばん極端な見解の持ち主たちがきわめて強情で自信に満ちている状況にあっては、全員一致の要請は、もっとも極端な変化に結びつく可能性が高い。第二は、集団に影響された結果生じる、（私的な判断を含む）個々人の判断の変化である。これを単に、（標準的用法に従い）集団極化と呼ぼう。この意味は、討論によって個人の私的な判断が変化する場合、その変化はもともとの意見の分布が示す方向に沿ってより極端なものになるだろう[65]、ということである。リスキー・シフトが起こるときは以上二つの動きが連動するのが通常であるが、一方だけ生じてもう片方は生じないということもありうる。

さまざまな研究によって、一定の条件下では、「コーシャス・シフト」もじつに簡単に起こりうることが指摘された。実際、一定の問題については、確実にコーシャス・シフトが生じるのである[66]。おもな例として、結婚するかどうかの決断や、医師の診察が必要かもしれないほどのひどい腹痛を抱えながら飛行機に乗るかどうかの決断がある。これらの事例について、熟議集団は、構成員の個人的決定に比べ、より用心深い決定をした。強盗団は、ともに行動するときにはリスクが高い方を選ぶ傾向があるのに、話し合いをしたときにはコーシャス・シフトを示すとされる[67]。

ストーナーが集めた原データのなかで研究者たちが注目したのは、もっとも大きなリスキー・シフトがみられるのが、集団のなかに「最初から非常に極端なリスクを抱えた立場がある」場合だということである。このとき、熟議前の個々人の意見の多くは「出発点において中間的な意見とまったくあるいは少ししか変わらない」のだが、全体としてはリスキーな方に重心がかかっている[68]。そして、もともとの傾向が向いている方向へと変化は起こるだろうし、変化の大きさはもともとの傾向の極端さによって決まる。同様の現象は、法や民主政にかかわる多くの状況でみられる。たとえば、経済援助、アーキテクチャ〔訳注：人の行動を制約・誘導するために利用される、選択環境の構造および選択主体の認知的傾向性〕、教育、政治的指導者、人種、そして有罪無罪の判断といった問題である[69]。極化は、事実の真偽の問題だけでなく、評価の問題でもあらわれる。そこには、政治的、法的な事柄[70]から、スライドに映された人々の魅力といったものまで含まれる[71]。

(3) メカニズム

集団極化をどう説明するか。この問いには、次のように考えたくなる。同調が大きな役割を果たしていて、アッシュの実験が示すように、個人の判断は同調の欲求に大きく影響されるのだ、と。たしかに、同調が影響する場合もあるだろう。しかし、データには、集団極化は同調の問題ではないということが、はっきりあらわれている。人はすでに示されている立場のなかの平均値を採用するようになるのではない[72]。なんらかの立場に向かう重大な変動が生じるのである。事実、このことが、集団極化を定義づけ、その特徴を際だたせている。

集団極化には、おもに二つの説明の仕方がある。どちらも広く吟味され支持されてきた[73]。第一の集団極化の説明――社会的比較――は、次のような主張から出発する。人は、他の集団構成員から好意的な評価を受けたいと考えるし、自分自身についても好意的に評価したいと考える。ほとんどの人は社会的に好まれる立場に立とうとする。たとえば、リスク負担の事例では、人はリスクを負担する勇気のある人として好意的に評価されたい(し、自分自身をそう評価したい)と思うだろう。このような欲求が、立場選択の理由の一つにある[74]。望ましい立場が何なのかは、他人の立場が明らかになるまで、誰にもわからない[75]。人は、他人から見た自己像、そして自分から見た自己像を守るために、意見を変える。討論を実施せず、他人がどの立場をとるかを知るだけでも、相当程度のリスキー・シフトが生じることを示す証拠がある(ただ、ここで生じる変化は、討論によって生じる変化の半分程度にすぎないが[76])。このような作用は、用心深い方への変化(いわゆる「コーシャス・シフト」)について説明するのにも役立つ[77]。

第二の説明は、常識的に考えてもわかりやすい洞察を基礎とする。それは、誰のどんな立場も、集団内で示された議論の説得力に左右される部分があるというものである。したがって、選択は全体として、集団が支持するもっとも説得力のある立場に流れていく。構成員がすでに一定の方向に傾いている集団は、その傾向を強める議論を過剰に行うことになるだろう。そして、討論の結果、その集団は当初の傾向をいっそう強める方向に向かうだろう。重要なのは、議論の蓄積にはかぎりがあり、（純粋に記述的な意味で）一定の方向に偏っていることである。[78] ここから、もともとの傾向が示す方向に向かう変化が生じるのである。[79]

これに関連して次のような可能性もある。それは、先にみた広く知られている二つの議論には還元しきれないものであるが、両方に重なり合う部分がある。人は、個人的に判断する際、極論に陥ることを避け、一方に偏らない落としどころを探そうとする傾向がある。[80] 可能性としてありうるのは、人が一人で判断を下す際には、自分の真意を述べるつもりでも、他人から極論とみられないかという懸念から慎重な物言いになり、慎重になりすぎて失敗する、ということである。ひとたび自分にとって有利な見解が他から示されると、重しは外れ、いわゆる本心を気軽に口にするようになる。この仮説を実証する実験は存在しないようであるが、以上のような現象が集団極化やチョイス・シフトに一定の役割を演じていると考えても不自然ではないだろう。[81]

（4）詳細――および脱極化

少し詳細な話に移ろう。これによって、集団極化の基本的な説明は込み入ったものになる。第一は、人が自分を他の構成員と同じ社会集団の一員とみているかどうかが、きわめて大きな意味をもつという話である。アイデンティティを共有しているという感覚があると、変化は大きくなる。アイデンティティを共有していないと考えている場合には、変化は小さくなり、変化そのものが起きないこともある。第二に、熟議集団は脱極化する場合がある。それは、集団が意見の異なる複数の下位集団からなっており、それらが拮抗していて、しかも集団構成員に自分の立場を変更するような一定程度の柔軟性がある場合である。どちらの知見も、集団極化と民主政との関係をめぐるあらゆる説明に深くかかわる。これについては第5節でみる。

統計上の規則性

もちろん、集団がもれなく極化するというわけではない。もし、もともとの傾向を擁護する人の言うことにまったく説得力がないのであれば、集団極化が起こる可能性は低い。しかし、もし、集団全体の傾向と大きく食い違う立場の人の言うことがきわめて説得的ならば、集団は、もともとの傾向を変化させて、少数者やたった一人の意見の方へ向かう可能性もある[82]。

さらに、集団の外から加えられる制約や「衝撃」が、集団極化を妨ぎ、あるいは鈍らせることがある。ある話題について集団の構成員が検討を重ねたうえで特定の見解にたどりついている場合、集団は極化する傾向をもつといえるだろう。しかし、彼らは、政治的有効性、さらには政治の基本的な信頼性を保つために、公的な場面だけではなく私的な場面でも、比較的穏当な立場に立ってみせることもあるだろう。極化しはじめた集団が、みずからの正統性を宣伝するために、あるいは多様な事実が新たに明らかになったことを理由に、中間的立場に移行することもあるだろう。おそらく、一九九〇年代初頭の民主党や一九九〇年代末の共和党に起こったことは、この類の現象である。

感情的要素、そして確信の役割

集団的決定において感情的要素は非常に重要であり、そこを操作すれば、極化は顕著に増大したり減少したりする。感情的な紐帯によって集団構成員が結びついていると、反対意見の出てくる頻度は大きく減少する。[83] それゆえに、人は、ある立場を擁護しているのが友好関係にない集団構成員である場合、その立場の方に意見を変える可能性が低いのだ。変化の可能性およびその程度は、人が同輩を友好的で好ましく自分と似ていると思っている場合の方が、大きくなる。[84] 同様に、構成員同士が物理的に離れていると、極化が弱まる傾向がある。一方、運命共同体の感覚や集団内部での類似は、極化を強める傾向がある。競合する「外集団」の出現も、同じく極化を強める傾向をもつ。[85] したがって、誤りの可能性が高まるのは、集団の構成員が主として感情的紐帯によって結合している場合であって、ともに特定の課題に専念することで結合している場合ではない。そして、感情的な紐帯によって結合していると、代替的な意見が表明され目に触れる可能性は低下する。[86]

特定の構成員の自信もまた重要な役割を演じる。[87] 事実、集団極化の理由の一つは、極端な立場が一つのまとまりとしてより強い自信に支えられる傾向をもつ、という点にあると思われる。これは、説得討議理論（persuasive arguments theory）を補足する重要なポイントとなる。すなわち、議論の説得力は、提示された根拠の善し悪しだけで決まるのではなく、それがどれほどの自信をもって述べられたかにも左右されるのである。集団極化は、「退出」すなわち構成員が事態の向かう方向性を受け入れられないとして集団を抜けることによっても活性化しうる。退出する人が増えると、極端主義へ向かう傾向はさらに深刻なものとなる。

アイデンティティと連帯意識

人がみずからを一定の連帯意識がある集団の一員だと考えていれば、集団極化の起こる可能性はいっそう高まるし、それはより極端なものとなりやすい[88]。だから、各々が熟議を行う社会集団の一員であることが強調されるような状況では、極化が強まるのである[89]。この知見に一致する、より一般的な証拠がある。それは、熟議集団の構成員を結びつける社会的紐帯は反対意見を押さえつけ、それによって優れているとは言いがたい決定が下される傾向がある、というものである[90]。これに驚きはない。もし、一般にみられる集団極化が、社会的影響から、そして議論の蓄積が有限であることから生じるのだとすると、次のようなことが当然にいえる。すなわち、集団の構成員が互いに重要な点で似通っていると考えている場合、あるいは彼らを結びつけるなんらかの外的要素（たとえば、政治的立場、居住地域、人種あるいは性別）が存在する場合、集団極化の度合いは高まる、と[91]。多くの証拠がそう示唆している[92]。

脱極化と変化をともなわない熟議

脱極化する——中庸に向かう——集団、あるいは構成員が極端に転じることがまったくないような集団を構成することは可能だろうか。両方とも、実際の熟議体のなかで現実に起こってもよさそうな現象である。実際、もし集団構成員のもともとの方向性とは逆の議論が、新たに、説得的に提示されたとすれば、脱極化が生じる。このことは、説得討議理論が示唆し、証明もされている。また、集団が二つの両極端な立場を支持する人々からなり、その力が拮抗している場合にも、極化ではなく、脱極化が生じる[93]。もし、用心深い人たちがリスクを負うのを好む人たちと一緒になれば、集団としての判断は両者の中間に向かうことが予測される。

　集団構成員が、極端な立場に立っているもののその立場には固執していないような場合には、より穏健な立場に変わることもある[94]。ある研究について考えてみよう。ここでは、実験のために次のような集団が形成されている。この集団は六人からなり、そこには特別に二つの下位集団が設けられている。下位集団は、それぞれ三人からなり、最初は、正反対で両極端な立場をとっている[95]。この六人の集団で議論が行われた結果は、集団が全体として中間的な立場に移行するというものであった。このような現象の理由の一つは、両方の立場の議論にそれぞれ説得的な部分があったからだと考えることもできるだろう[96]。対立する下位集団を使った研究によって見出されたのは、次のようなことである。すなわち、脱極化の程度がもっとも大きかったのは、あまり知られていない事実に関する問題であり（たとえば、ソドムの町は海面からどれくらい下にあるのか）――そして、脱極化の程度がもっとも小さかったのは、人々の関心の的になりやすい公的な問題だった（たとえば、死刑は正当化できるか）。個人的な好みの問題については、生じた脱極化は、穏やかなものだった（たとえば、バスケットボールとかフットボールに対する好みや、部屋を塗る色の好み）[97]。

これらの知見は、説得討議理論による極化の説明にうまく適合する。同じく留意すべきなのは、強い関心を引きやすい公的問題について、人々が簡単には変わらないしっかりとした意見をもっているのは、多方面からの幅広い議論に耳を傾け、豊かな議論の蓄積を生み出してきた場合だということである。その場合には、再度討論しても変動が生じる可能性は低い。「よく知られ、長く論じられてきた問題については、脱極化は簡単には起こらない[98]」。そのような問題については、人が意見を変える可能性がきわめて低い。また、ある集団内で正確な事実を知っている人がいると、その集団は正しい方向に転じる可能性が高い[99]。

いくつかの規則性

これらの所見が示すのは、集団討論によって熟議前の意見が変わるのは、いつ、どのようにしてなのかについてのある程度一般的、常識的な結論である。つまり、検討を重ねたうえでたどりついた見解は、変化に転じる可能性がほとんどない。正反対の方向を向いている下位集団の力が拮抗していると、脱極化が生じる可能性がある。真実を知っている構成員が一人でもいれば、集団は通常、正確な事実判断の方に向かう。見解に確信がなくても、当初から一定の傾向がある場合、集団極化が当然のように起こる。討論の影響力の大きさは、構成員が集団をどうみているか、構成員が自分と集団との関係をどうとらえているかにも左右されるだろう。「人民」の集団は、「共和党員」や「修正第二条の擁護者」あるいは「米国帝国主義の反対者」の集団に比べて、極化が起こりにくい。脱極化は、正反対の傾向をもつ下位集団の力が拮抗しているような集団内で起こりやすい。しかし、脱極化が生じる可能性は低いし、生じたといわれることも少ない場合がある。それは、①下位集団が自分たちの立場をはっきり定めている場合、そして、②下位集団の構成員が、自分と討論の相手はそれぞれ別個の集団に属すると認識している場合である。

一般的な帰結として重要なのは、集団の構成員を全体としてみたときに、そこに当初から一定の傾向が明確に存在しさえすれば、異質混交的な集団においても、同質的集団と同じように、極化が起こる可能性が高いということである。支配的見解に反対する人がいるという事実は、極化の発生を妨げるものではないと考えられる[100]。他方で、考えの似通った人々からなる集団内では大きな変化が生じるとの予測が、自然と成り立つ。そして、先にみたとおり、脱極化が生じる可能性があるのは、集団的熟議以前の中間的見解に定まった方向性がない場合や、集団が対立、拮抗する下位集団からなり、下位集団の構成員が他の下位集団の主張にきちんと耳を傾けるような場合である。

最後の問題は、中央値は同じだが熟議集団内における見解の分布の「幅」は異なる場合の影響である。たとえば、事例Aでは、六人の集団が原子力について意見を問われたとする。そこでは、マイナス五（「強く反対」）からプラス五（「強く賛成」）までの尺度が設定されており、熟議開始前の集団としての意見は、プラス二という中央値である。六人の内訳は、一人がプラス一、一人がプラス三、そして残りの四人がプラス二となっている。ここで予測されるのは、集団としての意見はプラス三に変化するということ、この数値は、熟議後に匿名で示された、六人個々の見解の中央値だろうということである。一方、事例Bでは、熟議開始前の中央値は同じくプラス二であるが、内訳は二人がプラス四、二人がプラス二、そして残りの二人が〇となっている。中央値は同じなのだから、事例Bにおいても、事例Aと同じ結果となることが予想されるが、はたしてどうだろうか。私の知るかぎり、この問題を扱った研究は一つしかない。先にみた懲罰的損害賠償の研究には、チョイス・シフト現象にかかわる最大規模のデータも含まれており、三〇〇〇人と五〇〇〇の熟議集団が検証の対象とされている[101]。この研究では、変化は熟議前の中間的見解に左右され、見解の分布の幅には影響されなかった、との結果が出ている[102]。

(5) 特定集団における熟議の実際——反復的「極化ゲーム」？

集団極化の研究が行うのは、一回かぎりの実験である。一度だけではなく、定期的に顔を合わせる人々にとって、それはどんな意味をもつのだろうか。これに対する回答は、基本的に次のようなものとなる。すなわち、参加者がくりかえし討論を行った場合——たとえば、毎月集まって意見を述べ合い、投票した場合——、特定の極に向かい、そしてそれを超えるような変化がくりかえし起こる。もし仮に、市民が集団として、食物の遺伝子工学や最低賃金、世界貿易機関について検討するとしたら、その議論は時間とともに、非常に極端な方へ向かうだろう。このような反復的「極化ゲーム」では、時間をかけて熟議を行った結果、個々の構成員の立場は、熟議を重ねる以前のどの構成員の立場よりも極端なものとなるはずである。実際、この反復的極化ゲームの方が、一回かぎりの実験にもとづく研究よりも、はるかに現実に即していると思われる。

このような反復的極化ゲームに関する研究は存在しないようである。しかし、その仮説上の結論には、見た目以上の現実味がある。先にみた陪審の研究では、熟議集団が決めた量刑や賠償金の額は、熟議開始前に個々人が考えていたなかで最高の額か、それより高額になることが多かった[103]。そして、長時間熟議が行われると集団も個人もそれ以前には受け入れられなかったような立場に移行する、そのような現実世界の集団を思い浮かべるのは難しいことではない[104]。反復的極化ゲームは、現実世界で起こる重要な現象なのである。

しかしながら、このことは二つの疑問を生む。なぜ、どのような場合に、集団の極化は止まるのか。そして、なぜ、どのような場合に、集団がある時点で動きを止めたり、さらには反対方向に向かったりするのか。集団極化を扱うどの文献にも、これらの問いにきちんと答えたものはない[105]。ただ、次のような推測は可能である。すなわち、極化は、なんらかの外的衝撃によって、止まったり、反対方向に転じたりすることが多い。ここでいう衝撃とは、たとえば、新しい構成員が新たな議論を持ち込んだり、政治的リーダーの単なる私利私欲によって変動が生じたり[106]、あるいは、事実や価値における新たな変化によって集団構成員の物の見方や動機が変わる場合である。社会的カスケードは、そうした新しい情報の公開のような外的衝撃の結果として、しばしば方向性を変える[107]。集団極化が止まったり反対方向に転じたりするのも、これと同様のプロセスによるものと考えられる。

（6）レトリック上の不均整と「厳格化シフト」——広く行きわたった現象？

先に検討した、陪審による懲罰的損害賠償額の裁定の研究は、損害賠償額の裁定における興味深いパターンを見出した[108]。損害賠償が認められた場合、熟議の一般的影響により、その額はつねに、審議前の各陪審員の想定額の中央値を超えることになるのだ。これは、一種の「厳格化シフト」である。損害賠償の裁定は、単に極化したわけではない。たしかに、熟議前の中央値に比べ、より高額な賠償額の裁定は劇的に増えるが、その一方で、より低額な裁定も同様に増えている。もとの実験と追跡実験の両方で示されているのが、厳格化シフトはレトリック上の不均整の産物だということである。レトリック上の不均整とは、他の事情が等しいときに、より高額な裁定を主張する人を他より肯定的に評価することである[109]。その理由はおそらく、企業を被告とする損害賠償の裁定については、特定の議論――「このような行為を止めさせる必要がある」「強い警告を発する必要がある」「注意を促す必要がある」――が、相対的に、より重要視される傾向があるからだろう[110]。

　レトリック上の不均整の生じる状況が他にもたくさんあるのは間違いないし、この不均整が、陪審研究にみられたように、民主的な諸制度の帰結に影響を及ぼしうるのも間違いない。たとえば、刑罰に関する立法府の判断には、まさにこの類の不均整が入り込む余地がある。薬物関連の犯罪に対してどの程度の刑罰を科すかについていえば、より重い刑罰を科そうとする側の方が、より軽い刑罰にとどめようとする側より、一貫して優位にあると考えられる。一定の状況下では、より低い税率を主張する立場や、奨学生に対するより多くの援助を訴える立場、あるいはより多くの資金を環境保護へ回すことを主張する立場が、同じようにレトリック的に優位になる。ここで、当面の目的にてらし、確認しておくべきは次のことである。すなわち、もともとの見解の分布が一定の方向性をもつような場合で、かつ、その方向性をより極端にするようなレトリック上の優位性が、既存の規範によって与えられる場合、かなり極端な変化が予測される[111]。

4　極化と民主政

この第4節では、法制度と政治制度における集団極化の証拠について論じ、その証拠が熟議民主政に関与する人々に対してもつ意味を明らかにする。私のおもな目的は記述を行うことであって、規範を論じることではない。関連する事態の進行によって、熟議体には深刻なトラブルがたびたび生じるのだが、これについては、第5節と第6節でより詳しく扱う。

(1) 極化事例と極化起業家

調査結果が示すところによると、マーティン・ルーサー・キングの暗殺や公民権にかかわる抗議行動などの劇的な事件によって、人々の態度は極化に傾く。調査対象となった一定層の集団内で、積極、消極の両方の立場が増加したのである。討論によって、人はしばしば部外者や社会変革に対する態度を硬化させる。だから、「社会復帰施設や更正施設の設立が提案されると、それに対する典型的反応として私的な懸念が惹起されるのだが、その懸念は、討論を経て、露骨な被害妄想や敵意にまで極化するのである[112]」。事実、「プロの極化屋」や「極化起業家」を思い浮かべることはできる[113]。それは、ある領域を作り出すことを自身の目標の一つとする政治活動家である。彼らが作り出そうとする領域とは、考えの似通った人々が、かぎられた人たちから決まった見解を聞くことのできる場であり、熟議に実際に参加できる、あるいは参加した気になれるような場でもあり、そこで見解が確固かつ強固なものとなる。社会変革を推進しようとする人たちがまず始めるのは、その変革に好意的な人々の間での議論を推し進めることだろう。

ロイス・マリー・ギブスの成功例について考えてみよう。彼女は、ラヴカナルの住人であり、有毒性廃棄物の放置場所に対する懸念を全国的に広める中心人物となった[114]。ギブスは、市民の目をこの問題に向けさせることに腐心した。そのための方法の一つは、考えの似通った人々による議論を推し進めることであったが、その議論はまず小さなグループで行われ、次の段階で大きな集団で行われた[115]。事実、環境にかかわる問題領域には、このようなカスケード類似の作用や集団極化を利用するリーダーが非常に数多くいる[116]。

極化は、雑誌の力でも起こりうる。特定の政治的信念を掲げる雑誌で、『アメリカン・プロスペクト』や『ウィークリー・スタンダード』、『ニュー・リパブリック』、そして『ナショナル・レビュー』といったものが挙げられる。極化は、他にも、パット・ロバートソンと彼の主義主張のために作られたテレビ特別番組でも起こりうる。またラジオのトーク番組の司会者によっても。司会者が独自の立場にあり、それがラジオの聞き手と広く共有されている場合にも、極化は起こりうる。集団極化の結果を抽象的に評価することは不可能である。だから、これらの試みに何か不誠実な部分があるとはかぎらない。抽象論としていえるのは、似た傾向にある人々に討論させる試みによって、個々の参加者の確信を強めたり、より極端な立場に移行させたりできる可能性がある、ということである。だから、社会を変革したいと考えている人は、ある特徴をもった討論の場をよく作り出す。その討論は、実際に人が集まる形で行われたり、あるいはテレビやラジオ放送、サイバースペースや印刷メディア上で行われたりする。そこでは、似た傾向にある人たちが頻繁に言葉を交わして、アイデンティティを共有しているという意識を確実なものにできるのである。

(2) 外集団

集団極化は、孤立した「外集団（outgroups）」ととくに密接に関連する。また、極端な事例では、共謀の取り扱いともかかわる。思い出してほしい。極化の度合いが高まるのは、集団構成員が、自分たちをなんらかの共通の特徴の持ち主だと考える場合、とくに集団が他の集団とはっきり異なる存在として位置づけられる場合であった[117]。このように、自分たちを位置づけるときに比較の対象とされる集団が、外集団と定義される。選択であれ強制であれ、他と討論することから離れると、その集団は非常に極端な方向に極化するのだが、その理由の一つに集団極化があることが多い。たとえば、共産主義支配のまっただなかにおいて、反共産主義の地下組織は頻繁に極化した[118]。この極化は、疑いなくよい方向の場合もあれば、悪い方向の場合もある。外集団が（殺人や自殺を含む）極端な行動に走ることは可能性としてありうるが[119]、それはとくに、過激派集団が他よりも激しく極化することを考えてみるとわかる[120]。そのような集団内にもまた、なんらかのレトリックの不均整が存在していそうである。結果として、一方向への議論が当然のように優勢となるのだ。

外集団の間の極化傾向は、集団間の対立を煽るヘイト・スピーチという、とくに重要な事柄を説明するのに役立つし、同時にいくつかの疑問を生じさせる。それは、一定の集団討論によって「意識の発揚《コンシャスネス・レイジング》」が生み出されるという考えに対する疑問である。少なくとも、可能性としてありうるのは次のようなことである。すなわち、討論の結果生み出されるのは、意識の発揚（いかにも漠然とした観念だが）だけではない。あるいは、ほとんどが意識の発揚というわけでもない。そうではなく、さまざまな形の集団極化が生じ、同時に新たに現われた立場への確信が高まるような状況も、やはり生じうる[121]。これは意識の発揚などありえないという意味ではない。集団討論によって、従前は抑圧されたり、社会問題ではなく個人的な問題にすぎないものとして扱われたりしていた問題をあぶり出し、明らかにできるのは間違いない。しかしながら、そのような効用については、討論を経て人々の見解が変化し、一致し、しかもその見解が強い確信に支えられている、という事実だけでは確証できないのである[122]。

集団極化の理解は、犯罪の共謀に対する刑事責任にも光をあてる。共謀は、ほとんどの法域で、実行に及んだ犯罪への処罰に加重することが許されている。この種の「ダブルアップ」は過剰な処置であり正当化できないと考える向きもあるだろう。しかしながら、もし共謀の後に、人々の傾向が穏健なものから徐々に犯罪行動の方に向かい、その理由がまさに共謀したことにあるような場合、刑罰の加重は抑止の観点からみて意味があることになる。共謀行為自体の可罰性を論じる際に、この点をほぼ認めた判例も存在する[123]。

（3）確執、民族紛争および国際紛争、そして戦争

集団極化は、あらゆる種類の確執において作用していると思われる。さまざまな確執にみられる特徴の一つとして、他と不和を生じている集団の構成員たちは、集団の内部だけで会話する傾向があり、

それによって自分たちの怒りを煽り増幅させ、関連するさまざまな出来事について凝り固まった見方をするようになる。ここでは、情報の圧力、評判の圧力が強く作用し、カスケード効果を生む。そして、集団極化によって構成員がますます極端な立場をとるようになる。こうした作用は民族集団内に存在するが、普段は国全体において異質混交の程度が高い国民のなかにさえ、存在することもある。米国について考えれば、とくに重要な事件においてみられた、あるいはより一般的に顕在化していた、白人とアフリカ系米国人との激しい対立は、集団極化と関連づけて説明することができる。[124]

ティムール・クランは、国際的に広く生じている「民族化」現象について調査した。クランの基本的な主張は、トルコや旧ユーゴスラビアなど多くの国で起こった民族紛争の要因は、長年抑えられていた恨みが呼び起こされたことにではなく、評判カスケードにあったというものである。その過程では、民族性を確認する行動に加わらないことに対して評判上の制裁が与えられ、その要求は、時間とともにカスケードに加わる人が増えるにつれて、厳しいものになっていく。人々はまず、民族衣装を身にまとうことを求められる。次に、儀式に参加し会合に出席することを求められ、さらに、他民族と距離をおくことを求められる。このように、「民族性の色濃い活動にともなう恐怖や敵意は、そのもともとの原因から生じたのではなく、民族化から生じた可能性がある」[125]。クランは、集団極化には言及していない。しかし、集団内討論（民族化の状況下では、全討論中に占めるその割合が拡大する）が、いかにして民族集団やその構成員に対し、討論開始前の構成員の平均的意識よりもはるかに強い民族意識を与えるかを示せるならば、[126]その理解は彼の分析をより説得的なものにするだろう。極端な場合、結果的に戦争が起こることもある。そして、戦争が始まって、集団極化が国家レベルで作用すると、極化は、敵愾心や敵意を確実に持続させる方向に作用するのである。

（4）インターネット、通信政策、大衆による熟議

マスメディアやインターネット上の社会的影響の作用を懸念する声は多い[127]。一般的な問題として指摘されるのは、一種の断片化状態である。この状況下にいる人は、もともと傾倒している立場の意見をより多く、より大きな音で聞くことになり、競合する見解や気づいていなかった問題に触れることで得られるはずの利益を損ねている[128]。より詳しくいうと、一般の関心事を広く扱う新聞や雑誌を読まずに、自分の好みに合うものだけを読むことができる可能性がいっそう高まる、ということだ。インターネットによって人は、個人の好みにしっかりと合わせたコミュニケーションのパッケージを構築し、面倒な問題や聞きたくない意見に触れないようにできる。インターネットが生まれるはるか以前に遡り、白人向けの新聞とアフリカ系米国人向けの新聞とが別々に存在したことを取り上げて、「公共圏の人種的階層化」を論じることもできる[129]。同様の現象は、新しい通信技術の登場によってさらに増えるだろう[130]。

なぜコミュニケーション市場の断片化がさまざまな問題を引き起こすのか。その理由は集団極化によって説明できる[131]。一つの「仮説としてもっともらしいのは、集団構成員がなんらかの集団意識をもつ場合、インターネットのような環境があると、集団極化に向かう強い傾向が生まれる可能性が高い、というものである[132]」。メンバーが固定され、しかもそれぞれの考えが似通っているような状態で熟議が行われると、各々の見解は、補強されるのではなく、より極端な方向に向かうと考えられる。これ

自体が悪いとはいえない——もしかしたら、極端主義化が進むことはよいことなのかもしれない——。しかし、このような極端化が厄介な状況を生むことがあるのはたしかである。それは、多様な社会集団が、おなじみの経過をたどって、対立を激化させ、ますます極端な見解へといたるような場合である。このような過程を経て、平和や安定が脅かされた国も存在する[133]。上記のような状況から断片化と暴力が生まれかねないのである。集団極化が強まる可能性があるのは、人々が匿名で話し、かつ、あれこれの手段で、集団の構成員たる資格について注意を促しているような場合である。インターネット上の討議集団の多くは、まさにこの特徴を有している[134]。インターネットは、多くの人々にとって、極端主義の温床なのである。

集団極化を理解することで、通信政策にかかわるより一般的な論点が提示される。今は大部分が廃止されたが、「公正原則[135]」のもとで、放送事業者には、一定の放送時間を公的な問題に充てること、および反対意見を述べる機会を与えることが求められた。その第二原則が確保しようとしたのは、聴取者たちの触れる見解が一つだけにならないようにすることだった。連邦通信委員会が公正原則を廃止したとき、理由として挙げられたのは、この第二原則のせいで放送事業者が論争になりそうな事柄の放送をひたすら避け、他と違いが出ないよう当たり障りのない見解を述べるような事態がしばしば起こった、というものである[136]。ただ、後の調査によると、公正原則の廃止により実際に生じたのは、論争を煽るような内容の番組の隆盛であり、それらは種々の極論をともなっていた。ラジオのトーク番組を考えてみてほしい[137]。公正原則の廃止は、一般的には規制撤廃の大きな成功例の一つとみなされる。しかしながら、集団極化にかかわる視点から考えると、事はそう単純ではない。押し出しの強い見解、あるいは極端ともいえそうな見解に支えられた論争本位の番組が増えると、集団極化が起こる可能性がある。そして、あまりにも多くの人が、反響する自分の声を大音量で聞くことになり、ついには社会の断片化や憎しみ、諍いに陥ってしまうのだ。人はおそらく、異論のありうる見解については、単一の見解を何度も聞かされるよりも、どんなに少なくても複数の見解を耳にする方がいいのである。

上記のような状況にどのような対処法があるかは定かでない。しかし、たしかに有益なこともある。それは、人々がただ一つの見解でなく、一定範囲のそれなりに筋の通った複数の見解に触れられるように、コミュニケーションのあり方を導くことである。これは、公正原則のもともとの着想であるし、今日でも、同じ目的を達成するためのメディアへのはたらきかけには理由があるといえる。このような事情から、ハーバーマスは次のような考えを示した。

> 情報や物の見方がばらばらに存在することは、……公的なコミュニケーション過程における唯一の問題ではないし、それがもっとも重要な問題だというわけでもない。……世論の形成にとってより重要なのは、共通のコミュニケーション実践のルールである。論点と貢献度について合意が形成されるのは、論争が網羅的といえる程度に行われたあとだけであり、そこでは、さまざまな提案や情報、そして理由がおおよそ理にかなった扱いを受けられる必要がある。[138]

おそらく、公正な番組制作を求める規定があれば、この方向での自主規制を進めることができるだろう。[139] インターネットについていうと、アンドリュー・シャピロは、市民アイコン〔訳注：時事問題をさまざまな観点から議論するためのサイトにつながるアイコン。家庭用のパソコンの画面に配置されるが、削除は自由〕に対する公的補助を提案している。これが企図するのは、多様な観点から行われる実質的な討論に触れられるような状況作りを推し進めることである。[140] 集団極化について考えると、人々が自分用に作られた「デイリー・ミー」[141] を読むだけに終わらないようにするための、創造的なアプローチが種々必要だという思いにいたる。

（5）公的機関における熟議と極化

ここで、さまざまな統治機関における集団極化について、簡潔に論じておきたい。

陪審

陪審における集団極化は、記録にしっかりと残っている。事実、陪審は集団極化発生の直接的な証拠が存在する唯一の法的機関である。模擬陪審実験によって、有罪無罪を決める数多くの事例で極化現象の発生が確認されている。実際、この知見は反駁されていないようである。[142] 実験室の外に出ると、陪審が一致して評決した事例では、審議前評決の中央値をみれば最終評決を九割方予測できるということが知られている。[143] これは、「現実の陪審において集団極化が起こっているということを推定させる有力な証拠」である。

独立規制委員会

二〇世紀になって、さまざまな「独立」規制委員会が数多く登場した。連邦通信委員会、連邦取引委員会、連邦労働関係局などである。これらの委員会に関係する法令のなかに注目すべき、しかし一般には見落とされてきた条項がある。委員を複数の政党から選ぶことを求める条項である。独立委員会の委員は、一つの政党から一定数を超えて出すことはできないのだ[144]。この独特の要請についての素直な、そして間違いなく妥当な説明は、次のようなものとなる。すなわち、連邦議会は、どの委員会についても、単独の政党に独占されないようにしたいと考えている、と。集団極化を念頭におくと、そのような議会側の懸念はいっそう強まるだろう。民主党か共和党に独占されている独立機関は、極端な立場の方に極化していく可能性がある。その立場は、民主党員もしくは共和党員の平均的な立場よりも極端だろうし、各構成員のどの個人的立場よりも極端なものになりかねない。委員を複数の政党から選ばせるのは、この種の変動を抑制するものとして機能しうるのである。

合議体の裁判所

集団極化は、合議体の裁判所でも起こりうる。司法の中立性という決まり文句があるが、それにもかかわらず、裁判官には広い裁量がある。その裁量の余地は、最終的な結論を決定する際に存在することもあるが、結論にいたるまでの過程に存在することの方が多い。裁判を担当する合議体が、三人もしくはそれ以上の裁判官からなり、全員の考えが似通っていると、似通った考えの持ち主が二人でもう一人は異なる場合よりも、極端な結論にいたるだろうと考えられる。

この一般論を直接に裏付けるものはほとんど存在しない。ただ、この議論を強力に援護する研究が二つある。コロンビア特別区の連邦控訴裁判所における裁判官の行動に関する研究である。[145]一つめの研究が見出したのは、合議体を構成する裁判官の支持政党が同一の場合には、より極端な結論が出る傾向があるということ。これは、環境保護を目的とした決定が、産業界の抗議、要望に応じて覆される確率に、もっとも顕著にあらわれた。共和党員三名からなる合議体は、共和党員二名、民主党員一名の合議体に比べて、はるかに高い確率で決定を覆すのだ。[146]集団極化の結果として起こると予測されるのは、まさにこのような現象である。すなわち、同質的な審議体は、混成の審議体に比べて、極端に向かう可能性がはるかに高い。

二つめの研究は、もう少し複雑なものである。[147]シェブロン対天然資源保護協議会（Chevron v. NRDC）[148]で示された基準のもとでは、裁判所は、行政機関の法解釈が「合理的」であるかぎり、その解釈を覆してはならないことになっている。ある研究で指摘されたのは、コロンビア特別区裁判区における、この判断枠組みを使った解釈の仕方が、政治的に分裂した審議体（複数の政党の大統領から指名された裁判官で構成）の場合と、政治的に「統一された」審議体（一つの政党の大統領から指名された裁判官だけで構成）の場合とで、劇的に異なっていたということである。一般的な政治的立場から行政機関に敵対的な人が多数派だと思われる、分裂した審議体では、裁判所が行政機関の解釈を尊重して支持する確率は、六二％であった。[149]しかし一方で、行政機関に敵対的だと思われる、統一された審議体の場合、裁判所が行政機関の解釈を支持する確率は、わずか三三％であった。[150]注意が必要なのは、これがデータにあらわれた唯一の不均整だったことである。裁判所が政治的自制にもとづいて行政機関の決定を支持すると考えられる場合、政治的に統一されていようと分裂していようと、七〇%の確率で行政機関の決定を支持している（統一されている場合は七一%、分裂している場合は八四%）[151]。次のような推論は、これを支える決定的な証拠はないけれども、筋は通っているように思われる。すなわち、政治的に統一された審議体によって判断された事例のうち、法的に有効とされたのはたったの三三%にすぎないという一見奇妙な結果は、集団極化の作用に影響されたものである、と。考えの似通った裁判官グループは、行政機関による解釈をはねつけるという、やや例外的な行動をとることが多い。その一方で、政治的に分裂している審議体は、極端な結論に向かう傾向が抑制され、従来的な筋道をたどる可能性が、より高いのである。

立法府

おそらく、立法府の議員たちは集団極化の影響を受けやすい。その理由の一つは、議論の蓄積の有限性にある。そしておそらく、とくに大きな理由は社会的影響である（同じグループに属する議員や有権者に好意的な印象を与えることの重要性も、ここに含まれる）。例として、次のような場面を想像してほしい。共和党員のグループと民主党員のグループが、ある法案の投票をどうするか考えている。もし、共和党員が話す相手はほとんど共和党員であり、民主党員が話す相手はほとんど民主党員であるならば、それぞれの見解は極端な方へと凝り固まっていくことが予想されるはずである。これが、党の方針どおりの投票が行われることについての、一定の（もちろんすべてではない）説明となることは、間違いない。また、集団極化のメカニズムが選挙民にも同様にはたらくこともあるだろう。共和党員の話し相手がほとんど共和党員であるような社会は、想像にかたくない。また、民主党員の話し相手の大半が同じ党に属している人たちである社会を、思い描くこともできる。このような状況であれば、政治的陣営内で当然のように集団極化が起こるはずである。

5　熟議のトラブル？

この第5節では、規範的な問題を扱う。集団極化、民主主義理論、法制度の関係である。焦点をあてるのはとくに、制度設計において集団極化が有する潜在的な重要性である。ここでのおもな検討の素材は、個々の「孤立集団」内での熟議によってもたらされる異質混交と論点の複雑化に求めることにする。

中心的な問題は、広い範囲での誤りや社会の断片化が生じる可能性が高いとき、すなわち、他から孤立した似通った考えの人々が極端な方向に進むような場面である。この現象は、蓄積される議論の種類がかぎられていながら狭い範囲のなかで影響を及ぼし合うという、単純な理由から生じる。極端な例として、一党独裁制について考えてみよう。そこでは反対意見が抑圧されているが、その理由の一端は、それが支配政党とは異なる立場が現れる余地を残さないようにしているところにある。一党独裁制のもとでは、このようなやり方で党内部での極化が強められ、その一方で、外部からの批判を不可能にするのである。

制度設計の視点からみると、対応としてもっとも自然なのは、集団の大小にかかわらず、熟議集団の構成員が自分たちのものと競合する見解を締め出してしまわないようにすることだろう。これは、合議体の裁判所、開放型予備選挙、結社の自由、そしてインターネットのアーキテクチャなどにも密接にかかわる問題である。そういうわけで、ここで出てくる要請は次のようなものとなる。すなわち、熟議が広くて異質混交的な公共圏で確実になされるようにすること、および、似通った考えの人々が別の見方に対して壁を作るのを防ぐこと、である。

しかしながら、この応答には難点がある。孤立の態様はさまざまだが、ある一定の孤立の仕方が決定的に重要となる場面があるのだ。それは、孤立がなければあらわれない、しかし傾聴に値する意見や方法論を、発展させる場面である[152]。多様な人々からなる集合体のなかでは、劣位グループのメンバーの声はほとんど聞こえない場合が多い。そして、そのような集合体でなされる熟議は、優位グループのメンバーに牛耳られる傾向にある。技術や規範、あるいは法実務の領域にみられる変化、すなわち熟議を行う孤立集団の増加は、それがどのような形であれ、一方では、極端主義に陥ったり、安定を損ねたり、はては暴力にまでいたったりする危険を増大させる。しかしながら、もう一方では、社会全体の「議論の蓄積」の多様性も拡大するのである。一般的「公共圏」へ向かう動きに、孤立集団の熟議によるものがさほど多く含まれていなければ、極端主義や不安定が生じる可能性は減少するだろう。しかし同時に、そこには息苦しさを覚えるほどの斉一性が生まれる可能性もある[153]。孤立集団による熟議という手段を採用する動きが高まると、社会全体としての「議論の蓄積」は増大し、それによって思想の市場が豊かなものになることも予想されるが、一方で、断片化や対立、暴力の発生する頻度もまた高まるのである[154]。

結果として生じるさまざまな難問のすべてを解決する方法などない。しかし、一般論としてはいえることもある。すなわち、考えが似通っている人々が熟議を行う空間を社会のなかに確保することは重要である。ただし、同じく重要なのは、その集団の構成員が見解の大きく異なる人と対話しなくならないようにすることである。対話の目的は、孤立集団の内外にいる人々の利益の促進にある。その達成手段は次のとおり。まずは、集団構成員を互いに競争的な立場に立たせる。そして、彼らが他人と意見交換したうえで、他者の視点から物事をみる機会を与える。また、広く社会において後に正しいと判明する可能性がある、あるいは少なくとも情報としての価値はあるとされる可能性をもつさまざまな見解を、隅に追いやり遮断してしまわない状態を確保する。このような方法で、上記の目的を達成しようとするのだ。

この種の考えは、抑制と均衡や二院制、そして憲法の起草者たちによる代表者に対する「命令委任権」の明示的な否定とともに、憲法の枠組のなかで中心的な役割を果たしている[155]。また、インターネットの世界においても、そういった考えが徐々に重要性を増してきている。インターネットについて、現在、多種多様な人々の間で討論が行われる「公共圏」の創設の提案が数多くなされている。ここでは、放っておくと自分と同じような考えの人たちとばかり接するようになることが念頭におかれている[156]。集団極化をこのように理解することで、新旧の制度理念をどう再構築すれば民主主義理念を支えられるのかについて、より深い理解が得られるのである。

（1）疑念と疑問

なぜ熟議なのか

集団極化およびこれに並行する社会的カスケード現象について知ると、熟議が望ましいことは純然たる事実だとかはっきりしているという見解[157]に対して、強い疑いの目が向けられるのは明らかだろう。もちろん、熟議の正当化の仕方は種々ありうる。論議の的になっている問題には真実――正しい答え――があり、熟議はその答えにたどりつくための最善の方法だと考えられているというのも、ありうる話である。おそらく、理由を示しながら行われる意見交換を基礎にした集団的決定の方が、個人の判断よりも妥当である可能性は高いだろう。また一方で、社会が熟議に肯定的な評価をするのは、上記のものとはまったく違う理由によるということもありうる。真実の存在が疑われる場合、社会は熟議のプロセスを模索することがある。この行動が依って立つのは、集団が従うべき決定を下す方法として、合理的かつ公正なのは唯一熟議プロセスだけだ、とする理論である[158]。あるいは、熟議はなんらかの共通了解を獲得するためとか、一定の相互性を確保するための方法とみなされることもある。これらの説明が、集団極化の存在によって明らかに困難を生じるというわけではない。しかしながら、集団極化は、正しい答えを導く最善の方法が熟議だという広く一般に流布している見解に対して、重大な疑問をはっきりと投げかけるのである。

もし、熟議の結果、もともとの傾向がより極端になるのであれば、熟議のどこに賞賛すべき点があるのだろうか。その基本的メカニズムについて考えても、確信にいたるほどの理由はみつからない。もし、人が自分の評判や自己像を守るためにみずからの立場を変更するのだとすれば、熟議は事態を悪化させるのではなく改善するのだと考えるべき理由はあるのだろうか。もし、蓄積された議論に偏りと歪みがある結果として変化が生じるのだとすると、熟議にもとづく判断を行う方が、すべての構成員の考えを聞いたうえで熟議を行わず、単純に全員の考えの中間に位置する意見を採用するよりも、はるかに悪い結果が出るということもありうるだろう。

たしかに、熟議民主主義と結びついた理念を重視する論者たちは、熟議民主政が成立するために必要な条件があるのだと、強く主張する傾向がある。この条件に含まれるのは、政治的平等が実現していることや戦略的言動の不存在、すべての情報が利用可能であること、そして「了解への到達」が目標とされていること[159]などである。現実に行われる熟議においては、人の言動に一定の戦略がともなっていることがしばしばあるし、なんらかの形の不平等が存在することが多いという認識が、これらの主張の背後にある。しかしながら、平等の条件が満たされ、真実や了解へ到達するための人々の努力に不誠実なところがまったくない場合であっても、なお集団極化が起こる可能性は十分にあるのだ。議論の蓄積にはかぎりがあり、そのことが、現に集団内にある傾向を強め、集団極化を起こりやすくすると考えられる。たとえ戦略的な言動をとる人がどこにもいないとしても、である。議論の蓄積の有限性は、社会的影響が作用しているかどうかにかかわりなく、それ自体で集団極化を発生させうるのである。

いずれにせよ、社会的影響が真実や了解へ到達するための努力と調和しないとは、かならずしもいえない。人が、最善の自己像あるいは他からこうみえてほしいと希望する自分の姿と、現実の自分とを一致させようとしたからといって、間違いはどこにもないのである。それは、たとえ熟議をもっとも熱心に擁護する人たちの目からみたとしても、変わらない。[160] すべての情報が利用可能であることが良質な熟議の前提条件だと強く主張すれば、集団極化を減らせるかもしれないし、場合によってはなくすことさえできるかもしれない。仮説上は、すべての情報が利用可能ならば、議論の蓄積に限界はなくなるだろう。しかしながら、そのような条件が満たされる可能性はかぎりなくゼロに近い。[161] もし、すべての情報が利用可能な状況であるとすれば、熟議の役割は非常に小さなものになるだろう。いずれにせよ、現実の状況下においては、熟議によって真実へ到達する可能性が高まるという保障などほとんどないということを、集団極化現象は示すのである。

正しい方向への変動と誤った方向への変動

集団極化はかならずしも誤った方向へ向かう変動を意味するわけではない。ことによると、傾向がより極端であることが、事態をよりよい方向に向かわせる場合もありうる。奴隷制度の撤廃運動や広範な支持を受けるに値する他の多くの運動を思い起こしてほしい。そこでは、集団極化が運動の推進力としてはたらいていた可能性がある。懲罰的損害賠償の額を決定する状況においては、厳格化の方向へ変化することで、よい結果が生まれるかもしれない。極端主義と呼ばれることが不名誉だとはかぎらない。すべては、極端主義者が何のために議論しているのかによる。しかしながら、集団討論が行われることによって、人々が討論を始めるときに有していた見解をまったく変えることがなく、むしろより強くそれを支持するようになる場合、そしてそれが社会的影響や議論の蓄積の有限性に起因する場合は、熟議の効能を深く信頼する理由はほとんどない。

もし、ある見解を不合理なものとして特定できるなら、その見解を共有する人たちの間で行われる集団討論への懸念が生じる可能性もある。先にみたとおり、これが共謀を独立した犯罪として法定することを正当化する論拠の一つとなる。共謀を行うことそれ自体が危険を増大させるからであり、最終的な行動が違法で常軌を逸したものになるという仮説があるからである。[162] 似たような状況は、インターネットやその他の場所で行われる、攻撃的な集団内部の討論にも見出すことができる。もし、根底にある見解が不合理なものだとすれば、これらの討論によって憎しみの増大に拍車がかかるかもしれないとの懸念には、十分意味があることになるだろう。これは、言論の自由の保障を目的とした制度の枠内において討論を規制することが可能だとか、規制すべきだということを意味するわけではない。ただ、「より多くの言論」が事態を改善する適切な方法の一つであることは間違いないという考えには、疑問が生じることになる。

(2) 異質混交の長所

ここでのもっとも簡潔な教訓は、個人の感受性と制度設計の両方にかかわる。多くの人にとって、議論の蓄積の有限性や社会的影響のはたらきを意識する、ただそれだけのことが、集団における意見の変化が不適切に正当化されることに対する一定の予防線となりうる。より重要なことは、制度設計の仕方にかかわる。すなわち、変化が起こったのは議論の幅に対する恣意的なあるいは不当な制約が原因だ、などという事態を招かないよう、制度設計はなされるべきである。これが、立憲主義的構想の中心的課題なのである。この観点からみると、抑制と均衡のシステムは、人民の意思に対して非民主的な抑制を行うものではなく、集団討論の結果として起こりうるさまざまな悪影響に対する防御策として、説明することも可能だろう。[163]

先に、二院制システムについてみた。この制度は、人民中心主義《ポピュリスト》的な角度から批判されることが多いのだが、[164] これも集団極化のリスクを引き合いに出して擁護することができる。実際、ジェームス・ウィルソンは、後世に残る法学講義において、このような観点から二院制について述べている。そこで言及されたのは、「人民が、抑制なき統治機関において作用する激しい感情の哀れな犠牲者になった例」、「一院制」を「急激かつ猛烈に専制や不正義、そして残虐な方向に向かう」傾向をもつものとしてとらえる見方などである。[165] 規制委員会や裁判所において見解の多様性を確保しようとする試みは、これと同様の論拠によって擁護することができる。以上のことを裏付ける証拠として、次のような知見について考えてみてほしい。考えの似通った人々がしっかりと結びついた集団で、その構成員が社会的紐帯によって密に結びついているような場合、しばしば反対意見が抑圧され、最終的に質の低い決定が下される。その一方で、考えの異なる人が交じり合っている集団の一体感の要因が、共通の課題への関心の集中であって、その他の社会的紐帯ではない場合は、最善の結論が生み出されることが多い。[166]

(3) 思考実験——ハミルトンを擁護する

異質混交のどこに長所があるのか。その考察のために、当該集団内のすべての市民からなる熟議体を想定してみよう。ある共同体に属するすべての市民、あるいは州の全市民、国家の全市民、世界の全市民からなる熟議体が想定できる。仮定の話ではあるが、そこでの議論の蓄積は非常に大きなものになると考えられる。その大きさは、市民の考えの多様さに比例することになるだろう。そこに社会的影響が残ることには、疑いの余地がない。したがって、人は、自分たちの評判や自己像を維持したいがゆえに意見を変えるだろうし、そのために、他の集団構成員と一定の関係を保たなければならないだろう。しかしながら、人々の個人的見解と、集団とかかわるところでの意見とは違うということを熟議が明らかにしたならば、そのかぎりにおいて、どのような意見の変化も、集団において示された見本の意見に引きずられた結果ではなく、当該市民全員の正確な理解を反映したものとなるだろう。

この思考実験が示すのは、ここで仮定している熟議体が理想だということではない。ことによると、すべての市民が個別に見解を述べた場合に出てくるのは、規範的観点からは歪んでみえるものかもしれない。不正が幅を利かせる社会においては、すべての人々による熟議体が生み出すものに何一つ喜ばしいものはない、ということもできるだろう。もしかしたら、質の悪い議論が何度もくりかえされる一方で、質のよい議論がなされることは稀かもしれない。以下でみるように[167]、極化が起こると考えられる孤立集団がいくつも存在する状況を確保することが重要な場合も多い。それはまさに、社会的影響その他によって抑圧されているけれども、きちんと筋の通った見解や正しいとすらいえる見解があらわれる状況を確保するためなのである。ただ、少なくとも、全市民による熟議体は、集団極化実験にあらわれるなんらかの歪みを取り除くことはできるだろう。その実験では、おおよそ考えの似通った人たちが、考えの異なる人たちと接することなく、考えを変化させていくのであるが、その原因の大部分はまさにそういった接触が限定されているところにある[168]。多くの研究が示すところによると、組織としての機能が損なわれるのは、多様な意見を俎上に載せることができなかった場合である。[169] そして、異質混交が防ぎうるのはまさにこのような傾向なのである。

ここに、本章の最初に引用したハミルトンとロールズの言葉を実際的に擁護する一つの方法がある。この見解によると、ハミルトンやロールズは、経験的現実を無視した無邪気な熟議の狂信者ではない。そうではなく、彼らが力説するのは、異質混交の長所と、熟議を行う人たちの前に示される多様な議論の蓄積の長所なのである。実際、これは上下二院制の内部で生じる「党派の対立」に関するハミルトンの主張であった。ハミルトンが主張したのは、「多数派の暴走を抑制」するプロセスである。この暴走も、先に述べたいろいろな現象にてらして再解釈できる。権利章典の起草者たちは、「命令委任権」、つまり選挙民が代表者に対して議会における投票の仕方について命じる権利を、最初から否定した。その否定の基礎には、次のような考えがあった。すなわち、代表者の仕事の一つは、他の州から選ばれた人たちと「協議」することであり、決定は協議を経たうえでないとなしえないのである。[170] 熟議に参加する者は自分とは異なる経験や見解の持ち主と話すべきだとする理論にもとづいて命令委任の権利が否定されるのであれば、それは集団極化のリスクに関する認識が妥当であることの証左だろう。

先に示唆したように、抑制と均衡を含む立憲制の主要な特質は、同様の見地から理解することができる。実際、マディソンが大選挙区制と長期の任期を擁護したのは、一定範囲の選挙人団内部にある、極化タイプの力を抑制する一つの方法としてであった。[171] ロールズが、一定範囲の人々の討論によって「情報を結びつけ、議論の幅を広げる」ことの必要性に言及するのは、まさに同じ意図からである。[172]

6　孤立集団の熟議と抑圧された声

異質混交には潜在的な欠陥もある。また、潜在的に望ましい効果が、似通った考えの人々の集団からなる、熟議を行う「孤立集団」によってもたらされることもある。明らかに、このような集団は、さまざまに異なる考えが存在する社会においてきわめて重要だといえる。その理由はとくに、特定の層の集団構成員のなかには、より広い熟議体に参加したとき、まったく声を発しなくなる者もいることに求められる。「孤立集団」による熟議の利点で特筆すべきは、それがなければ通常の討論においては目にとまらなかったり、沈黙を強いられたり、あるいは抑圧されたりしていると考えられる立場の発展に資するところにある。[173] 多くの文脈で、これは非常に大きな利点となる。多くの社会運動が、この道を通って形成された（思いつく例として、フェミニズム[174]、公民権運動、宗教的保守主義、環境保護運動、そしてゲイやレズビアンの権利運動について考えてみてほしい）。

周辺に追いやられている集団が部外者を排除する試み、また政党が予備選挙の投票資格を党員に限定する試みでさえも、同様の観点から正当化できる。集団極化が起こっていても――集団極化が起こっているからなのかもしれないが――、孤立集団は、社会に幅広く利益をもたらすことができる。その理由はとくに、孤立集団が社会の議論の蓄積を大いに豊かにすることに求められる。事実、修正第一条による結社の自由の保障は、厳密にはこのような観点からとらえられるべきである。共通の目標のための共同作業に保護を与えることは、政治的、文化的多様性を維持し、反対意見を多数派による抑圧から守るという点で、とくに重要である。

（1）劣位と優位

熟議体のなかでは、優位な立場にいるメンバーは、そうでないメンバーよりコミュニケーションの開始に積極的であるし、彼らの考えはより大きな影響力をもつ。その理由の一部は、劣位におかれているメンバーは自分たちの能力に自信をもてないことにあり、また、彼らが報復をおそれているということにもある[175]。たとえば、女性の考えは影響力が小さいことが多いし、「男女混成の集団においては、まとめて押さえつけられてしまう[176]」場合もある。また、通常、さまざまな文化が混じる集団で行われる決定において文化的マイノリティーがもつ影響力は、数のうえでの比率以上に小さい[177]。このような事情を考慮すれば、熟議を行う孤立集団の成長を促すことには意味が認められる。そこでは、多様な集団の構成員同士が意見を述べ合い、みずからの見解を発展させることができるのである。

しかし、その種の孤立集団には重大な危険もある。その危険とは、ここで論じてきたメカニズムを通じて、集団の構成員が、長所はないのだが孤立集団の熟議が一定の状況下でなされた結果として到達するであろう結論へと、立場を変えることである。極端な場合、孤立集団の熟議は（よくも悪くも）社会的安定を危険に晒すことさえありうる。そして、孤立集団に属することを選択した人は一般に、広く社会にとって望ましい方向、あるいは同じ集団構成員にとって望ましい方向に考えを変えていくと、抽象論として述べることはできない。それとは逆の例を想起するのは容易であり、ナチズム、さまざまな敵対的集団、そしてあらゆる種類の多くの「カルト」の台頭[178]などが考えられる。読者も自分なりの例を考えることができるだろう。

孤立集団の熟議がもたらす危険を一振りで鎮めるような解決策はない。社会的安定に対する脅威といっても、それが望ましい場合もある。ジェファーソンが書いたように、社会的動乱は「価値あるものを生み出しうる。動乱は統治機関の堕落を防ぎ、公共の事柄……に対する一般の人々の関心を高めるのである。私は、小さなものであるなら、どの時代にあっても反乱には一定の価値がある……と考えている[179]」。孤立集団の熟議について何事かを判断しようとしても、孤立集団を社会から分離させる根本にあるものをつかまないことには、むずかしい。制度設計の観点からみると、問題は、孤立集団の熟議を促すさまざまな試みによって何が起こるのかである。それらの試みは、広い範囲にわたる種々の集団の内部で、集団極化を確実に起こすだろう。そのうち、あるものは正義の追求のためになくてはならないものである。しかし、不正義を助長する可能性が高いものもあるし、潜在的な危険性が非常に大きいものもある。ここから、よりはっきりすることがある。それは、エドマンド・バークの代表概念にかかわる。すなわち、「地方的目的」と「地方的偏見」を否定し、「全体にかかわる一般的な理由」に重きをおく代表概念[180]が保守的な色彩を有するのは、偶然ではない。彼の代表概念は、本質的に保守主義的なのである（ここで保守主義とは、現にある慣習を保護するという、純粋に記述的な意味で使っている）。その理由は次のとおり。すなわち、「地方的目的」や「地方的偏見」が、考えの異なる人々からなる「審議会（deliberative assembly）[181]」を浸食すると、集団の決定が脆弱化する傾向は避けられない。それはとくに、劣位におかれている集団や周辺に追いやられている集団において顕著である。それらの集団の純粋に内輪の熟議によって、高度の極化現象が生じる可能性があるのだ。

だからこそ、ジェームス・マディソンは、――「紙幣や借金帳消し、財産の平等な分割、あるいはその他の不適切または不正な目論見に向かう熱狂[182]」を生み出す人民の熱情をおそれ――バーク的な代表概念に自然と引き寄せられて、大選挙区や長期の任期[183]を、極化の力を減殺する手段として支持したのである。対照的に、「安定を揺さぶること」には固有の長所があると考える人たち[184]、あるいは、現状には多くの不正が含まれているので、多様な集団の側に極化を煽るリスクを負わせるのは有益だと考える人たちは、別の立場をとる。彼らは、隔離状態で行われる孤立集団内の熟議を積極的に推進するようなシステムに魅力を感じるだろう。あるいは、感じるにちがいない。

そこにいるほとんどの人が混乱していたり邪悪だったりするような国においては、孤立集団の熟議が、少なくとも一部の人にとっては、明晰さの感覚や正義の感覚を高める唯一の方法かもしれない。しかしながら、そのような国にあっても、孤立集団の熟議が変化を生み出すには、満たすべき条件がある。それは、異なる孤立集団に属する構成員たちと最終的には接触をもつことであり、そうでないと変化が生まれる可能性は低い。民主的社会における最善の対応は、どのような孤立集団も競合する見解を遮断しないようにすること、そして、一定の時点で、孤立集団に属する構成員と、彼らとは意見が異なる人たちとの間で、意見交換がしっかりと行われるようにすることである。もっとも深刻な危険は、集団熟議そのものではなく、完全なあるいはそれに近い形での自己隔離から生じる。その多くは、極端主義と周辺化がきわめて不幸な（時に致命的な）形で結びついた場合である。

（2）公共圏と適切な異質混交

公共圏

どんな制度であれ、その設計者や指導者にとって有意義なのは、孤立集団の熟議と、さまざまな孤立集団のなかにいた人たちの見解を含む、幅広い立場からなされる討論、その両方にとって十分な広さの社会空間の創出を推し進めることである。[185]「公共圏」という観念を発展させたもっとも著名な論者はユルゲン・ハーバーマスであるが、この考えは、人々が多様な見解をさまざまな角度から見聞きできる領域を確保する試みとして理解できる。[186]近時、インターネット空間において、考えの異なる人々の間で確実に熟議が行われるようにするためのシステム設計の提案がなされているが、上記の理解はこの提案を強く支持する。[187]集団極化が起こるという事実が示すのは、連邦上訴裁判所の合議体がいずれか一方の政党に属する大統領から指名された裁判官だけで構成される可能性を減らすための対策をとるべきだろう、ということなのである。[188]

もちろん、議論の蓄積がどのようになされるとしても、そこには限界がある。すべての人の見解に耳を傾ける時間がある人などいない。しかし、集団極化の理解は、考えの異なる人々からなる集団の方が、質の高い判断の母体としてすぐれている場合が多いこと、その理由は単純で、より多くの議論が利用可能となるからだということを、示すのに役立つ。

集団代表制の新しい見方

集団代表制をめぐる論議が続いているが、集団極化の理解はこの論議とも関係する。[189]問題の中心は、政治諸制度のなかに個別の集団それぞれの代表者をおくべきかどうかである。さまざまな政治集団のうち、最低限の得票率を超える票を得られた集団は、そのかぎりにおいて、代表者を送り込むことが認められるはずである。そしておそらく、不利な立場にある集団あるいは周辺に追いやられている集団の構成員が熟議体に自分たちの代表を送り込む可能性を広げるための方策をうつべきなのである。これらの問題について、集団極化を理解すれば明確な結論にたどりつけるなどとは、とてもいえない。ただ、少なくとも次のようにいえるだろう。集団代表制は、考えの似通った人々の間で行われる熟議から生じる極化のリスクやカスケード効果の影響力の減殺に資するはずである。そして同時に、より小さな孤立集団にいる人々が他から孤立することから生じる危険を減らすことにも、集団代表制は役立つはずである。この危険の減少は、孤立集団の代表者たちをより広い場所での論議に参加させることで実現する。

この観点からみると、集団代表制の主眼はあるプロセスを促進することにある。このプロセスのなかで、孤立集団内の人々は他の人々の発言を聞く。そして、他の孤立集団に属する人々、あるいはそのような集団にまったくかかわっていない人々は、自分たちとは大きく異なる見解の持ち主たちの声を聞くことができる。以上のような形で、私的制度や公的制度のなかにさまざまな集団の代表者が存在する状況になれば、そうでないと人々の耳には届かなかったはずのさまざまな見解が公の場に出ることを促すだろう。集団代表制がもたらす利益はまだある。それは、集団の構成員が他の人々の発言を聞く機会を確保することで、集団の構成員の一部がみずから孤立するのを防ぐのである。こうして、集団代表制がもたらす利益は、ある集団に属している人々とそうでない人々の両方に及ぶことになる。

適切な異質混交

熟議民主主義にとっての中心的な問題は、いかにして適切な異質混交状態を確保するかである。たとえば、ある熟議集団が積極的差別是正措置にかかわるさまざまな問題を考察しようとしているときに、その議論の門戸を「奴隷制はすぐれた制度だとか奴隷制を復活させるべきだと考えている人たちにも開放することが重要である」などということには意味がないだろう。時間や人の注意力にはかぎりがあるから、異質混交のあり方にもいくつか制限を設ける必要が出てくる。そして、これとは別に、質の高い熟議の実現のためには、ある種の見解は議論の対象から外した方がよい。その理由は単純で、時間に限界があるからであり、内容があまりにひどかったり、とても受け入れられるものではなかったり、あるいはその両方であったりするからである。この観点からみると、次のような問題が最後の難問として浮かび上がってくることになろう。すなわち、集団の熟議において、俎上に載せるべき見解を識別するために重要なのは、議論の対象となっている問題の本質を感覚としてうまくとらえることである。ここでいう感覚とは、まさに、どの見解が議論の俎上に載せられなければならないのか、そして俎上に載せるべきでないのはどの見解かについて、十分に判断できる感覚である。しかし、われわれがそれをわかっていれば、熟議は少しでも的を射たものになるのだろうか。

この問いに対する回答は、次のようなものとなる。われわれは、どの見解が正しいかはわからなくても、どの見解が考察に値するのかについては判断できることが多い。だからこそ、人は、熟議のプロセスを、集団極化によってもたらされる可能性のあるもっとも深刻な問題を是正するものとして、構築できるのである。必要なのは、すべての見解が人の耳に届くことではない。必要なのは、単一の見解だけが広く人々の耳に届いて強められ、競合はしているが考察に値する競合的見解の批評ができなくなる、という事態を確実に避けることなのである。

もちろん、多様な見解が用意されたからといって、質の高い熟議が行われる保障はない。とりわけ、新たな情報に触れるとき、ほとんどの人は「確証バイアス」の強い影響下にある。このバイアスのもとでは、競合する立場に接しても、もともと支持していた立場は変わらないし、むしろさらに強く信じられるようになることすらありうる[190]。道徳や公正が問題とされているとき、人が多様な意見を聞くと、それによって自分がもともと傾倒していた立場の妥当性をいっそう強く信じるようになっている、ということが十分ありうる。これは道徳や公正以外の問題でも間違いなく同じである[191]。しかしながら、これが普遍的な現象だというわけではない。少なくとも、競合する見解を把握することにより、考えの似通った人々の間で行われる熟議から生じるさまざまな断片化や誤解が弱まるということも、可能性として十分考えられるのである[192]。

(3) 討論型世論調査——比較対照

ジェイムズ・フィシュキンは、「討論型世論調査（deliberative polling）」のアイデアを主唱してきた。そこでは、非常に多様な人々からなる複数の小集団が、一か所に集まってさまざまな問題について熟議を行うよう求められる[193]。現在、討論型世論調査は、合衆国、英国、オーストラリアなど、数か国で実施されている。フィシュキンは、そこで個々人の見解が顕著に変化することを発見した。しかし、極化に向かう系統的な傾向は見てとれなかった。彼が行った研究では、人々の意見は、熟議以前の中間的意見に向かって変化する場合もあれば、そこから離れていく場合もあった。フィシュキンの実験から何がわかるのか。ここでの考察の目的に照らし、注目すべきは、彼の実験には少数集団が孤立する状況が含まれていないということである。そしてこれが、極化作用が生じなかった理由の一つに数えられる。

たとえば、英国では、熟議を行ったことにより、刑務所を犯罪抑止の手段として用いるべきだと考える人の数が減少した[194]。「より多くの犯罪者を刑務所に送ること」が犯罪抑止の手段として効果的だと考える人の割合が、五七%から三八%に下落したのである。これに対し、刑務所に送られる人の数を減らすべきだと考える人の割合は、二九%から四四%に増加した。「厳罰化」の効果を信じる人の割合は、七八%から六五%に減少した[195]。同様に、被告人の手続的権利の重要性をより強く主張する方向への変化や、刑務所に代わる手段をより積極的に案出しようとする方向への変化がみられた[196]。この他にも討論型世論調査の手法を用いた実験はあり、それらの実験でもさまざまな変化がみつかっている。父親が子どもを扶養するよう法的な圧力を強めるべきだと結論づける人の割合は増加し（七〇%から八五%へ）、社会福祉と医療にかかわる権限を州に委譲すべきだとする人の割合も増えた（五六%から六六%へ）[197]。多くの議題で、熟議以前の人々の確信が、熟議を経てより強くなった[198]。これらの知見は、集団極化が起こった場合に予測される結果と合致する。しかし、これが唯一の変化の態様だというわけではない。議論の対象となった問題のなかには、少数意見だった立場を採用する人の割合が増えたものもあったのである（たとえば、離婚の「要件をより厳格に」する政策を支持する人の割合は、三六%から五七

％に跳ね上がった[199]。こういった変化は、集団極化が生じた場合に予測される変化とは異なる。

討論型世論調査と集団極化実験には、いくつかの要素の違いがある。第一に、フィシュキンの調査の参加者は、集団として賛否を問われたわけではない。集団的決定がまったく求められていない場合でも集団極化は観察されるが[200]、極化の程度は小さくなることがわかっている。それは単に、構成員が集団的決定への参加を求められていないからである。第二に、フィシュキンの調査における集団には議長がいて、討論の全体を見わたす役割を果たしている。一定レベルの開放性を確保しようとするこの試みによって、本章で検討してきたさまざまな作用を、部分的にでも改めることができた可能性は高い。第三に、フィシュキンが設定した集団は高度な多様性を有していて、孤立集団によって熟議が行われるということはありえない。第四に、フィシュキンの研究では参加者に一連の文書資料が配付されている。これらの資料は比較対照されるもので、双方の主張を支持する議論の詳細が示されている。その結果、人々はどのように動くと予測されるか。その変化の方向は、外からの信頼できる情報に影響されず、なんの工夫もない集団討論を行った場合に人々が向かうと予想されるのとは、違う方向だと考えられる。まさに均衡を生み出すための努力こそが、大多数派の規模を縮小し、両者の比率を五〇％ずつに近づけることになるはずである。そしてこれは、討論型世論調査の結果として、実際に何度も観察されている[201]。

要するに、外からの情報は熟議の参加者が利用可能な議論の蓄積を変化させるし、また、その情報は社会的影響に対してさまざまな効果をもつと考えられる。ある種の議論がひとたび俎上に載せられると、あれこれの立場が集団の構成員の評判にどう影響していくかを語ることはむずかしくなる。結論としてもっともはっきりしているのは、次のようなことである。すなわち、外から情報がもたらされる、討論全体をチェックする人がいる、集団的決定をしない、そして討論に参加する人の考えが非常に多種多様である、といった要素がフィシュキンの研究[202]には含まれており、これらが討論型世論調査を集団極化研究とはまったくの別物にしている、と。

フィシュキンの実験が示すのは、制度設計に一見わずかな修正を加えるだけで、集団極化を強めたり弱めたりできるし、消滅させる可能性すらある、ということである。議論の蓄積の有限性や社会的影響が好ましくない効果を生むのであれば、それを矯正するさまざまな方策の導入が考えられる。とりわけ重要なのは、集団の構成員に、機会あるごとに、彼らのもともとの傾向とは異なる議論に触れさせるようにすることだろう。最近なされているさまざまな提案は、時に軽視されるこれらの事実の理解と関連させて考えるとよいと思われる[203]。ただ、以上の考察から得られるもっとも重要なことは、より一般性が高い結論である。すなわち、孤立集団内部の熟議のための空間を一定の条件のもとに作ることが望ましい。その条件とは、孤立集団の構成員が反対意見を遮断してしまわないようにすること、および孤立集団の外にいる人たちがその集団のなかにある見解を無視してしまわないようにすることである。

7 結び

本章では、集団極化現象について検討を行い、この現象が熟議一般とどう関連するのかについて考察してきた。この考察は、とくに集団極化現象の存在が熟議民主主義にどのような影響を与えるのかという問題に、焦点をあてたものとなった。観察から得られた知見の中心にあるのは、集団討論に参加する人々の意見がある方向へ変化する可能性が高いということである。その変化の方向は、討論開始前の参加者の中間に位置する意見の傾向を、より極端なものとする方向である。これは、集団的決定を行うよう求められる場合に、ぴたりとあてはまる。そして、決定に参加したメンバーに後に匿名で個人的に意見を聞くと、彼らはまったく同じ方向に意見を変えることが多いのである。

以上のような現象は、二つのメカニズムによって生じる。第一に、集団と自分との関係を一定に保ちたいと思う人々の欲求がある。それは、自己の評判を気にするからだとも、自己像を守るためだとも考えられる。人々の態度に変化が生じるのは、彼らが自己像や集団との望ましい関係を保つためには、自分の意見を変える必要があると知ったときなのである。第二のメカニズムは、「議論の蓄積」の限界にかかわる。そこでは、もともと一定の傾向にある集団の構成員が耳にする多くの議論が彼らの傾向を支持するような内容であり、異なる方向性をもった議論はほとんど耳に届かない。集団で行われる議論が全体として特定の見解に傾いていくと、構成員たちの意見も同じ方向に向かうことが予測される。民主主義理論にとってとくに重要な知見は、集団極化の程度が高まるのは構成員たちが共通のアイデンティティをもつと感じているときだということである。そして、同じように重要なのは、集団極化の程度が小さくなり、脱極化が生じる場合がある、という知見である。それは、構成員たちが自分の意見に固執せず、ある程度の柔軟性を有している場合であり、集団が同程度の数の対立意見の持ち主で構成されている場合である。

集団極化の是非を、抽象的に、しかもその現象の実質的な基礎を知らないままで、述べることはできない。ただ、集団極化の基礎にあるメカニズムについて知ると、重大な疑問が提示されることになる。それは、熟議によってさまざまな社会問題に対する妥当な答えが導かれるという見解にかかわる問題である。似通った考えの人たちが討論を行うと、議論の蓄積にはかぎりがあり、社会的影響が作用しているという単純な理由から、正しくない、誤った方向へと互いを導き合うことがある。この点は、孤立した集団内で行われる熟議と密接にかかわるし、最近あらわれてきた〔インターネットなどの〕コミュニケーション技術ともかかわる。それらの技術によって、人は自分の好みに合わせた選別を自在に行うことができる[204]。誤りが生まれる可能性は、この孤立と選別のなかにあるのである。上記の点はまた、熟議を行う裁判所や立法府、規制省庁の制度設計とも密接に関連している。そして、とりわけ重要なのは、集団極化を理解することが、なぜ、似通った考えの人どうしで熟議を行うと、驚くほど極端な方向に向かい、犯罪や暴力的行為にまでいたることもあるのかの説明に役立つことである[205]。

これは、「孤立集団」の暗黒面である。しかしながら、私は、孤立集団が防御壁の内側で熟議を行うのが非常に望ましい場合もありうるということも、強調した。集団極化を一つの要因として、孤立集団の熟議は、他の状況ではあらわれてこなかったと思われる立場や間違いなく公衆が耳にすべき見解を生み出しうるのである。孤立集団の熟議の擁護論を強固なものとする根拠があるが、それは、劣位集団に属する構成員たちは、より広い範囲の集団を含む熟議体のなかでは、沈黙したり沈黙させられていたりする可能性が高いということである。孤立集団内で生じる集団極化は、まさにこのような問題を相殺するものとして作用することがある。

孤立集団による熟議とより広い社会で行われる熟議を具体的にどう組み合わせるのが適切なのかを、抽象的に述べることはできない。ただ、集団極化を適切に認識し、評価することが、ある問いへの回答に役立つのはたしかである。それは、なぜ自由な社会は孤立集団による熟議を保護する方策をとるのか、なぜ孤立集団のなかにいる人たちの耳にその集団の外にある見解が確実に届くようにするための方策をとるのか、そして同様に、ある孤立集団の外にいる人たちにその集団の構成員たちが発言しているはずの内容が確実に届くようにするための方策をとるのはなぜなのか、という問いである。とりわけ重要なのは、人々が接するのが、より心地よい、そしてより大きな音で反響する自分の声であるような状況を避けることである。

このような形でみずから孤立していくことは、異質な人々が混じり合った社会においては、相互の無理解や、もっと悪い形での、深刻な熟議のトラブルを生む原因となりうる。法制度の設計次第で、このトラブルは大きくも小さくもなるだろう。私が概略的にいくつか述べてきたのは、異質混交が、社会の断片化の原因となるどころか、創造を促す力として作用し、それがなければ気づかれない可能性のあるさまざまな問題の所在を明らかにし、解決策をも提示するのに役立つ方策なのである。

Beyond the Republican Revival

第2章
共和主義の復活を越えて

大森秀臣訳

合衆国の統治システムとその理念を，現代的な共和主義の観点から
再解釈する．これが著者の出発点である．
中立性を隠れ蓑にせず，
政治参加と改革とに開かれた体制として合衆国憲法をとらえるには，
そこに共和主義の精神が受け継がれてきたことを認める必要がある．
民主政を批判的な相互学習の過程ととらえ，
リベラリズムとの相剋をやわらげること．
今日の憲法的実践に明確な改革の指針を示すのは，
このように解釈しなおされた現代の共和主義なのである．

現代の共和主義者たちが取り組むべき課題は、単なる発掘作業ではない。歴史は、現在の諸問題にそのまま通用する政治生活の指針を与えてくれない。状況は変わっているのだ——理論的な関心をもつと、文脈から引き剝がされて、どうしても歪曲という大きなリスクをともなってしまう。現代の社会的・法的諸問題は、遠い過去の特徴——たとえどれほど重要で魅力的であっても——の回復だけではけっして解決できない。この種の困難は、古典的共和主義の諸原理を復活させようとする今日の努力を、非常に厄介なものにしている。

それに加えて、たいていの伝統的な共和主義思想は、誉められるような主張をほとんどしてこなかった。無産階級、黒人、女性などを排除するさまざまな戦略が、共和主義の伝統のなかに組み入れられていた。共和主義は共通善をめぐる熟議に信頼を寄せているが、それはこうした排除の実践と密接に結びついており、きっぱりとは切り離せない。さらに、伝統的に共和主義は、その主張のいくつかの点で非常に軍国主義的で、英雄賛美的でさえあった——戦場における兵士たちの友愛を人々の共同生活のモデルとして称えたのである（1）。また重大な問題として、共和主義は、私益を公益に服従させるべきだと信じているため、暴政や妄想の危険さえ孕んでいる。そしてこの信念は、単一の共通善の存在を否定し、善の構想が多元的であり、各人の視点と能力に由来することを強調する人々にとっても脅威である（2）。

これらの事情にもかかわらず、共和主義の政治理論は、司法機関の内外で強固な支配力を保ってきた。共和主義に特徴的な熟議への信頼は、法理にも、政治過程に対する現在の評価にも影響を与え続けている。政治的に有利な立場の追求は一般に共通善への訴えを通して行われる——たとえそうした訴えが、皮肉な調子で見え透いていたとしても。

近現代史研究の最大の功績の一つは、合衆国憲法が批准された時代に共和主義思想が演じた役割を明らかにしたことであった[3]。今ではもはやロック的合意を建国期に見出すことはできないし[4]、政治的行為の背景にはかならず私的利害関心がある、とみる近代の多元主義者として憲法起草者たちを扱うこともできない[5]。共和主義思想は、起草期において中心的な役割を果たしたのであり、政治と立憲主義の役割について説得力ある見方を示しているのである。

近年の法学分野の著作は、共和主義理論が合衆国憲法の伝統のなかで占めてきた地位について研究し始めた[6]。共和主義の復活は、法理についてはともかく、法学研究において、今や確固たる地位を占めている。喫緊の課題は二つある。第一は、現在もっとも強く支持されている共和主義思想のいくつかの側面をある程度仔細に説明することである。第二は、裁判所の内外で、共和主義的見解のもっとも魅力的な特徴の実現に役立ちうる制度編成や法理変更を描くことである。

本章は、大きく二つに分けられる。前半はやや抽象的である。前半では、共和主義思想の特定の理解《ヴァージョン》を概説し、擁護することを目標とする。この理解は、公共生活に関して共和主義と反共和主義とが描く相対立する見方に結びついた難点を回避している。この共和主義理解はけっして反リベラリズム的ではない、と私は論じよう[7]。つまりそれは、リベラルな伝統の中心的な特徴を組み入れているのである。リベラルな共和主義は、四つの中心的原理への信条によって特徴づけられる。それぞれの原理は相互に関連しており、共和主義の各々の信条は、他の信条を特徴づけて、定義するときに役立つ。そして、これらの原理は、すべて個人的自由と政治的自由に関する共和主義的理解から導かれる。

それらはすべて政府権力を統制する様式の特徴を示している。

第一の原理は、政治における熟議である。それはときに「公民的徳性」と呼ばれるものによって行われる(8)。熟議過程において、私益は、政治への有意なインプットであるが、前政治的・外生的な所与ではなく、熟議の対象として理解される。

第二の原理は、政治的行為者の平等である。それは、政治参加と政治的影響力の点で個人や社会集団間に顕在する不均衡を除去しようとする希望のなかに体現される。経済的平等は、政治的平等をともなう場合もあるが、かならずしもそうではない。この意味で、政治過程は、他の領域と同様、私的領域からある程度自律している。

第三の原理は、普遍主義である。それは、共通善の観念に体現され、「実践理性」によって可能となる。共和主義の普遍性や規正理念としての合意へのコミットメントは、少なくともいくつかの規範的な論争に実質的に正しい解決を与えられる、という信念となってあらわれる。

最後の第四の原理は、市民活動（citizenship）である。それは、広く保障されるもろもろの参加権のもとで示威される。これらの権利は、代表者の行動を監督するとともに、一定の政治的徳性を行使・陶冶する機会を与える。市民活動は、いわゆる私的領域で生じることが多いが、その主たる関心は各種の政府機関の過程にある。

本章の後半は、非常に具体的である。後半での目標は、このように理解される共和主義が、今日の公法における数多くの論争にもたらすいくつかの含意を描くことにある。私は、共和主義の理解から、裁判所の内外で、多くの現行の法準則の再定式化が求められることを示したい。たとえば共和主義のテーマは、選挙資金規制、連邦制、制定法解釈、差別禁止法などの文脈において支配的な諸原則に影響を与えることになるだろう。近年の比例代表制や集団代表制の提案は、この点に関してとくに興味深い問題を提起している。こうした提案は、重大なリスクを招くが、共和主義理論に関する重要な問題を提起し、考慮に値する展望を示している。集団代表制を確立しようとする努力は、もともとの合衆国憲法の諸制度にも、熟議デモクラシーへの共和主義的信念にも緊密につながる。これらすべての領域において、共和主義思想が現代にもつ魅力を見出し、それが伝統的な制度設計と法的諸権利にもたらす含意を探究するという課題に応えるには、古典的共和主義をはるかに越えていく必要があるのである。

1　政治観

米国の公法は、「米国人の政治生活とはいったい何であるか」をめぐって相争ってきた二つの見解の間の衝突の産物として理解されるかもしれない。これら二つの見解に含まれる要素は、憲法起草期においてなんらかの役割を果たし、現在の論争にいたるまで影響を与え続けている。

(1) 多元主義

第一の見解は、記述的な形であれ規範的な形であれ、多元主義的な見解として描かれるだろう。(9) この見解では、政治とは稀少な社会的資源を求める利益集団間の闘争である。法は一種の商品であって、需給関係に服している。社会における多様な集団は、市民からの忠誠と支持を求めて争う。これらの集団は、いったん組織・提携されれば、政治的代表者に圧力をかけ、代表者は、この圧力に市場の行為者と似た仕方で対応するだろう。その最終的な帰結は、政治的均衡である。

　多元主義のアプローチは、既存の富の分配、既存の背景的権原、既存の選好を、外生変数としてとらえる。これらはすべて、多元主義的な闘争にとっての一種の前政治的背景を形作る[10]。このシステムの目標は、さまざまなインプットが立法に正確に反映されることの保障にある。つまりこのシステムは、市民の選好を集計するシステムである。この理解はある特殊な代表理解をともなっている。すなわちそのなかでは、公職者は有権者の欲望に応答するだけで、ほとんどあるいはまったく独自の判断を下さない、とされる[11]。

　多元主義的な政治観の魅力は、規範的に用いられる場合、その功利主義的な根拠に、そして既存の選好を尊重しようとする努力に、あるいは公職者が意図的・自覚的に選好を誘導しがちな暴政のリスクを避けたいという願いに由来している。政府権力の最悪な行使は、人格形成を政治目的とすることになりがちだ。これらの点で多元主義は、多数決ルールというおなじみの考えを信奉し[12]、市民の選好を集合的統制の対象としてとらえる体制を、健全にも嫌悪している。しかしいくつかの難点があるため、多元主義的なシステムには崩壊のおそれがある。それらは全体として、多元主義がまったく魅力を欠いた政治観であることを物語っているのである。

悪い選好と不平等な権力の諸問題

ある選好が好ましくないとか、不正な背景的制度の産物だと証明されてしまうと、多元主義の擁護論はいっそう説得力を失う[13]。政治の重要な目的は、政治的討論や係争を通して、好ましくない選好をあぶりだすことかもしれない[14]。人種差別や性差別を禁じる法について考えてほしい。こうした法は、差別を生む選好が好ましくないという認識や、選好が不正な社会的制度によって歪められているという認識にその根拠を求められる[15]。この種の選好が好ましくないと考えられるのは、それがある特定の社会集団を従属させる効果をもつからである。こうした選好は、犠牲者の側にみられる適応的選好――利用できる機会が奪われていることを原因とする選好――の現象をはじめとするさまざまな歪みからも生じうる[16]。選好は、利害関心――既存体制の受益者側に誘発された信念――によっても歪められる[17]。多元主義的システムは、暴力や詐欺さえ関与しなければ、選好の相違に無関心である。したがってこのシステムは、悪い選好の源泉と効果を無視する結果、受け入れがたい帰結を生み出すであろう。

好ましくない選好や歪められた選好の存在は、次のことを示唆する。すなわち政治は、市民の欲望を実現するだけではなく、新たな情報やさまざまに異なる視点を提供することによって、欲望から批判的に距離をとり、欲望を吟味する手段を与えるべきだ、と[18]――。この意味で、政治的領域はある程度の自律性をもつべきなのである。こうしたことから多元主義の難点は、次のような事実から生じているといえよう。すなわち、ある集団が民主的解決に適した形で問題の数と性質を限定する能力を無視しがちであるということ[19]。あるいはもっと一般的にいえば、権力の不均衡や機会と情報の限界を背景にして選好が形成されているということである[20]。

「取引」に抗して――熟慮の概説

多元主義的政治観は、別の理由からも望ましくない法が生じる可能性を高める。共和主義の政治観では、法は議論と理由によって支持されなければならない。言い換えれば法は、単なる私益「取引」の探求目的であっても、「取引」の産物であってもならない。私益を考慮した理由は、立法の根拠としては不十分である。政治的行為者は、より広範な共通善に訴えることによって自分の選択を正当化しなければならない。この要件は、提案・制定されうる法案の種類を限定する効果をもつ。公益を考慮した理由に訴えよという要件は、公益を考慮した法が現実に制定される見込みをいっそう高めるのである[21]。

この中心には、政治には熟議的・選好変成的な次元があるという考えがある。熟議の役割は、さまざまな価値を選別し、「選好についての選好」を満たし[22]、単に既存の欲望を満たすよりも、選好形成の機会を提供することである[23]。ここでの重点は、非常に概括的であって、差別禁止法から、環境保護措置、放送規制、福祉支出、その他多くの領域にわたる広がりをもつ。多元主義の理解からすれば、これらの法には懐疑的でなければなるまい。それらは、許しがたい「レント・シーキング」や不当な富の移転であるようにみえるだろう[24]。たしかに多元主義の前提からすれば、法を市場の商品のように売買してはならない理由はない。こうした売買の過程は、選好の正確な集計だと考えられるからである。だが政治の熟議的役割を信じる人からすれば、市場の隠喩は過ちを導くことになろう。この種の法は、多元主義的ではない観点から理解されねばならないのである。

功利主義の機能不全

多元主義の魅力は、おおむね功利主義との結びつきにある(25)。しかし、たとえ政治に対する一貫した功利主義的アプローチが望ましいと考えられるとしても、多元主義的観点から理解された通常の多数決を受容すべきだ、ということにはかならずしもならない。

第一に、政治を通した選好の正確な集計は、社会的厚生関数が展開されるなかで生じるもろもろの難問にてらしてみれば、実現されそうもない(26)。公共選択理論の指摘によれば、閉路問題、戦略的・操作的行動、純然たる偶然やその他の要因によって、多数決は選好の正確な集計を提示できない(27)。第二に、多数決ルールは選好の強さの多様性には無関心である(28)。多元主義的な民主的国家のなかで多数決の不備を補うさまざまな措置——たとえば参加の多層化や財政上の出資——を講じようと思い描いても、それは絵空事でしかない。

たとえこれらの問題が克服されるとしても、功利主義的と目される結論と、選挙民から常時受けている圧力に応えて立法部が達成する結果とが合致すると信じるためには、かなり楽観的でなければならないだろう。どんな代表民主政でも、立法の結果と選挙民の欲望との間にはあまりにも大きなズレがある(29)。これらさまざまな考察から一つの結論が導かれる。すなわち、多元主義的アプローチが「公共的意志」を確定する手段としてしばしば擁護されているにもかかわらず、その概念は多元主義理論の内部でも一貫していない、ということである(30)。

共和主義者やその他の人々でも、公的領域の干渉に抗して憲法上の保護を支持するために、こうした考察を引き合いに出すことがある。なかでも一部の評者たちは、しばしば公共選択理論を根拠にロックに追随するだけだと称して、厳格な財産権を支持し、既存の富や権原の分配への集合的介入に対する厳しい規制を擁護する。[31] しかしこの戦略は、多元主義の他の欠陥を無視している。あとでわかるように、それは前政治的・外生的な私的領域への無防備な信頼にもとづいており、現実世界での熟議的政府の欠陥を過大に評価し、既存の分配と選好が法の産物である側面を無視しているのである。[32]

参加の欠如

　多元主義的なアプローチは、政治参加に高い価値をおいていない。たしかに多元主義者にとって、政治参加が行われないことは肯定的に評価できるのであって、現状と均衡点への接近に大方の人が満足していることを示している。[33] したがって多元主義者は、政治活動の促進策を講ずることには消極的である。しかし参加が行われないことは、むしろもろもろの集合行為問題[34]や、手に負えないと考えられている実践への順応を反映しているだけかもしれない。[35] いずれにせよ広範な参加を欠く体制は、政治生活にともないうるさまざまな気質——自立、共感、社会的連帯、その他——を育てられないという欠陥を抱えることになる。[36] しかしだからといって、政治活動がしばしば個人と集団の重要な善であることを結論づけるために[37]、政治生活だけに価値があるとか、あるいは広範で頻繁な市民参加を欠く体制は必然的に抑圧的であると信じる必要はない。

　多元主義的な政治観が現代の政治生活を記述できるかについてはかなりの疑いがある。[38] しかし多元主義の諸要素が現代政治の中心的特徴を示していることは否定しがたいであろう。そして批判者たちは、多元主義のさまざまな欠陥にてらして、共和主義的な政治観がそれに代わりうる選択肢であることをしばしば指摘してきた。こうした構想は、いかなる点でも多元主義的アプローチに対立してきたように思われる。古典的共和主義の諸側面は、反連邦主義者の著作のなかに米国での拠り所を見出した。そして反連邦主義者の思想は、米国の公法に影響を与え続けてきた。しかし共和主義思想の諸要素は、連邦主義者の見解にもまた見出されるのである。

(2) 共和主義という代替案

共和主義もさまざまな政治観をとってきたが、それらは本質的な部分でそれぞれ異なっている。共和主義として記述できる単一のアプローチなど存在しない[39]。古典的共和主義は、活発な市民活動を通して自由を実現する場として、都市国家《ポリス》の役割を強調した。この見解では、政治参加者は、継続的な集合的自治過程への政治参加を通して、私益を公共善に服従させなければならない[40]。ここでは公民的徳性は、古典期の政治を編成する中心的な原理であった。

建国期の人々の多くは、君主制、貴族制、専制に対置することによって、共和主義をさらに広く定義していた。たとえばジェイムズ・マディソンは、共和制を「その権力のすべてを、直接にであれ間接にであれ、大多数の人民から与えられ、その権力が、自己の好む間、あるいは一定の任期の間、あるいは罪過ない限り、その職にあるものによって行使される政治機構」として定義している[41]。

共和主義の形態間の相違にかかわらず、共和主義の理論は、以下の四つの中心的信条によって統合される傾向があり、共和主義が現代的魅力をもちうるのは、いずれにせよこれらの信条においてである。以下ではこれらの信条を詳述するが、それはどうしても抽象的にならざるをえない。きわめて具体的な共和主義像を描写することもできただろうが、それは現代の読者にとってはるかに魅力の乏しいものになるだろう。[42] そしてあとでみるように、ここで特徴づけられる共和主義の信条は、現代の公法における数多くの論争にとって重要な含意をもつ。これらはすべて、諸目的の実現ではなく選択を行う個人の自律の共和主義的構想と、集合的自治に価値をおく政治的自由の共和主義的構想とによって一つに結びつけられるのである。[43]

熟議

数多くの共和主義的構想は、政治をとりわけ熟議的なものとして扱っている。[44] 熟議は、手段はもちろん、目的をも対象にできる。この考えはアリストテレスや、さらにハリントンに見出される諸要素だが、政治的熟議への信念は、とくに米国でみられる共和主義思想への貢献である。[45] この見解によると、政治の役割は、単に既存の私的選好を満たすことだけにあるのではない。政治的行為者は、外生変数として働く、あらかじめ選択された利害関心をもって政治過程に加わると想定されてはいない。政治の目的は、私的選好を集計したり、相争う社会的諸力間の均衡を達成したりすることにあるのではない。熟議への共和主義的信念は、政治的行為者が支配的な欲望や実践から批判的に距離をとって、これらの欲望や実践を吟味と審査の対象にするように勧めるのである。[46]

しかしだからといって、熟議が私的な信念や価値にとって完全に外生的なある基準（そんな基準が想像できるとしてだが）を求めている、ということではない。[47] 共和主義の立場は、むしろ別の視点や新たな情報を加えることで、既存の欲望が集合的な討論や係争にてらして改訂できるべき、というものだ。だから共和主義者は、たとえば市民間の討論や係争を促進する政治的制度を設計しようとする。また共和主義者は、私益にのみ関心をもつ私的諸集団間の「取引」や交渉の産物として法の形成を促進するシステムを敵視する。あるいは共和主義者は、私的圧力から政治的行為者を隔離しようとするだろう。そしてまた共和主義者は、政治的熟議を促進し、熟議なく制定された法をおおむね無効にするように設計された司法審査を支持するのである(48)。

ここで肝腎なのは、個人の選好は、政治にとって外生的なものとしてとらえられてはならない、ということである(49)。私的選好は、法準則をはじめとする既存の実践の一関数である。言い換えれば、そうした法準則は、循環論証に陥らずして、現在の選好にもとづいて正当化されることはない。これまでみてきたように、私的選好は、不利な状況にいる人の順応の結果であったり(50)、比較的有利な状況にある一部の人の利益に誘導された信念の産物であったり(51)するかもしれないのである。だから共和主義者は、既存の選好や権原を固定されたものとしてとらえたがらない。これらはいずれも政治的熟議の対象とみなされる。共和主義的見解によれば、たとえば富の分配は政治的に処理すべき問題である。再分配的措置を否定することはできない。共和主義者は、非難の言葉として「レント・シーキング」の観念を用いるのは、ひどく見当違いだ、と信じているのである。

熟議への共和主義の信念は、賞賛的で記述的であるというよりも、むしろ志向的で批判的である。それは政治的実践を評価するための根拠である。現代の共和主義者たちは、現体制が現実に共和主義的熟議を具現しているなどと主張しない。共和主義的信条は、現実の熟議や、熟議的だといわれる過程が、悪しき方向に歪められていることを暴くかもしれない。さらに共和主義の見解によれば、熟議の要件は純形式的ではない。熟議の反意語は、私益にのみ関心をもつ政治的影響力の強い私的集団による結果の押し付けである。共和主義者は、熟議の過程が、しばしば脅迫や、戦略的・操作的行為や、集合行為問題や、適応的選好や——もっとも概括的にいうなら——政治的影響力の不均衡によって崩壊してしまうことを強調する。熟議であるといえるための要件、政治的結果が、かならず政治的平等者間のコンセンサス（あるいは少なくともおおまかな同意）への言及によって支持されるよう、熟議が設計されることなのである。

このように理解すれば、この要件は、ある結果を除外し別の結果を強要する制約条件を熟議に組み入れることによって、もろもろの政治的帰結を限定する[52]。熟議の要件は、ある設定のもとでは、唯一正しい結果に導く実体的な制限を具現する[53]。現代ではその例として、言論の自由の保護や黒人と女性に対する差別の禁止などが挙げられる[54]。この点で、熟議への共和主義的信条は、以下で取り上げる平等や普遍主義への共和主義的信念とも密接に関連している。ただし熟議への信条は、現代政治において熟議の役割はほとんど皆無に近くならざるをえないと考える人や、たとえ熟議自体はあった方がいいとしても望ましい結果の産出には役立たないと考える人にとって、とくに異論のあるところだろう。

共和主義思想において熟議が重視されるわけは、政治的行為は狭い意味での私益を原動力としてはならず、公民的徳性が政治生活において重要な役割を果たすべきだという共和主義的信念に密接に関連している。この主張にはなんら不思議なところはなく、それは単に、次のような理解に依拠しているだけである。すなわち市民とその代表者たちは、政治的行為者としての能力を用いて、何が自分の私益なのかだけではなく、何が共同体全般にいちばん有益なのか――社会的厚生に関する最良の一般理論への応答として理解されるもの――を問うべきだ、ということだ[55]。このように理解すれば、この要件はかなり広範な立場を収容できる。だがそれでもなお、それは制約条件である。公民的徳性の訴えは、ときに個人の人格改善のために設計される場合もある――古典的共和主義の思想においては、これこそがとりわけ重要なテーマであった。しかし現代の共和主義者が公民的徳性を呼び起こすのは、主として社会的正義に役立つように熟議を促進するためであって、市民の気質を高めるためではないのである。

共和主義的アプローチは、もろもろの私権に対立するとよくいわれる[56]――これは、共和主義者が私的領域を公的決定の産物としてとらえ、自然的・前政治的権原の存在を否定するという主張から導かれる理解である。しかしながら共和主義の理論は、国家統制から個人や集団の自律を保護することを否定してはいない。実際のところ、法的諸権利は、共和制とぴったりと足並みを揃えて歩んできたのである[57]。共和主義の見解で特徴的なのは、それがほとんどの権利を、歪みのない熟議過程の先行条件か、あるいはその結果として理解している、ということである[58]。だから熟議の原理は、たとえば表現の自由、良心の自由、投票の権利などを支持する。これらは共和主義的熟議の基本的な先行条件だからである。リベラルな体制は、この種の前提に基礎をおくことができるだろうし、実際そうしてきた[59]。だが前政治的・自然的諸権利を挙げる理解は[60]、共和主義にとってまったく疎遠なものである。共和主義の見方からすれば、私的自律の領域の存在は、公的根拠にもとづいて正当化されなければならない。

この相違は、私有財産に対する二つの異なるアプローチによって説明されよう。共和主義者は、国家に対する防壁として、また安全や独立、徳性の保障として財産権の重要性を歴史的に信じてきた[61]。今日の共和主義者たちもこの見解を共有しているといってよい。ただし共和主義者は財産上の諸権利が社会的に構築されていることを重くみており、共和主義者は再分配や既存の富と権原の分配を再評価する集合的努力をほとんど否定することはない[62]。実際のところ、共和主義者は共和主義的熟議に適した社会的条件を重視するため、共和主義的信条は、政治的影響力の平等化の方向を強く指示するのである。次にこの点を扱おう。

政治的平等

数多くの共和主義者たちは、政治的平等に高い価値をおいてきた。共和主義的観点からみた政治的平等とは、すべての個人と集団は政治過程にアクセスをもつべきだという要求として理解される。政治的影響力における大きな不均衡は忌避される[63]。共和主義者たちは、たとえば富が政治過程に影響しないように[64]、あるいはメディアへのアクセスを提供する[65]ように意図した措置を非常に歓迎する傾向がある。多元主義的政治観のうち、少なくともいくつかの理解によれば、こうした措置はまさしく間違った方向を示している。政府はつねに表現の自由の敵であり、私権の分配に政治が立ち入ってはならない、とされるのである[66]。対照的に、数多くの共和主義の著作家たちは、共和制と経済的平等との間の密接な結び付きを強調した。この見解によれば、富と権力の著しい格差は、共和国の根本的前提と両立しない。モンテスキューは、平等を共和主義にとって必須の先行条件ととらえることによって、この点をとりわけ強く主張した[67]。かなりの経済的不平等を受け入れる共和主義者にとってさえ、政治的影響力における過酷な不均衡は重大な関心事なのである[68]。

幾人かの米国の反連邦主義者は、商業主義の脅威を強く訴え、物資面での平等を擁護した。たとえばセンチネルは、次のように記した。「共和主義的あるいは自由な統治は、人民全体が有徳で、財産がかなり等しく分割されているところでのみ存在できる。そのような統治のなかでは、人民が主権者であり、その良識や意見があらゆる公的措置の基準である。というのも、もしそうでなければ、統治の本性が変わって、自由な統治が滅びた後に、貴族政や君主政や僭主政が誕生するからである」、と[69]。またカトーは、「財産の後に支配がやってくる……財産の平等は権力の平等をもたらすであろう……権力の平等とは、共和国であり、デモクラシーである」と述べている。そして「私人が莫大な富をもつことは、……民主国にとって必須の、財産と権力との間の均衡を……破壊する」と危惧していた[70]。ウェルトンは、人民的・民主的体制にとって「財産の平等な分配は必要である」と主張した[71]。非常に多くの有価証券や債務救済立法の支持者たちが反連邦主義者の陣営に分類されたが、それは驚くべきことではない[72]。

政治的平等への共和主義的信念は、たとえば選挙資金規制をめぐる論争が示しているように、それ自体に大きな争いがある[73]。政治的平等が経済的平等にもとづいているという考えには、さらに多くの異論があり、けっして共和主義の理論家たち全員が共有してきたわけではない[74]。しかし米国の建国者のうち数多くの人が、マディソンをはじめ、政治的不平等と経済的不平等とのいずれにも関心を示していたのである[75]。

普遍主義――規正理念としての合意

共和主義思想は、普遍主義への信念によって特徴づけられる。私はこの語をやや特異な意味で用いるつもりである。普遍主義への共和主義的信条は、政治への多様なアプローチや公共善に関する多様な構想は討論や対話を通して調停できる、という信念になる。[76] この調停過程は、政治的平等者間の合意を究極的な基準にして受け入れられるであろう、実体的に正しい結果を生み出すように設計される。普遍主義を信じるからこそ、共和主義的アプローチは、共通善の存在を前提とし、それが健全な熟議過程の結論において見出されると想定する。[77] だから共和主義は倫理的相対主義と懐疑主義を否定するのであって、さまざまに異なる視点が、理論においても実世界においても調停されることがあると信じるのである。その制度的帰結とは、共和主義者たちは、政治過程の交渉メカニズムを敵視し、[78] その代わりに政治参加者間の合意を確保しようとする、ということである。合意を規正理念としてとらえる共和主義的信念と政治的真理の共和主義的構想は、その性格上、プラグマティックである。それは、政治的結果を究極的に基礎づけることができるという信念には依拠していない。[79]

多元主義の想定のもとでは、共通善の観念は、神秘的であるか圧政的であるかのいずれかである。[80] それに反して共和主義の理論は、政治の熟議的機能や実践理性に依拠しており、[81] 共通善の観念は誰にとっても明瞭だと受け止めている。この信念は、ある程度まで政治的共感への信条にもとづいている。[82] この共感は、政治的行為者は自分の対立者の立場に立ってみよという要件に具体化される。この見解によれば、政治的結果は、パレート改善の達成や集合財の供給だけにかぎられない。ある価値を選択し宣言しようとするさまざまな措置――たとえば放送規制、環境保護措置、反差別法などに具体化されている——は、普遍主義への共和主義的信念を実証するものである。こうした措置は、政治的平等者間の熟議過程の結果を示している。それらは、既存の選好や実践を外生的なものとしてとらえてはいない。

とはいえ共和主義者は、唯一の共通善を信じているとか、立場を異にする個人や集団が会話での対立解消にいつも失敗しているというのは間違いだ、などと述べているわけではない[83]。妥協が必要になるときもある[84]。政治的敗者がいるときもある。絶対に政治に持ち込んではならない問題——宗教がおなじみの例であるが——もある[85]。善き生についてのさまざまに異なる構想はいつも政治を通して調停できるし、そうなされるべきである、などというのは幻想であろう。共和主義の立場は、すべての問題が政治的解決に服している、というものではない。むしろ熟議を通して一般的合意を生み出せる問題もある、ということなのである。この事実を直視しない政治観は、間違いなく多元主義の失敗を繰り返すだろう。

市民活動

共和主義のアプローチは、市民活動《シティズンシップ》と参加に高い価値をおいており[86]、そのため国家の諸制度に対する市民の監視メカニズムと、脱集権化、地域の統制、地方自治のメカニズムとの両方を模索する。参加のおもな目的は、党派対立と私益志向の代表者を生むリスクを抑えるために、代表者たちの行為を監視することである。しかし共和主義の見解では、政治参加は普通の意味で道具的であるだけではない。それはまた、共感や徳性や一体感といった性格を植えつける媒体でもある[87]（たとえ参加への動機が道具的であっても、そうなのである)。[88] 市民活動に対する信念は、政治的個人主義のある種の理解に共和主義が反感をもっていることの一つの表れである。それは、政治参加に独自の価値を認めないアプローチを非難する。それゆえ共和主義者は、市民活動が行われる場を提供しようとするのである。

反連邦主義者によれば、たとえば代表制はせいぜい必要悪であり、代表制のリスクは、公職者をもれなく市民の厳格な監視下におくことによって緩和できる。反連邦主義者たちが、提案された憲法上の諸制度を評価するときに、下院にほとんど疑いの目を向けず、大統領と司法部を強い警戒の眼差しで見ていたのは、この理由による。ちなみに上院はそれらの中間的事例であった。[89]

この考えにともなっているのは、共和制は小規模で脱集権化されるべきだ、という例の信念である。大きな共和制は、治者と被治者の結束を失わせ、参加の機会を減らすおそれがある。「公民的人文主義の理想は、活動生活《ウイタ・アクテイウア》の復活宣言に起源をもっていたのであり、共和国がその枠となる活動的な徳の擁護が市民にとって究極の目標であった[90]」。だから大きな共和国は、堕落を招き、健全な共和制に対する最大の障害となりやすい。さらにまた重要なことに、共通善をめぐる熟議への共和主義的信念は、もろもろの基本的な事柄について同質性と合意が存在する場合にもっとも容易に支持される。そうした合意がまったくないところでは、熟議過程は破綻するだろう[91]。この懸念には、脱集権化への信念と、大きな共和国の多様性への恐怖がともなっている。この点は、共和主義思想を大規模で異質的な国家のなかに復活させようとする努力に対して重大な困難をもたらす。

また同時に、伝統的な共和主義思想は商業や奢侈を敵視していた[92]。この見解では、商業の発展は貪欲をもたらし、共和主義が依拠する共通善への愛着を弱めてしまう。他の形態の共和主義は、商業にまったく異なる見方をして、商業が潜在的敵対者間の協同関係を達成し、それによって社会的緊張を和らげるための手段だととらえている[93]。

これら四つの共和主義の基本原理は、相互に関連している。たとえば政治的平等への信条は、熟議への信念と関連している。平等規範は熟議過程の入力と出力の両方を制約する。すなわち特定の集団を熟議から排除してはならず、政治的弱者の集団を従属させる結果は排除されなければならない[94]。普遍主義と合意を規正理念として信じることは、共和主義者が熟議と政治的平等を信じることとの自然な帰結である。市民活動は、政治的熟議の一つの属性であり、政治的平等の規範は、ある望ましい形の市民活動に適した結果をもたらす。このように共和主義的信条は、相互に性格づけ、特徴づけあうのである。

さらにこれらの信条は、個人的自由と政治的自由の共和主義的構想に由来する。この見解では、個人的自由は、数ある目的の実現ではなく、むしろ目的の選択によって成り立っている[95]。この選択過程では、第二階の選好の存在[96]や、意志の弱さを克服することとの価値[97]、もろもろの私的目的が不正な社会制度によって歪められてきた可能性、利用できる機会と情報を増やすことの重要性などが強調される。政治的自由への共和主義的信条は、これらの考えを一般化したものである[98]。共和主義者たちは、統治過程に機能不全が生じる可能性を警戒してはいるが、しかしこの過程を、別の視点や新たな情報が加えられ、もろもろの問題が場合によっては個別的ではなく構造的であることが暴露され[99]、第二階の選好の正しさが立証され、集合行為問題と意志の弱さが克服されうる場《フォーラム》として描いている。あとでみるように、これらの考えはリベラリズムの伝統にも強い影響を与えてきたのである[100]。

(3) 米国の立憲主義

多元主義と共和主義の双方の思想の諸要素が、ともに憲法起草期になんらかの役割を演じたことにほとんど疑いの余地はない。たとえばジョン・アダムズは、私益以外のものが政治的行為の根拠になりうる、という考えに非常に懐疑的であった[101]。またノア・ウェブスターは、「偉大なるモンテスキューの思想大系」をさらに優れたものにするには、『法の精神』のなかに「徳」の語が出てくるたびにこれを取り除き、「単純不動産権付きの土地や財産」という語に代えるといいかもしれない、と記した[102]。さらにパトリック・ヘンリーは、「政治的救済の真正の拠り所は自己愛であり、それは時代を超えてすべての人間の心に生き続け、すべての行為に示されている……われわれが共通善を顧慮するとき、自分自身の利益を顧慮しているのだ」と述べている[103]。

もっと重要なのは、マディソン自身の著作の多く、とりわけ『ザ・フェデラリスト』(第一〇編)が古典的共和主義思想の重要な諸要素について懐疑的な見方をしている、ということである。つまりマディソンは、小規模な共和国であっても、派閥間の抗争により引き裂かれ、私権と共通善をともに危険に晒してしまうだろう、と考えたのである[104]。アレグザンダ・ハミルトンも同様の考えを表している[105]。たしかに起草者たちの思想の中心的特徴は、脱集権化や市民参加がもたらすさまざまな結果への恐怖や[106]、物質的平等を実現しようとする意欲の欠如[107]、商業的共和国が社会的・経済的諸利益をもたらすことへの信念、私益がしばしば政治的行為の主因であるという一貫した近代的認識から成り立っている。こうした考えのなかに、彼らが伝統的共和主義の中心的特徴を拒否する見方をしていたことがうかがわれる。

しかしまた同時に、共和主義思想の諸要素も起草期に重要な役割を演じていたことにほとんど疑いの余地はない[108]。たとえば起草者たちは、伝統的な共和主義が唱えてきた熟議的統治と公民的徳性の必要性への信念を放棄してはいなかった。第一に、おそらくもっとも主要なことだが、起草者たちは、彼らの体制が、共和国市民に備わっていると考えられてきた徳をもつ代表者を招き寄せ、送り出す可能性が高いことを強調していた。とりわけマディソンの代表制観は、伝統的な共和主義思想の重要な特徴を組み入れていた。たとえば『ザ・フェデラリスト』（第一〇編）では、大きな共和国が騒々しい有権者の圧力から超然とした公共心あふれる代表者を得る能力について強調されている。マディソンは次のように記している。大きな共和国では、代表制は「選ばれた一団の市民たちの手を経ることによって洗練され、かつその視野が広げられるのである。その一団の市民たちは、その賢明さのゆえに、自国の真の利益をもっともよく認識しうるのであり、またその愛国心と正義心とのゆえに、一時的なあるいは偏狭な考え方によって自国の真の利益を犠牲にするようなことが、もっとも少ないとみられるのである」、と[109]。

熟議的代表制への信念からは、間接選挙へのとりわけ強い熱意が生み出された。マディソンは、選挙過程に関する記述のなかで、州議会は「その能力と徳性において傑出した人物のみ」を選択しなければならないと論じた[110]。そしてパブリアス〔訳注：『ザ・フェデラリスト』諸論文を著者たちが匿名で寄稿する際にローマの執政官の名にちなんで用いた名称〕は、大統領へのとりわけ強い熱意を表明して、大統領職が

「能力と徳性にとくに秀でた」人物によって占められる「可能性がつねに存在している」ことを示した[111]。なにより、大統領選挙人は熟議的な団体であるべきだとされていた[112]。そして起草後の注目すべき一連の討議で、初期の議会は、有権者が代表者にどのように投票すべきかを「指図する」権限を与えるはずであった修正条項を否決した。これらの討議において、マディソンやその他の人々は、代表者たちの任務には熟議が必要なのであって、彼らの任務は指図権と両立しない、ということを明らかにした[113]。

要するに、創設者たちが描いた代表観は、徳性や熟議といった政治的価値への伝統的共和主義の信念を組み入れていたのである[114]。マディソンの共和主義は、代表者の側にかなりの自律性が保障されることを求めていた。代表者たちは、有権者が「望む」こと——もちろんそれは重要ではあっても——を実現する義務を課されてはいない。熟議の任務を果たすためには、独立を保障する措置が必要である。そのためマディソンは、代表者を有権者から隔離することによって党派対立を避け、また共通善をめぐる熟議を促進するために大選挙区制と長期在職権を支持した。こうして起草者たちは、とくに大統領や上院に対して大きな信頼をおき、独立した司法部をほとんどおそれず、下院にあまり期待しない、ということになったのである——これは反連邦主義者たちの期待と危惧とはまったく逆のことであった[115]。

しかし古典的共和主義の思想は、マディソンの代表観においては、排他的な部分をもちあわせてはいなかった。合衆国憲法の創設行為そのものが、共通利益のために行動する公衆全体の能力にもとづくのだ、と考えられていた。長期的利益に役立つ合衆国憲法を起草し受容する決定には、かなりの程度の共和主義的徳性が求められた。そしてこの決定は、広範な市民の参加によってなされたのである。[116]

起草者たちは、市民全体に徳が必要であるということをより一般的に強調していた。たとえばヴァージニア憲法批准会議において、マディソンは次のように述べた。すなわち「私は、人民が徳と知恵ある人を選ぶだけの徳と知性を得るだろうという、この偉大な共和制原理を頼りにしている。われわれには徳はないのか。ないとすれば、われわれはひどく悲惨な状況にいることになろう。どのような理論的検証も、どのような政府の形態も、われわれに安全を保障することはできないであろう。どのような形態の政府であれ、政府が人民に徳を育まずに自由や幸福を保障するだろうと想定することは、奇想天外な考えである。共同体に十分な徳性と知性が存在するならば、こうした人々を選出するときにも、それらは発揮されるであろう。その結果、われわれは彼らの徳に頼ることもなく、われわれの支配者に信頼をおくこともなく、彼らを選出した人民に信頼をおくことになるであろう」[117]。さらに驚くべきことに、マディソンは、共和制政府は「他のいかなる形態の政府」よりも市民から多くの徳を求めている、と示唆していた[118]。この意味で、有徳な代表制への信頼そのものが、市民に関するやや楽観的な見方からの帰結だったのである。

実際に起きたことは、多くの点で混成《ハイブリッド》的である。政治理論上で争われた数多くの要素が合衆国憲法のなかに具現したのである。第一に、起草者たちが描いた人間本性観は、古典的共和主義の要素と、当時台頭してきたその対抗理論たる利益集団主義の要素とを綜合したものである。たとえばパブリアスは、「人間性は普遍的に堕落しているものだというこの仮定は、人間性は一般的に実直なものだという仮定と同様に、政治上の推論においては誤りである」と記した[119]。同様に、彼は「人間というものは、ある程度用心して疑ってみることも必要な邪悪さをいくらかもっているものであるが、またそれと同じく、人間の本性のなかには、ある程度の尊敬と信頼に値する別の性質もある」とも主張した[120]。これらの点で、建国期が純粋に多元主義的であったとする解釈[121]はまったく的外れである。

第二に、連邦主義者たちが描いた代表観は、バーク主義的アプローチと多元主義的アプローチの中道を行くものであった。起草期の思想の重要な特徴は、代表者が熟議能力をもっていること、および熟議の任務遂行を推し進めるために公職者を有権者の圧力から独立させる必要性に対する信念であった。だが同時に、起草者たちは、選挙制度を通して公衆に対する一定の説明責任を保障することの必要性も十分に意識しており、それゆえ彼らは選挙による制御メカニズムを共和制に組み入れたのである[122]。

第三に、憲法の基本的諸制度――抑制と均衡、二院制、連邦制、法的諸権利――は、共和主義と多元主義の諸要素の混成体であり続けた。抑制と均衡のシステムは「野望には、野望をもって対抗」することを認める[123]。こうして『ザ・フェデラリスト』(第五一編)は、私益が市民全体を保護するように調整されるだろうという見通しを示している。抑制と均衡は、政府のなかで熟議が行われる見込みをも高めるだろう。三部門の間に合意あるべしという要件[124]は、党派分裂と私益志向の代表者、不安定性、そして政府が結果をろくに考えずに個々の道を歩もうとするリスクに対する抑制として機能することになろう。

同様に連邦制も、「諸政府が相互に制御しあう」ように設計された[125]。政府間の相互警戒が、政府介入から市民を保護するように機能するであろう。また同時に連邦制は、市民の自己決定の場を保証し、多様性と応答性を高めるであろう。州それぞれにかなりの役割を認めることにより、小さな共和国に対する伝統的共和主義への信念が満たされる空間が与えられるであろう。たしかに連邦主義思想の多くは、地方のデモクラシーに対する伝統的共和主義の信念を拒否する立場に立っていた。しかし実際に成立した憲法は、連邦制を通じて自己決定が行われる場を確保して、国家の諸制度を補完したのである。

さらに抑制と均衡、二院制、連邦制といったシステムは、意見の不一致が生産的な力でありうるという共和主義の中心的理解に対応したものであった[126]。国家の諸制度は、競争と対話の場を保障するように設計された。連邦制は、実験と相互制御との両方を生むであろう。こうしたすべての方法によって、憲法の枠組みは、マディソン的な全国規模の代表制、党派対立や私益志向の代表者からの保護、連邦制を通した地方自治の機会などといった、ある種の熟議デモクラシーを創り出したのである[127]。

合衆国憲法によって創設された諸権利も、同様に両義性がある。もともとの憲法上の権利のうち数多くが、政府介入から隔離された私的自治の領域を与えている。こうした諸権利は、共和主義的な仕方でも正当化できるが、しかしそれらのうちある権利は、ロック的発想の産物とみた方がわかりやすい。その他の権利は、明瞭に共和主義的な志をもつものとして解釈できる。陪審裁判を受ける権利がよい例である[128]。私財収用から保護される権利は、多元主義的にも共和主義的にも理解できる[129]。結社の権利もこの範疇に分類される[130]。

こうして数多くの点で合衆国憲法の伝統は、その起草期に共和主義思想の特徴から影響を受けたのである。だがなぜこの事実が現代の憲法上の諸論争に関係するのか、ただちには明らかでない。米国立憲主義の将来に関するさまざまな問いは、政治理論の問題として直接的に考察されるかもしれない。この見解に従えば、起草期における共和主義と多元主義の要素を強調することは、ある種の祖先崇拝であり、起草者たちの当初の意図に依存すればそこから生じる数多くの難点を憲法上の諸問題の解決に持ち込むことになるだろう[131]。マディソンの援用が正当化されるのは、マディソンの思想が有用だとわかるかぎりである。しかし彼の憲法起草者としての立場は無関係であろう。このように理解すれば、マディソンの見解は、いってみればヘーゲルの見解に劣らず重みをもたない。

しかしマディソンが近年の憲法上の論争にとって重要なのは、マディソン思想の質だけが理由ではない。米国の憲法体制がその起草期に共和主義思想[132]に大きく負っていたという事実は、合衆国憲法の伝統を語るつもりが、多元主義的な前提から始めて、前政治的権利を持ち出してしまうアプローチ[133]に対する有用な矯正策となる。立憲民主政の本性と方向性に関する決定は、抽象的かつ文脈超越的には下されない。その決定は理由に訴えなければならない。今日的に有意義な伝統の意味をめぐる解釈は、つねに社会批判の重要な方法である[134]。受け継がれてきた信念を理解することは、立憲主義の計画にとって不可欠といえる。米国の公法の将来は、その重要な部分については、その伝統がどう理解されるかに左右される――これこそが共和主義に最適のテーマであろう。起草者の思想に含まれる共和主義的な要素は、あとから考えると非常に望ましかった数多くの改革の着手を後押しした、という点でその功績を認めるに値するのである。

とはいえ米国の公法は、共和主義が今日妥当性や魅力をもたないとしても、共和主義を支持しなければならない、などと主張しているわけではない。起草期の思想の他の側面――たとえばカルヴァン主義や奴隷制や人種差別を組み入れた部分(135)――は、起草期やその後もこれらの信条が固持されていたことを歴史家たちが示したとしても、復活させてはならない。しかし歴史的由来の存在は、かなりの功績を挙げてきたものだから、共和主義の復活を擁護する主張に説得力を加えるのである。

2　共和主義的アプローチの多様性

(1)　カタログ

ここまで私は、共和主義が語られるときについてまわる四つの信条を示してきた。だが共和主義思想にはいろいろなタイプの表現があり、それらの表現の間には大きな相違がある。もっとも古典的な理解では、共和主義思想は公益と私益の間に明確な一線を引き、公共生活のなかでは共通善を促進するために私益を放棄し軽視するべきだと考えた。こうした理解では、私益と公益はもっとも厳格に区別された(136)。つまり前政治的な差異は、政治的論争を解決するための根拠としては認められない、ということである。この種の理解は、市民は政治にかかわるときには自分の私的アイデンティティをすべて放棄しなければならない、という期待にもとづいている。こう期待する根拠は、政治を利益による歪曲から保護しようとする、もっともな望みなのだが、もちろん非現実的である。しかし困難はさらに深いところにある。たとえば、不利な状況にいる集団が政治過程で私益を脇にどけねばならないと考えるかぎり、正義にかなった結果は得られそうにないように思われる。普遍主義は、社会的差異を政治から抹消せよという要望として理解されてはならない。異なる立場の個人や集団が同意見であると予測されるとき、熟議は推し進められるどころか、崩れ去ってしまうのである。

また他の形態では、共和主義思想は軍国主義的で英雄賛美的であり、政治的行為を戦争状態に結びつけ、戦時中に称賛されるさまざまな特質が政治の場でみられるべきだ、とする[137]。この定式では、政治生活は普段の規則的な生活を逃れ、不朽の名声を手に入れる手段として是認される[138]。ここでは共和主義思想と軍国主義との間に密接な結び付き——それは比喩的でも文字どおりでもあり、しかも数多くの部分に及ぶ——をみることができる。このように理解される共和主義的徳性がもっとも強く示されるのは、戦時中である。共通善への献身に向けて市民たちをまとめるのに役立つのは、戦争である。平時においてでさえ、私益を共通善に従属させるための模範として役立つのは、戦争である。この種の比喩は、市民を団結させ統一するための装置として、現代の政治生活でもよく使われる[139]。しかし政治を戦争に融合しようとする努力は、あまり望ましくない方向に導かれることが多いであろう[140]。

さらに古典的共和主義は、堅固な階層制と親和的であり、伝統の役割にたいへんな重きをおいて、さまざまな社会階層の構成員に共通する利益を見出す国家の有機体的理解にもとづくこともあった[141]。もちろんこうした理解は、（少なくともある種の）地位階層をなくすべきだという現代人の信条と両立しない。たしかにそれは、政治的平等への共和主義者自身の信条とぎこちなく共存しているのである。

また別の共和主義の形態は、非常に合理主義的であり、デカルト的でさえある[142]。ここでは熟議が強く主張されるが、それは、市民たちが肉欲の衝動を克服し、情緒的紐帯や共感を取り除き、狭義の理性が政治の場で支配を保てるように設計されている[143]。軍国主義と肉欲衝動の克服を称え、私的領域を「自然」に属するものとして見下げるような形態の共和主義には、しばしば女性蔑視がともなう[144]。政治からの女性の排除は共和制の周知の要素だが、こうした考えの帰結である。しかし情緒的紐帯や、怒りさえをも政治過程から排除しようとする理解は自己論駁的となるであろうし、いずれにせよ望ましくない方向に向かうであろう。だからこれらとは別種の共和主義思想はあまりデカルト的ではないのであり、また性別やその他の不正な階層制から影響されない政治観を発展させようとしたのである[145]。ある現代的形態の共和主義は、公益と私益とを明確に分離して、共通善を促進する方向に私益をうまく導こうとするのである[146]。

(2) リベラルな共和主義

憲法史に関する近年の多くの著作は、リベラリズムと共和主義との間にあると想定されてきた緊張関係に焦点をあてている[147]。ここでの基本的主張は、次のようなものである。すなわち、合衆国憲法が起草される前までは、共和主義の諸原理が支配的な地位を占めていた。起草期は、二つのイデオロギー間の抗争を反映していたのであり、そこからリベラリズムが勝利者として現れた。憲法制定後、米国はリベラリズムの時代に入り、そこでは共和主義の諸原理はせいぜい従属的な役割しか演じなかった[148]。リベラリズムが共和主義に勝利した程度と時期については諸説あるが[149]、しかし基本的にこの年代記は、ほとんど近年の歴史的コンセンサスとなっている。

こうした見解を支持するために、リベラル思想は次のような種類の見解だと言われる。すなわち、共和主義の基本的信条と相容れない。自由を公的領域からの保護としてしかみなさない。政府の役割を暴力や詐欺の防止に限定する。既存の選好と権原を政治にとって外生的なものとみなす。それは、政治的・経済的平等にほとんど価値をおかない。それは、熟議と徳性の役割を軽視する。それは、狭義の各人の私益の保護を国家の目標とみなす(150)。こうした見解は、たとえばベンジャミン・ラッシュの見解にみられる共和主義とは対極にあるが、ラッシュの見解はここまで概説された種類の共和主義とは相容れない(151)。また古典的共和主義に含まれる階層制の特徴は、リベラル思想と厳しい緊張関係にある。リベラル思想は、伝統的役割を断ち切る個人の能力に高い価値をおいているからである。

さらに反連邦主義者の思想は、商業発展への懸念(152)、公民的徳性への信念、そして平等と地方自治の要望によって、やや緩やかにではあるが結合していた。これらすべての点において、彼らの敵対者たる連邦主義者たちと激しく対立していたのである(153)。最終的に連邦主義者の基本計画が正当であると認められたのだが、ここまでは疑いの余地はない。

しかしながら起草過程の文脈で、リベラルな思想と共和主義思想とが対立していたというのは、概して誤っている。伝統を戯画《カリカチュア》化でもしないかぎり、リベラリズムを、憲法起草期に影響力をもったタイプの共和主義の反対概念と考えることはできない(154)。この戯画化は、どちらかというと周縁的な種類のリベラリズム――所有的個人主義や現代のネオ・ロック主義〔訳注：ここではジョン・ロックの思想を受け継ぎ、個人の有する私的所有権の絶対性を主張するリバタリアニズムの立場〕――を選りだし、それがリベラリズムを代表する中心的な立場だとしている。しかし偉大なリベラルな思想家たちは、利益を前政治的なものととらえていたわけではない。実際彼らは、熟議や討論に高い価値をおいていたし(155)、結果を改善し、不正な権力の不均衡を崩すことのできる政治的対話の能力に高い価値をおいていた。また同様に、リベラルな思想家たちが、脅威は政府のみにあるとか、私的権力から保護されるべき権利は存在しないと考えていた、などと述べることもまた大きな間違いである[156]。リベラルな思想家たちは、公的・私的いずれの権力からもたらされる脅威にも警鐘を鳴らしてきたのであり、これらどちらの脅威にも制限を課すシステムを構築しようとしてきたのである[157]。社会契約論の本来の目的が安全保障の再分配にあったことを忘れるべきではない[158]。ロールズの著書『正義論』は、ある面で[159]、リベラリズムの伝統が有していたこれらの特徴を説得力ある方法で擁護したのであり、共和主義思想の現代的魅力をかなり具現しているのである[160]。

リベラリズムの伝統のうちいくつかの要素は、共和主義的政治観と非常に同質的である。共和主義とリベラリズムは、熟議を通して公共政策を形成する可能性について、政治的平等について、市民活動について、公開性の健全な諸効果について、強く主張する点で一致している。これら四つの基本的な共和主義的信条は、リベラリズムの伝統のなかに拠り所を見出している。さらにどちらの思想体系においても、一定の方法で理解された中立性や不偏性の要件[161]が、重要な役割を演じている。中立性の観念は安易に誤解され、この観念への批判は広く流行している[162]。こうした批判が正当化されるのは、中立性の観念が、次のような暗黙の実質的理論にもとづくときである。すなわち中立的な地位そのものを否定したり[163]、既存の選好や既存の富と権原の分配をそのまま維持せよと暗示したり、価値選択をしなくても精巧な社会理論を発展させられるとするような理論である[164]。しかし中立性の観念が説得力を増すのは、より控えめに理解されて、次のようなことだけを要求する場合である。すなわち、①ある要件が考慮に入れられてはならないこと、②政治的行為者が、もろもろの社会的結果や通常の規範からの逸脱行為に対して、公益にもとづく正当化を提示しなければならないこと、である。宗教や政治的帰属のように、一定の考慮要件を捨象せよという要求は、前者①のもっともおなじみの例である。ほとんどの憲法条項は、後者②の産物である[165]。

　この見解によれば、共和主義的な中立性が要求するのは、正しい実質的理論の一貫した適用であり、もっといえば話者自身の実質的理論の一貫した適用である。この考えは、政治的平等に対する共和主義的信念に密接に結びついている。中立性の観念の核心にある一貫性や一般化の要件は、平等保護原則に際立ってみられる[166]。もちろんこの要件によってどの程度まで制約がなされるかは、争いのある難しい問いではある。しかし中立性の観念の完全な放棄や、その反意語である偏向や偏見の撲滅までをも試みるならば、それは大きな間違いとなろう。仮に偏向や偏見の観念が撲滅されたとしても、きっと同種の観念がわずかに異なる言葉で定式化されるだけだろう[167]。道徳的発達理論が男性モデルにもとづいているから偏向的であるという考え[168]や、性差別禁止法はたいてい男性を指示対象としているという考え[169]を鑑みられたい。

　さらにリベラリズムと共和主義のどちらの思想体系においても、私益は政治的結果の十分な根拠とはならない。どちらの思想体系においても、「権利」は、前政治的な与件ではなく、健全な熟議過程の産物である（憲法上の地位を与えられることもある）。どちらの思想体系においても、人は「具体性を抜き取られた誰でもない人」[170]であってはならず、「あらゆる人の観点から考えようと」[171]するべきだ、と社会的正義によって求められる。もちろん共和主義思想のうちもっとも集団主義的な形態は、リベラリズムのうちもっとも原子論的な理解に対立する[172]。伝統的階層制を是認する共和主義の思想家たちは、個人のもつ政治的・社会的自由を強調するリベラルたちを拒否する。しかし数多くの点で、共和主義とリベラリズムが反意語であることはまずありえない。共和主義の思想は、ある特定の仕方で理解されれば、リベラリズムの伝統の顕著な側面である。

リベラルな共和主義の詳述と擁護はたしかに大変な課題だが、その魅力の源泉を次のように記すことは可能だろう。リベラルな共和主義は、目的から批判的に距離をとってこれを検証するといった自由観に好意的である。共和主義思想は、この理解を、個人的自由と集合的自由との双方の適切な理解としてとらえる。それは政治的自由を集合的な自己決定のなかに見出す[173]。それは、政治参加を人間の唯一の善き生とみなさない一方で、市民による監視と地方自治が行われる場を与えようとする。

また同時にリベラルな共和主義は、公権力をおそれ、公的領域の機能に数多くの制約を課す。しかしながら、私権や制度編成は、健全な熟議過程の結果として理解される。またそれは、公的権力と私的権力の双方のありとあらゆる濫用にも同時に対応する。リベラルな共和主義は、私的領域を公的諸決定による構築物として理解するが、この平凡な洞察を政府へのさまざまな制約を除去すべき理由ではなく、むしろ維持すべき理由として扱っている。またそれは、黒人と白人、富裕層と貧困層など、さまざまな集団間の政治的影響力の不均衡に限界を設けようとする。この点で米国の共和主義は、憲法起草期にその時代特有の排除戦略をもっていたことが反省されねばならないし、また南北戦争期やニューディール期に人々を共同生活により広く組み入れようと憲法を改正したことも理解されなければならない。またそれは、個人の権利は大切だという現代人の信念を是認することによって、自由と平等のいずれについても説得力ある広く受け入れられた理解を取り込むことができる。そしてそれは、政治とは社会権力の分配をそのまま反復することだとみなしたり、既存の選好を与件とみなして政治の熟議的役割を軽視したり、社会的論争を広く受け入れられるように調停できるという希望を否定したりするようなアプローチを敵視しているのである。

以上の点を概説したり、政治的行為者が「あらゆる人の観点から考える」べきことを勧めても、実現可能な解決策の範囲を狭めることにはならないし、ましてや個々の問題を解決することもない。今後の大きな課題は、適切に理解される共和主義が社会理論や法改正にもたらしうる帰結を十分具体的に示すことである。この課題は三つの部分からなる。第一に、社会的正義の原理を展開するための出発点となる適切な装置と観点を編み出すことである。第二に、この第一の任務を実行した後に、これらの原理を記述することである。第三に、関連する原理を実行することで得られるもろもろの制度と権利を記述することである。

よく知られた数々の試みは、もともと共和主義が注力してきた一個あるいは複数の原理から導かれている。たとえば功利主義的理解は普遍主義への信条をもっており、自覚的にあらゆる人の観点を考慮に入れようとする[174]。他の理論は、熟議や政治的平等を中心に据えているが、中立性対話[175]や歪みなきコミュニケーションといった観念から[176]、もろもろの実質的制約を引き出そうとしている。ロールズ自身のアプローチも、周知の原初状態に依拠して、正義の諸原理を発展させる人が、道徳的観点とは無関係の諸要素からけっして影響を受けないように保証している[177]。

ここでこれら多様なアプローチの評価を試みるのは馬鹿げたことであろう。これらのアプローチは、その多様性にもかかわらず、ここで示されるリベラルな共和主義と重要な部分で重なり合っている。しかし共和主義の立場からは、これらのアプローチが抱える困難のうちのいくつかは明らかである。

功利主義的理解は、その数多くの形態において、既存の選好を外生的要素としてとらえるが、これは共和主義にはまったく受け入れられないアプローチである[178]。さらに、相対立する善き生の理解からの「中立性」は、たとえ政府の諸機関がそれを達成できたとしても[179]、共和主義の立場からみてつねに望ましいとはかぎらない[180]。また中立性の観念が政治的結果への強力な実質的制約をもたらすことができるかは、少なくともある者の理解に従うかぎり、非常に疑わしい[181]。コミュニケーションの「歪み」の観念を明らかにし、社会的正義論の発展を阻害する「歪み」の役割を説明するには、膨大な作業が必要である[182]。中立性の概念は、それ自体としては、非常にあいまいな理念的主張に根拠をおいているのである。

　共和主義者たちにとって、政治的諸制度への手引きないし政治理念としての原初状態[183]が抱えている問題は、それがあまりに孤立的で対話性が薄いことである。政治的行為者の任務は、異なる立場の人々の間に熟議を生み出す制度を創設することであって、状況から切り離された人が下しうる決定を再現することではないのである――この問題は以下で取り上げよう。

　したがってわれわれは、共和主義の信条は政治参加の基本的権利をはじめとする政治的熟議の保障の方へ向かうであろう、といえるかもしれない。政治的平等と市民活動への共和主義の信念は、強固な差別禁止の規範を生み出すであろう。共和主義は、私有財産や最低限の福祉を受ける権利の両面で、基本的な生活保障を与えることにもなるだろう。共和主義的なアプローチは、政治過程において多数の声によってなされる熟議を促進しようとするであろう。

(3) 共和主義への反論

共和主義的政治観は、それがどのような多様な形態をとるとしても、これまで強力な批判に晒されてきた。ある評者は、熟議的統治への信念は、空想的であり時代錯誤である——現代の政治生活につきものの利己的性格と両立しない——と述べてきた[184]。この見解では、市民と代表者の側に公民的徳性を根づかせようとする努力は、単に実行不可能であるし、より有望な改革戦略の候補から外れている。これと同類の反論でも、熟議は純粋に形式的であって、もろもろの政治的結果になんら実質的な制約を課すことはない、とされる。この見解によれば、こうした実質的制約は、熟議以外の何ものかからもたらされることになる。

他の批判者は、全体主義の危険を強調している。この危険は、共通善のために私益を犠牲にすることへの伝統的な共和主義的信念に組み込まれている、とされる[185]。この点について、ベンジャミン・ラッシュの次のような提案を考えられたい。すなわち各市民は、

> 自分が自分自身に属しているのではなく、公共の財産であると教えられねばならない。市民は自分の家族を愛するように教えられるべきだが、ただし同時に、自国の幸福のためとあらば、家族と縁を切り、家族の忘却さえ求められることをも教えられるべきである。……以上の考察から、私が、人々を共和主義的な機械へと改造できると考えていることは明らかである。もしわれわれが市民に対し、国家政府の巨大機構のなかで正しくその役割を果たすよう求めるのなら、この人格改造が実行されねばならないのである[186]。

同じようにルソーは、「生まれ落ちると同時に祖国が子どもの目に入らなければならないし、死にいたるまで祖国以外のものが見えてはならない」と述べた[187]。こうした共和主義観は、社会生活全体が国家《ネイション》の上に成り立っているとする総合的見解の押し付けを許容し、さらには助長しさえする[188]。この観点から、利益集団多元主義は、善の多様な理解の追求を進んで認めようとする点で、非常に魅力的に映る。まったく別の意味で理解される多元主義——さまざまに異なる生を営む、公的または私的な、多様な社会集団を尊重するタイプ——は、とくに望ましいもう一つの選択肢であるようにみえる。

共和主義理論に対するもっとも興味深い批判は、慣例的に理解される利益集団多元主義にほとんど共感をもたない人々からもなされている。ここでの基本的な論点は、共和主義的政治のいくつかの中心的観念——熟議的政治、普遍主義、市民活動——は、社会におけるさまざまな集団間で差異や対立が存続している事実を無視している、ということである[189]。大規模で多様な国家において、討論を通して調停されるような共通善など存在しない。唯一の政治的真実も存在しない。その代わりに、執拗に対立する視点や利害関係が存在するだけである。この見解では、現代政治の問題は、政治的行為者が前政治的利益を政治過程に持ち込む力を奪われてきた、ということでは断じてないのである。

この見解では、とりわけもろもろの社会的集団——とくに不利な状況下にある人々——は、その私的利害関心を政治過程に持ち込むことを妨げられてはならない、とされる。政治的言論の中心的目的は、こうした集団がまさに私的利害関心を持ち込むことによって、改革の可能性を開くことにある。市民的公衆という理解は、差異の否定や文脈の超越への信念に依拠しているのであって、望ましい変化を妨げるおそれのある非現実的な願望だとされる。上記の問題を政治から一掃しようとしたり、共通性の神話に訴えかけようとしたり、前政治的利益を除去しようとする政治へのアプローチは、未来に何ももたらさない。こうした体制のなかで、政治はいったい何を対象にしようというのか[190]。

この見解は、現代の政治思想体系を熟議や共通善や普遍主義に基礎づけることの難点を強調している。これと関連する共和主義的政治観の難点は、それが公的過程や国家を通した熟議に高い価値をおき、しばしば私的なものに分類されるもろもろの中間団体に低い価値しかおかないことにある[191]。だが中間団体は、政府への抑制としても、共和主義的徳性の育成と表出の場としても役立つのである。この立場のもっとも説得力ある言明は、トクヴィルにおいて見出すことができる[192]。

市民活動は、共和主義流に理解されるならば、もろもろの公式的組織を通してのみ行われるわけではない。多くの組織——労働組合、宗教団体、多種に及ぶ女性団体、公民権推進団体、慈善団体等々、伝統的社会の外部、またはそれへの対抗を標榜する組織——は、共和主義的体制のいくつかの主要な機能が発揮される場として役立つのである。これらの機能には、現行のいろいろな実践を批判的に検証すること、集団内の熟議の機会を提供すること、市民活動を行い一体感を得るチャンス、公民的徳性の発揮——これらは狭義の私益とは異なる目的の追求として理解される——などが含まれる。共和主義のうち少なくともいくつかの立場につきまとう問題は、それがこの種の集団に十分注目しなかったり、低い価値しかおかないことである。この見解で必要とされるのは、市民と国家との関係に対する、共和主義の諸理論以上に差異を尊重するアプローチである。

こうした共和主義反対論者は、所有的個人主義に依拠せず、またなんとかして自分たちを多元主義者と区別しようとしている。彼らの多くは、資源と機会の既存の分配に不満をもっている。多元主義的構想のもとで行われる利益集団間の取引は、共和主義者に劣らず、彼ら反対論者にとっても魅力を欠く。しかもそれは同じ理由、すなわち取引は社会的権力の分配をそのまま再生産するだけだ、という理由によるのである。しかしながら、この種の共和主義反対論の見解と多元主義の見解には、以下のような多くの重複点がある。すなわち、利害関心は概して外生的で前政治的なものとみなされている。統治過程における政治とは私益の問題であり、おおむね取引の問題である。また、私益だけを根拠に政治的行為者が財や機会を求めることは、正常でまっとうなことである。国家に対しては、とくにそれが単一の共通善を反映させる手段となろうものなら、相当な不信感をもってしかるべきである。個人と集団の自律領域には、高い価値が認められている。最後に、相対立する善の理解間の調停ができるという考えは幻想だとみられている。前政治的利益と政治的行為とを切断できるとする共和主義者の信念は、現実的でも望ましくもない理想として、主たる攻撃対象にされるのである。

　これらの共和主義的アプローチへの異議申立ては、私的結社の重要性と、普遍主義の一部の見解にみられる難点を強調している点では正しい。国家から隔離されるべき各種の中間団体の必要性を共和主義の理論のなかに組み入れなければならない。この課題は広範かつ決定的な意義をもつ。しかしこの種の共和主義反対論は、重大なリスクをも抱えている。もろもろの中間団体はさまざまな重要な機能を果たすが、この点を承認しても、かならずしも州や国家政府の適切な役割を評する必要性がなくなるわけではない。要するに、政府がすべきことは何であるかを説明しなければならないわけであるが、この場合、もろもろの中間団体への言及は不適切なのである。

これはおもに二つの理由による。第一に、共和的主義的徳性の中心的な場を私的諸制度にだけ見出すアプローチは、国家特有の能力に低い価値しかおいていない。この能力を考慮すれば、政治的熟議や市民活動は、公的諸制度の内部でも行われなければならない。政府だけが、（たとえば）差別撤廃や放送規制や環境保護をはじめとする広範な作業を行うことができる、ということは周知の事実である。私的な行為者はこうした作業を履行できない。

第二に、私的権力は数多くの脅威をもたらす。そのなかには中間団体が招くものもあり、それ自体が抑圧の源なのである[193]。それゆえ政府は、中間団体の存続が重要であることを否定せずに、それらの権力を制限する役割を果たさなければならない[194]。もろもろの中間団体の行方を規制せずにおく体制は、容認しがたい結果にいたるであろう。

共和主義へのもろもろの反対論に共通するテーマは、普遍主義と不偏性の理想に対する攻撃である。それらは文脈依存性や視点の重要性を強調するのだが、この攻撃がその脆さをもっとも露呈するのがまさにこの点なのである。普遍主義の原理は、適切に理解されれば[195]、さまざまに異なる視点の存在を否定しないし、政治的参加者は政治にかかわるときには自分たちの私的な苦情を脇にどけるべきだと主張しない。むしろ普遍主義の信念が主張しているのは、ある視点が別の視点よりも優れているということ、そしてその主張の正しさは、当初懐疑的な態度をとっていた者との討論を通して検証できる、ということである。共和主義の理論は、世界のどこかに文脈超越的な立脚点があるなどと主張していない。またそれは、中立性の名で偽装した、特殊で偏狭な見方を押しつけているのでもない。むしろそれは、さまざまな観点が顧慮され、（できるかぎり）真正に理解されたあとで示される、公益を根拠にした正当化を求めているのである。[196] こうしたアプローチが、現代共和主義の基盤である。まさにこの理由から、共和主義の見解は、各人固有の視点が偏向しがちだとの認識を政治の規正理念に組み入れるのであり、前政治的利益が政治参加の唯一の動機だとするアプローチに対して非常に懐疑的なのである。

共和主義反対論の批判は、このアプローチを非現実的で的外れだとして拒否する。しかし反対論が根拠においている範疇や、表明している信条は、じつは共和主義の理解から借用されたものである見込みが高そうだ。たとえば個人と集団の自律領域は、なんらかの理由にもとづいて擁護されなければならない。それを前政治的なものとして正当化してはならない。またその批判が説得力をもつためには、熟議や普遍主義などの共和主義的観念を組み入れなければならない。[197] 実際、「不利な状況にいる集団」という観念——これは共和主義的な普遍主義像への批判の中心的論拠とされる——自体、「不利な状況」という言葉の理解への信条や、当初懐疑的だった人との討論によってこの理解が得られるという信念に根拠をおいている。[198] 共和主義反対論の批判は、この種の数多くの議論と同様に、「それ自身のレトリックの規範的基礎になんら説明を与えられない[199]」。普遍主義を否定する議論は、それ自身の記述的・規範的信条を自己弁護できなくなりがちである。また中立性を否定する議論も、戦略的に有用な論拠をいっさい排除してしまうどころか、折々の現状の正確な描写までをも排除してしまうのである。[200]

共和主義者は、政治的行為者が自分の私的関心を忘れねばならないとか、差異や意見の不一致は政治の場では認められない、などと主張しているわけではない。普遍主義への信念は、差異を抹消したいという欲求をつねにともなうわけではない。実際のところ共和主義者は、意見の不一致を創造的で生産的な力とみなしており、政治的対話への共和主義的な基本信条にとって好都合であるか、あるいは不可欠とさえみなしている。[201] 討論と熟議の正統性と実効性は、もろもろの見解の対立にもとづいている。[202] 抑制と均衡や連邦制などの憲法上の基本的諸制度は、少なくともある部分については、この点にてらして理解されなければならない。だから現代共和主義は、同質性への信念を根拠としていない。それどころか、共和制が機能するためには、異質性が必要だとしているのである。あとでみるように、この理解は、もろもろの制度的刷新を要求することになろう。[203]

とはいえ、視点や権力の不均衡が熟議過程を悪化も歪曲もさせないなどと述べるのは非常に馬鹿げているし、市民や代表者に共通善を指針とするように勧めればかならず望ましい結果が得られるなどと主張するのも馬鹿げているだろう。またここで描かれた共和主義の信条が、特定の社会理論や特定の一連の制度編成を導くと述べることも誤りだろう。もろもろの大問題――権利や制度や団体についての適切な理解にかかわる――が未解決のままに残っている。しかしまず問われるべきは、規正理念に関する問題である。この点でリベラルな共和主義は、競合する他の立場よりも優れているのである。

3　制度案

共和主義の思想は、以上のように理解すれば、現代の公法における多様な問題にやや異なる角度からアプローチするための基礎を提供してくれる。たしかに、あたかも現代の法的諸問題に自明の解決をもたらすかのように、共和主義の観念を「適用する」ことなどできない。もちろん個々の適用事例を争う余地は残るだろう。しかし現代の数多くの論争は、共和主義の伝統のレンズを通してみれば、まったく異なってみえてくる。これらの論争は裁判所における公法の法理に関する部分もあるが、大半は司法以外の部門から発議されるべき提案である。個々の分野に関する以下の議論は、大半は手短で概略的であって、多様な問題を詳細に検討するというよりも、それらの問題に共和主義者がどのようにアプローチするかを示している。

(1) 選挙資金規制——市場と表現の自由

たとえば、現代の選挙資金規制によって生じる問題を考えてみよう。こうした規制は、しばしば「思想の自由市場」と両立しないという根拠——たしかに、貧しい選挙候補者を援助するために裕福な候補者への寄付金支出を制限することは、ある意味で修正第一条に抵触するという根拠——にもとづいて非難されてきた。連邦最高裁がバックリィ事件（Buckley v. Valeo）[204]において選挙資金規制を無効にしたのも、この根拠にたってのことだった。ここでは最高裁は、「ある社会構成員の相対的な発言力を促進するためならば、政府は別の構成員の言論を制限してもよいという考えは、修正第一条にまったくそぐわない」と述べた[205]。最高裁は、平等な政治的行為者間の熟議を促進する努力が不十分だった、あるいは当該立法によって不適切な方向に促された、と判示したわけではない。最高裁が述べたのは、それよりずっとおおまかに、この努力は修正第一条のもとでは合憲性を欠く、ということだったのである。

修正第一条への共和主義的アプローチのもとでは、選挙資金規制は、はるかに好意的に歓迎される。少なくともある形態の規制であれば、選挙運動の支出によってもたらされる歪みを打ち消すことによって、修正第一条を侵害せず、むしろそれを促進する適切な試みとしてとらえられる。修正第一条を熟議的に解釈してそこに政治的平等の規範を組み込むならば[206]、多元主義的色彩の強い市場モデルとはまったく異なる分析がもたらされるだろう。最高裁はバックリィ判決において規制の再分配的な根拠を敵視したが、とりわけそうした敵視は消え去ることになる。

たしかに狙った目的を達する一方で現職保護の手段にはならないような選挙資金規制システムを設計することには、大きな困難がある[207]。しかし共和主義の理解は、政治的熟議を改善し、政治的平等と市民活動を促進しようとする点で、選挙過程の大きな改革の指針となるだろう。

同じ理由で、共和主義の観念は、放送や出版メディアにおける公正さの法理に近年向けられてきた異議申立てを退けるべき理由を与える。それによると、公共的熟議の多様な源泉へのアクセスを促進しようとする努力は、極力好意的に受け入れられねばならないし、こうしたアクセスの制御に経済市場だけを用いるのは望ましくない。まさにそれゆえに、共和主義の見解によると、近年、表現の自由にかかわる制度の健全な機能を脅かしているのは、政府の規制ではなく、私的な富と私的なアクセスの不均衡によって政治過程が過度に影響を受けてしまうことを黙認する政府の「不作為」なのである[208]。

(2) 連邦制ともろもろの中間団体

ニューディール期の教訓――それは米国法に今なお影響を与えているが――の重要な特徴は、次の二点である。すなわち二重主権論の立場をとる元来の憲法構造は、一方では大きな間違いであって、それは制限政府という時代遅れの目標に結びついており、国家が継続的に市場に介入する必要性と両立しない、ということである。[209]しかし他方、元来の憲法体系の大きな利点の一つは、国家レベルでの代表者の熟議を地方レベルでの自治と同時に規定しているところであって、それは伝統的な共和主義の目標に適した領分を提供している、ということである。そして共和主義の復活から得られる中心的な教訓として、公的領域と私的領域に自治が行われる場を提供しなければならない。[210]多様な集団に関するトクヴィル的な理解は、地方政府にあてはまるものもあれば、純粋に私的な組織にあてはまるものもあり、ニューディール・モデルよりもはるかに優れた代替的理解を提供している。

こう理解すると、次のようなさまざまな見通しが示される。労働法の領域では、団体交渉は画一的な国家基準よりも優れているように思われる。[211]「再構築法」――融通の効かない国家命令の賦課よりも、市場の再構築によって国家と地方の融通性を高める改革のこと――は好意的にみられるべきである。[212]連邦補助金計画に対する規制を緩和すべきとした提案も一つの例である。共和主義的観点にたてば、職場民主主義の促進もかなり有望である。[213]国教分離条項の解釈は、共和主義的徳性を陶冶する際の宗教組織の役割を是認すべきである。[214]宗教を冷遇してしまうようなこの条項へのアプローチ[215]は、多元的社会において中間団体が果たす役割を軽視しているのである。

(3) 合理性審査

裁判所は、適正手続、契約、収用、平等保護などの条項を含むさまざまな憲法規定のもとで、「合理性」を基準に制定法を審査する[216]。ある人にとって、制定法は「合理的」でなければならないという考えは、利己的行為者[217]間の「取引」から成り立っている政治過程の事実と矛盾している。しかし合理性の要件は、議員たちは熟議をなすべしとの要件として理解するのが最善である。合衆国憲法は、負担が課せられたり便益が否定されたりする場合、それが優位な階級の政治権力行使によるものではないことをなんらかの形で証明するように要求している。合理性審査は、政治に熟議の要求を課することで共和主義のテーマを蘇生させており、たしかにマディソンの代表理論と密接に結びついている[218]。憲法問題を扱う裁判所が合理性規範をもっと強硬に執行すべきかどうかはともかく[219]、合理性規範は憲法上の地位を実際に有しているし、この規範が存続していることは熟議的政治観の根強さを示しているのである[220]。

(4) ロクナー時代

また共和主義の伝統は、ロクナー時代の教訓を理解するための異なる視角を与えてくれる。この時代、最高裁はリバタリアン的な私権観をよく引き合いに出してもろもろの広範な規制措置を無効にした。ロクナー時代は、司法が政治過程の監督に積極的役割を果たすことのリスクを露呈させる、制度的役割上の訓戒として理解されることが多い[221]。だが別の理解にたてば、制度的能力のみならず実質的問題にも焦点があてられることになろう。

こうした理解によれば、ロクナー時代の裁判所がどこまで自然的で前政治的な私的領域存在を立法の歯止め役として想定していたかが強調される。自然権理論にもとづく私的領域の創出は、共和主義的政治観と容易には共存できない。もちろん共和主義者は、健全な熟議過程の結果であるという理解のもとに、諸権利の存在を信じている。したがって共和主義者は、多数者への抑制として立憲主義を用いることにはきわめて肯定的である。だが共和主義者は、政治的熟議に先行するといわれる権利に依拠する政治や立憲主義へのアプローチには懐疑的である。

この見解では、ロクナー時代の裁判所の難点は、それがコモン・ローと現状を基準線とする姿勢とにもとづいていることにある。[222] ロクナー判決を引き継いだ判決は、共和主義のレンズを通してみれば、ロウ対ウェイド（Roe v. Wade）[223] のような判決ではなく、バウワーズ対ハードウィック（Bowers v. Hardwick）[224] や、ワシントン対デイヴィス（Washington v. Davis）[225] のような判決である。どちらの判決も現状を基準線にしており、既存の制度的慣行の形成に際して法が果たした役割を過小評価している。たとえばハードウィック判決は、結婚は実際には法体系の創造物であるのに、それまでゲイとレズビアンに結婚を認めてこなかったという事実に根拠をおいている。またワシントン対デイヴィス判決も、黒人と白人の間にある便益と負担の既存の分配が、法体系の一関数であって、法体系にとって外生的ではないという事実を無視している。共和主義の見解では、ロクナー判決、ハードウィック判決、ワシントン対デイヴィス判決は同じ欠陥を共有する。すなわちそれらは、法の構築的機能を無視しており、既存の制度的慣行が過去と現在の法体系の選択にもとづいている事実を無視しているのである。

（5）不利な状況にいる集団

共和主義の思想は、人種・性・貧困などの領域での階級差別に対抗することが憲法の役割であるという理解にも根拠を与えるかもしれない。ここでのおもな関心は、そのような階級差別を支える価値が社会的権力の産物であり、したがって検証と審査に服さなければならない、ということである。(226)この見解では、こうした階級差別に対して懐疑的なアプローチをとる司法判決は、ロクナー判決そのものと両立せず、ロクナー判決の否定と両立する。共和主義の諸前提は、社会的従属理論の根拠として用いられ、結論としてさまざまな社会集団の差別的扱いを憲法が否定することを基礎づけるかもしれない。政治的平等と熟議への共和主義者の信念は、こうした考えを明確にすることに役立つだろう。ここでの議論は、さらに詳述を要するが、その根拠のいくつかは現行法にも見出される。(227)

ここにはある種の皮肉がある。伝統的に共和主義思想は排除の実践をともなってきた。だから同様の排除の実践を拒否する根拠として共和主義を挙げるのは奇妙にみえる。しかし共和主義思想の諸前提は、一つの指針《アスピレーション》を備えており、それは共和主義の伝統に対する批判の根拠となる。この現象はとくに異常なことではない。文化的に根づいた大義《コミットメント》は、文化的慣行の改善によく用いられる。実際、既存の慣行を改善しようとする人々は、どうしても伝統的な信条《コミットメント》に頼らざるをえないのである。(228)共和主義の実践に対抗するために共和主義の指針《アスピレーション》を用いることは、この一般的命題の一例にすぎない。

(6) 制定法解釈

近年、制定法解釈のさまざまな理論に、利益が果たす役割の再評価とでもいうべき現象が生じている。解釈手法は政治過程の理論から知的影響を受けるものだ、ということに異論はないだろう。このことから裁判所は制定法を利己的行為者間の「取引の産物」として理解し、執行すべきだされている[229]。もちろんこの種の提案は、利益集団多元主義の産物である[230]。裁判所の役割は議会の目的を個別事例で実行することだけだという考えもまた、多元主義的政治観と親和的である。対照的に共和主義の見解では、制定法解釈の任務の一つは、法形成過程において現実の熟議を促進し、司法の役割の適切な範囲内で多元主義の病理を最小にするように制定法を解釈する、ということである[231]。

制定法解釈の規準《カノン》を擁護する基本的根拠は、その規準が文字どおり無視できないことにある。もし難事案において、議会による立法の背景を理解していなければ、制定法解釈は不可能である。そのうえで共和主義的な政治観の直接的な帰結として、制定法解釈のいくつかの規準を理解し擁護することは可能である。こうした数多くの規準は、立法過程に起こりうるさまざまな機能不全を警戒しており、これらの機能不全から身を守り、それに制限を加えるために解釈を用いようとしていると思われる[232]。これらの規準やあるいは「明白な表現」原則のなかに、共和主義的な制定法解釈手法の根拠を見出すことができる。それは、裁判所の唯一の役割は、立法部の意図を個別事例において確証することだけであるという考えを断固拒絶するアプローチである。

たとえば政府歳出の承認措置が実体法を修正すると安易に考えてはならない、という主張を考えてみよう[233]。こうした準則は、歳出承認過程はたくみに組織された私的集団に支配されている可能性が高い、透明性を欠いている、歳出承認過程の結果は厳格に解釈されるべきだ、等々の根拠から擁護されるかもしれない。また同様の理路から、連邦法は州法に優先すると安易に考えられてはならない、という考えも擁護されうる[234]。ここでのおもな発想は、連邦制は建国期から州や地方の自治の機会を提供してきたということ、連邦議会で明確に争点化されている場合を除けば連邦政府は州の目標に介入してこなかった事実を知るべきだということ、である。最後に、裁判所はもろもろの制定法を一個の統一体として理解できると述べることがある。[235] つまり制定法の一部を軽々しく理解してその全体構造を崩壊させてはならないというのである。この制定法解釈手法には、制定法は私的集団間の無原則な取引の産物になりがちだと信じる人からみると、異論の余地がある。しかしこの考えは、基本的な立法目的をほとんど目に見えない形で薄めてしまう「取引」による制定法の土台崩壊を防ぐ努力として理解すれば、いっそうわかりやすくなるだろう。

この制定法解釈手法は、共和主義的根拠から直接擁護されるかもしれない。歳出予算法の狭い解釈は、利益集団の取引の結果である可能性が高いもろもろの施策がもたらす効果を抑制するために策定される。州や地方の自律の保護は、地方自治への共和主義者の信念を想起させる。また裁判所は、さまざまな制定法を統合された全体として解釈するとき、多元主義の病理を最小限に止めているのである。

しかしながら、建国以降、国家政府の性質に生じた巨大な変化に鑑みれば、既存の解釈規準に不備が生じない方が不思議だろう。そこで、共和主義の諸目標を変化後の制度的環境のなかで促進できる、一連の解釈規準を概括的に示すことが可能である。以下で瞥見する解釈規準は、すべて現行法になんらかの根拠をもっている。すなわち以下のすべての規準は、裁判所が解釈過程で実際に用いてきたものである。ここで示されるのは、それらが制定法解釈を導く手引きとして自覚的に採用されるべきだ、ということである。

費用便益の比例原則

制定法は社会的便益の総計が社会的費用の総計と釣り合うように解釈されるべきである、といくつかの事例で判示されている[236]。この原理は、近年の複数の事例に暗示されているが[237]、たくみに組織された各種の集団が、健全なマディソン的過程の結果とはいえそうにない立法を獲得できてしまうリスクがあることを認識している。さらにこの見解によると、規制法は、通常わずかな例外を含むものとして理解されるべきである。行政官は、投機性の高い場合やわずかな利益しか見込めない場合には費用のかかる規制の執行を拒む権限が広く与えられるべきである[238]。

手続的制限の狭義の解釈

これと似た原理は、これもまた事例中に暗示されているが、もろもろの実体的権利への手続的制限を狭く解釈するように裁判所に勧める。たとえば、規制法の執行を要求する個人に対する訴権認定の可否[239]、福祉の受給停止前に審査を受ける権利が主張される場合のように、実質的な便益の補正・停止にふさわしい手続の内容[240]、執行の是非を検討する司法審査の発動の可否[241]、などの問題が数多くの事例に含まれる。もちろんここには憲法問題もからんでいる。しかしながら、手続が熟議過程の産物というよりもなんらかの実体を狙ったものでありそうだと考えられる場合や、たくみに組織された各種の集団が手続的制限によって実体的計画を頓挫させる力を得るおそれがある場合には、裁判所が手続的制限を狭く解釈することで憲法問題を回避できるのである。

無矛盾性と調整

また裁判所は、法に無矛盾性と調整をもたらす一助として、制定法解釈の明白な表現原則を用いてきた[242]。こうした役割は、行政法の文脈で明らかな先例がある。たとえば裁判所は、旧来の行政当局に環境への配慮を求める方向で一九二〇・三〇年代の制定法を積極的に解釈した[243]。ボブ・ジョーンズ判決（Bob Jones Univ. v United States）[244]は、「公共政策」の一般的趣旨の一端として、人種差別に対する広範な社会的反感への考慮を怠らないよう、国税庁に約束させる試みだと理解するのが最善かもしれない。行政当局が投機的便益に莫大な費用をかけることを制限した事例もまた、同様に理解できる[245]。この種の判決は、共和主義的根拠にもとづいて正当化されるかもしれない。つまりそれは、本来熟議過程の産物として理解すべき整合的全体へと制定法システムを統合することの一部なのである。

答責性の促進

最後に共和主義者ならば、制定法解釈の諸原理は、政治的説明責任を負う人や誰だかはっきりとわかる人によって決定がなされるように策定されるべきだと主張するであろう。もし問題が当局の制度上の権限配分の問題ならば、裁判所は、政治的答責性を高めるように制定法を解釈するべきである。ハンプトン事件（Hampton v. Mow Sun Wong）[246]における最高裁の判決が一例である。この判決のなかで最高裁は、適正手続の問題として、もし外国人が連邦の被雇用者として仕事に就くことが妨げられるならば、その決定は、国家公務員任用委員会（Civic Service Commission）ではなく、連邦議会か大統領によってなされなければならない、と述べた。他の事件では、最高裁とその各判事は、説明責任を負う行為者が特定されないかぎり、一定の不利な制約が一定の集団に課せられてはならない、と憲法は求めていると述べた[247]。この種の決定は、一種の明白な表現原則を含むものとして理解されるかもしれない。

これらの例は、もし共和主義的政治観が尊重されるようになれば制定法解釈が目指すだろう方向性をいくつか示すことだけを目標としている[248]。共和主義的手法のさまざまな側面がいくつかの一見意外な実践を説明するし、さらなる発展にも弾みをつけるかもしれない。

（7）比例代表制あるいは集団代表制

近年、比例代表制・集団代表制のシステムにおいて、利益の役割の再評価が進んでいる。黒人、女性、障害者、ゲイやレズビアン、その他不利な状況にいる集団は、通常の選挙過程でめぼしい成果を収めることはほとんどなかった。とりわけ特定の選挙区で黒人が誰かを選出することを妨げてきた人種的投票妨害（racial block voting）の問題がある[249]。この問題——マイノリティ投票の希釈として描かれる場合もある——は、代表者中に占める黒人その他の集団の比率が、総人口中に占める割合よりもはるかに少ない体制を生み出す[250]。ここで比例代表制の問題を論じることは有益だろう。というのも比例代表制は、多元主義の根拠や共和主義の根拠にもとづいて正当化されるかもしれないし、それが正当化されるだろう見込みとリスクを示しているからである。

人種的マイノリティの構成員の代表を憲法にもとづいて擁護することは従来一貫して断固拒否され

てきたが、[251]集団代表制には堅固な憲法上の系譜がある。多数決主義や個人主義の含みをもつ一人一票の原則の厳格さ[252]にもかかわらず、集団代表はこれまでに米国立憲主義の重要な特徴であり続けてきた。たとえば起草期には、各々独自の利害関心をもつ者どうしで各々の共同体を画定することが地理区画《ジオグラフィー》であると考えられていた。つまり州の代表はそのままその利害を代表していると思われていたのである。[253]現代の（とりわけ）人種集団とエスニック集団は、建国期に地理的観点から定義された集団にあたる、と論じることも無理ではなかろう。

さらに、連邦制、二院制、抑制と均衡などの憲法上の基本的制度は、[254]比例代表制がもつ魅力のいくつかを共有しており、部分的には集団代表制の観念に起源をもっている。これらの制度は、統治へのアクセス地点を増やし、多様な集団のもつ政策への影響力を高め、政府機関内部の視点を多様化し、もろもろの熟議能力を改善する。[255]この点で、これらの制度は、少なくとも一元的な体制と比較するならば、集団代表制と同様の方法で何ものかを保障しているのである。もちろん、権力分立制も二院制もともに、多様な集団の代表を促進しようとする努力の産物としての側面をもつ。すなわち二院制は、富裕層の代表と大衆の代表を許容する。また権力分立制の観念は、混合統治の観念に由来する。それは、各集団の代表がかならず社会・経済的観点から画定された一定の比率で選出されるように設計されたのである。[256]

比例代表制は、これらすべての集団が最低限の投票権以上のものを手に入れられるように、立法機関における代表を確保するよう設計されるかもしれない。この比例代表制のシステムは、ドイツ、イスラエル、イタリアやその他多くの国々において、さまざまな形をとっている。[257]また別の形では、不利な状況にいる集団の構成員たちに、政治的帰結への影響力を確実に保障するために設計されるかもしれない[258]。比例代表の擁護者たちは、政治参加者たちに共通善の追求を勧めるというよりも、政治過程が多様な視点と利益を表現・承認できるように組織されるべきだ、と主張するのである。

比例代表制の目的にあわせて設計されたさまざまな投票制度について、数多くの文献が存在している[259]。しかしどのような制度であれ、要点はまさしく、もしもろもろの利益が調整できないほどに対立しているならば、共通善の追求の擁護ではなく、集団代表制のメカニズムの提示にこそ、政治生活の救済策がある、ということだ。

しかしながら、さまざまなリスクによって比例代表制システムが掘り崩されるおそれがある。比例代表制は、不利な状況にいる集団を援助するどころか、周縁化してしまうかもしれない。あるいはまた、党派対立や政治的停滞のリスクを増やしてしまうかもしれない。周縁化のリスクは、不利な状況にいる集団が、その集団から多少なりとも恩義を受けている多数の代表者を出すかわりに、その集団の利益を代弁するただ一人の代表者しか出さないシステムにおいて拡大するだろう[260]。さらに、党派対立と停滞の危険は、政治過程をきわめて広い範囲で傷つけるおそれがある[261]。比例代表制のおもな機能は、選挙過程から代表議会そのものへと提携関係の構築過程を移行させることである。こうして統治の結果を損なうかもしれない。この結論は、政治的弱者の集団の観点をとるか、システム全体の観点をとるかによって変わってくるだろう。

しかしながら、共和主義の観点からみた比例代表制の最大の難点は、比例代表制が、稀少な社会的資源を求める「利害関心」間の利己的闘争として政治過程をとらえる理解を是認し、永続させ、助長してしまうおそれがあること、政治的行為者が他者の視点を受容し理解する気を失わせてしまうかもしれないこと、そして比例代表制が、政治の熟議的・選好変成的な特徴を過小評価していることなどである。実際比例代表制は、具体化される際に多元主義的政治の基本的前提を受け入れる傾向がある。すなわちそれは、利益集団間の（場合によっては人種間の）闘争の根底にある権力分配を再度割り当てるだけである。権力の再分配はある環境では非常に望ましいが、政治を部分的にしか改善しない。

これらの考察は、周知の現代の比例代表制擁護論に対する強力な反論を提示している。それらはまた、集団代表制システムが現代の政治生活の多様な問題を解決することに対する懐疑的な見解にも根拠を与える。この懐疑的見解は、とくにマディソン的機構がよりよく適合しうる連邦制度によくあてはまる。

しかしながら皮肉なことに、比例代表制を擁護する試みは、共和主義の根拠にもとづいて正当化されたときにいっそう説得力を増す。ここでの基本的な議論は、多様な集団、とくに不利な状況にいる集団の熟議過程へのアクセス可能性を保障する仕組みが創設されるならば、熟議過程は崩壊するどころか、むしろ改善される、というものである[262]。集団代表制は、まさにこの効果をもたらすことによって、それがなければ排除されていた多様な見解が代表過程において継続的に表明されることを保障するであろう。この点で、集団代表制は、マディソン的熟議が実世界で具現できないことを補う次善の策のようなものとなる。そしてアクセスの目的は、おもに各集団に「議席の分け前」を保障することではなく——それはまったく重要でないわけではないが——、むしろ全関係者の一部だけにしか共有されない利益の間違った出現によって熟議過程が歪められないようにしておくことである[263]。比例代表制は、このように具体化される際には、政治的結果が、影響を受ける人々全員の視点に関する理解を組み入れる可能性を高めるように設計される。[264] こうした理由から、比例代表制は、統治過程において意見の不一致と多様な視点が創造的な機能を果たすことを承認する点で、抑制と均衡や連邦制などの諸制度と機能的に類似しているかもしれない。[265] この意味で、比例代表制を擁護する近年の提案と、元来の憲法体制が含んでいた共和主義の諸要素との間には連続性があるのである。

市民のなかから主要な特定集団《カテゴリー》を形式的・機能的に排除することは、しばしば共和主義の思想体系の構成要素であった。現代の政治には、そのいくつかの例がみられる。こうした理由から、比例代表制や集団代表制は、ある文脈では非常に望ましい改革であろう。多分意外であろうが、比例代表制の支持者が否定しようと躍起になっている共和主義的前提の観点からみても、それはとりわけ望ましいのである。まぎれもなく非マディソン的諸制度が、熟議デモクラシーのマディソン的目標に達するには不可欠な場合もあるのである。

4 結論

共和主義的政治観は数多くの形態を取ってきたが、魅力があるのはその一部だけである。私は、もっとも説得力ある共和主義はリベラリズムとまったく対立しないのだということを示してきた。それどころか、リベラルな伝統から重要な要素を借用している。たとえば政治的平等、市民的自治の場を提供する必要、ある程度市民を動員しなければデモクラシーを維持できないこと、党派対立や利己的代表に対して制度的・権利基底的制約が重要な意義を有すること、政治の熟議的機能などを強調する。共和主義の理論は、とりわけ統治過程における対話や意見の不一致の重要性を強調している。すなわち、政治的行為者が具体性を抜き取られることなく、できるかぎり影響を受ける人々全員の目を通して見られるように設計されているのである。[266]

この種のアプローチそれ自体によって、特定の形態《セット》の制度的配置を獲得し、公権と私権を細かく特定できるようになるというのは誤りであろう。しかし、もし以上のように理解されるならば、共和主義の理論は、米国の公法において中心的な役割を演じてきたことになる。しかしながら、現代共和主義の課題は、発掘の作業ではない。現代の共和主義は、発見されるというよりも、むしろ創出されるべきなのである——たとえ歴史への関与が、やや意外な方法で、初期の米国立憲主義の本性を明らかにするかもしれないとしても。

現代の憲法理論に課されるおもな課題の一つは、伝統的な共和主義思想の諸側面を、現代の規制国家の興隆、さまざまな集団の社会的従属の理論の出現、そして共和主義の目標を満たすための公的・私的な各種中間団体の必要性などに統合することで、共和主義の復活を乗り越えていくことである。私は、現代の法的論争の数多くの領域が共和主義的政治観によって説明されるということ、そしてこうしたいくつかの領域は、共和主義的政治観が真剣に尊重されるならば、別の方向に導かれるだろうことを示してきた。とりわけ集団代表制や比例代表制の提案は、もちろんリスクもあるが、きわめて有望である。ここでの基本的な考えとは、マディソン的理想——代表過程は特殊な観点を濾過するように機能する——は、ある環境では、その意図された目標に役立たないということ、そして紛れもなく非マディソン的な諸制度が、共和主義の目標をかなえるのに必要であろう、ということである。

共和主義の復活は、とりわけ統治の結果を利益集団間の一種の取引の産物として扱い、政治の熟議的役割や選好の社会的形成を過小評価するような理解への応答である。共和主義の基本的信条――政治的平等、熟議、普遍主義、市民活動――は、米国立憲主義の中心点で際立った役割を演じてきた。これらの信条に内容を与えること、そしてそれらが現代の法的改革にどのような制度案を与えるかをはっきり示すことが、現代の課題である。これらの課題を行うためには、共和主義の復活をはるかに越えていくことが必要であろう。

Beyond the Judicial Minimalism

第3章

司法ミニマリズムを越えて

米村幸太郎訳

著者の憲法解釈理論は，ドゥオーキン的手法と原意主義的手法という
二つの裁定理論をターゲットにしてきた.
どちらの手法も，現実の司法機関の能力をこえているというのである.
個別的な判断に専念する司法ミニマリズムは，この欠点を免れつつ，
政治の過程により多くの熟議の余地を提供しようとする.
だがこの手法も万能ではない.
本章では，そこに潜むジレンマと欠点が指摘され，
その方針が放棄されるべき局面についても語られる.

多くの裁判官は、広い射程をもった法的判断を下し、大がかりな理論を構築することはできれば避けたいと思っている。本章の目標は、この欲求の基礎に何があるかを考え、広い射程をもった法的判断を忌避する限界を探ることにある。これから述べるように、広い射程をもつ判断を控え、大がかりな理論構築を避けることは、法の世界において、根源的な理念の不確実性や対立を抱えながらもなお問題を解決していくための重要な手段である。だが、事案によっては、このようなミニマリズムから一歩踏み出すことが重要な場合もある。

浅さと狭さ

むずかしい決定を迫られると、人はミニマリズムの方に傾きやすい。問題を解決する際に、一つの大きな決定を下すよりも、複数の小さな決定を積み重ねたがるのである。そして、このようなミニマリストの傾向は、二つの異なった次元で作用する。

まず、ミニマリストは深いやり方よりも浅いやり方で問題を処理しようとする。人間関係や自分の健康上の問題に対処しようとするとき、根本的問題を未決のままにしておきたがる。彼らは、今日や明日や来月のことを決めるにあたって、もっとも深いところにある問題から解決しようとしたり、その問題に理論的にはどう対処すべきかという説明を受け入れたりはしないのである。

二番目に、ミニマリストは広いやり方よりも狭いやり方で問題を処理しようとする。たとえば来月の休暇の過ごし方や、今職場で起きている問題への対応を決めるときに、もっと先の休暇の過ごし方全般、職場で起きる他の問題全般への対応の仕方まで考えたりはしない。日常生活では、ミニマリズムのこのような浅く狭いやり方はかなり役に立つ。だから、もののわかった人は小さな決定を選ぶのである。

しかし、どこまでもミニマリズムを貫こうとすることには明らかに問題がある。浅い決定を下すのがうまいやり方ではないときもある。そのときは根本的問題を考え直した方がよい。時には人間関係や健康問題も深く考えた大きな決定を下す必要が出てくる。そして職場や休暇の問題にも、時に当座かぎりの決定の積み重ねに安住せず、一般的な行動指針を立てるべき場合があるのである。ミニマリズムは短期的には簡単な選択かもしれないが、長期的には破壊的な結末を迎えることもある。なぜなら、ミニマリズムを採用すると意思決定にともなう負担を未来の自分に押しつけることになり、結果的に多くの困難に直面するかもしれないからだ。大きな決定がどれだけ困難であろうと、それを先送りせずに実行するのがいちばんよい場合があるのである。

法の世界では、ミニマリズムは非常に重要な役割を果たしている。裁判官は、しばしば浅い根拠をもった判決を好む。それは、根本的な問題について合意がない場合でも、多様な人々が合意できるような結論と論拠を生み出せるからである。たとえば、言論の自由の保障の基底にある目的については、激しい議論がある(1)。表現の自由の保障は民主的自己統治を保護するものとみなされるべきか、それとも思想の自由市場を保護するものか、はたまた個人の自律を保護しているのか？　だがミニマリストはこのような論争を解決しようとはしない。むしろ、このような異なった根本的理解にコミットしている人、あるいは表現の自由を支える基盤的原理についてそもそも確信をもっていない人も支持できるような判決、法的判断をミニマリズムは求めるのである。

ミニマリストの裁判官はまた、狭い法的判断を好み、あえて危険を冒して当座の問題以上の事柄に踏み込もうとはしない。彼らは司法のもとに持ち込まれた紛争の個別的な部分に問題を限定しようとするのである。この点で、連邦首席裁判官ジョン・ロバーツが連邦最高裁における全員一致の原則の利点を、法的判断の射程が狭められる点に求めているのは示唆的である。「裁判官の合意が広範なものになればなるほど、その合意は、ありうるなかでもっとも狭い根拠にもとづいたものとなる傾向にある」[2]と彼は述べている。九人の裁判官は多様な見解を有しているので、彼ら全員が一致できる意見は、おのずと広範なものではなく狭いものになるだろう。ロバーツ首席裁判官はこれをまったくもって望ましいことだと評価し、それをこんなうまい言い方で要約している。曰く、「思うに、事案を解決するにあたり、それ以上のことを決定する必要がないということは、むしろそれ以上のことを決定しない必要があるということだ」。

　浅さと狭さはきわめて異なった概念であることに注意しなければならない。たとえば、浅いけれど、広い決定を考えることができる。人種隔離をつねに禁止しつつ、それがなぜ不正なのか、なんら深い説明を与えないような見解がありえよう。逆に深いけれど狭い決定というものも考えられる。たとえば、言論の自由の原理についての大がかりな理論を展開しつつ、そこから特定の政治的異議申立てに関する検閲だけを禁止するような場合もありうるだろう。無論、浅くかつ狭い決定もあるし、広くかつ深い決定もある。だがいずれにせよ、この二つの区分は異なった方向を指し示すものなのである。

　この二つの区分がどちらも質的な相違ではなく、程度の違いであることは明らかだろう。重要な事案を決定しようとすれば、たいてい裁判所はなんらかの理由を述べる必要があり、そして理由とは必然的にある程度の深さをもつものである。またたとえば、仮に訴訟当事者と同じ名前かイニシャルをもった人にのみ効力をもつ裁定がなされたとしても、誰もそんなものに賛成はしないだろう。しかし、ミニマリストはそのなかでも、より浅くかつ狭い選択肢をつねに選びたがる。そして、事案が憲法上の未開拓領域にかかわる場合は、とくにその傾向が強い。そういう事案に接すると、ミニマリストは裁判官には当該領域についての情報が不足しているのではないかとおそれる。つまり、もし広範な準則《ルール》を提出してしまうとそれが適用されそうな多くの状況について、裁判官は十分な理解をしていないのではないか、と考えるのである。またその事案を著しく超えた射程をもつ決定が、有害な効果を招くのではないかというおそれを抱く。ミニマリストが広さと深さをそなえた決定に不審の念を抱くのは、裁判官は、理論的観点を適用したり、広い準則を生み出したりするのに向いていないと考えるからである。これらの論点、そしてミニマリストの特有の慎重さ（臆病さ？）についてはすぐあとで立ち戻ることにしよう。

空虚さ、浅さ、概念的下降

人々が憲法理論について合意できない場合でも、憲法的実践や憲法上の権利について合意にいたることは多い。言い換えれば、うまく機能している憲法秩序とは、完全には理論化されていない合意（incompletely theorized agreement）を通じて問題を解決しようとするものなのである。[3]

このような完全には理論化されていない合意が抽象的理念について成立していることがある。個別の事案については厳しい対立があるのだが、抽象的な理念自体は皆に受け入れられている、といった場合がしばしばあるのである。だからこそ、憲法が暴力の教唆やヘイト・スピーチを保護すべきかどうかをめぐって対立している人も言論の自由という一般原理を受け入れられるし、憲法が同性関係を保護すべきかどうかをめぐって対立している人も差別は誤りだという抽象的原理を受け入れられる。これは立憲的な法と政治における重要な現象である。そもそも、憲法というものが制定できるのもこのためなのである。憲法制定者は抽象概念の具体的意味について対立していても、抽象的原理自体については合意できる。しかし、このような抽象概念は、具体化されなければならないその内実についての合意が成立していないので、空虚であると思われるかもしれない。

だがこの空虚さには、実際問題としてこれ以外の形で合意を実現できないというプラグマティックな理由があるのである。詳細な合意を作り上げようとすることは、論争的すぎるかもしれない。市民は抽象的な概念を支持しても、その内実は支持しないだろう。またおそらく憲法制定者は、抽象概念の意味内容を具体化する確実な論拠を与えるような情報をもっていない。そうだとすると、合意を進めるための最良の方法は、一般的な規範だけを述べておき、後の人間がそれに適合するような形でその内実を埋められるようにすることだろう。

完全には理論化されていない合意が、抽象概念ではなく具体的な結論にかかわる場合もある。時として難事案では、ある実践が合憲か違憲かという結論についてのみ合意でき、その理論的基礎については鋭い対立が存在する。日々の憲法実践においてたとえ憲法上の準則やドクトリンの正当化原理について大きな対立があっても、浅い法的判断は法の内容を確定する助けになる。

この後者の現象は、もっとも困難な決定に対処するための一般的な戦略を示唆してくれている。人は日常生活のなかで、根本的な問題についての解答がどうであれ、それはひとまず括弧に入れて、来月や来年のことだけを考えたアプローチをとるだろう。法や政治や道徳についても同様である。抽象的な問題――たとえば「平等は自由よりも重要なのか?」とか、「自由意志は存在するのか?」「功利主義は正しいか?」「刑罰の目的は応報にあるのか?」といった問題――について対立したり、そもそも答えが見出せない場合に陥ったりすると、問題を非常に個別具体的なレベルまで落とし込むことで合意を促進できることがよくある。つまり概念的下降(conceptual descent)を試みるわけだ。ここには、とくに注目すべき特徴がある。すなわち、基本的な問題について沈黙することが、対立と不確実性、時間と能力の限界、社会の不均質性といった条件のもとで、対立の収束を生み出す装置として機能しているのである。つまり、沈黙が建設的な力をもっているのだ。完全には理論化されていない合意は、立憲主義と社会的安定性を達成するための重要な源泉なのである。そしてそれはまた、人々が互いを尊重する方途でもある。

いくつかの例を考えてみよう。たとえば、宗教的自由の保障が重要であると考えたとしても、その理由を説明する理論はかなり多様である。社会の平和のために必要なのかもしれないし、平等と人間の尊厳の承認を反映したものだと考えるかもしれない。功利主義的な思考から導かれるという人もいるだろう。宗教的自由それ自体が神の命令であるというかもしれない。同様に、憲法が司法の独立を保障していることの根拠についてもさまざまな説明がありうる。司法の独立は専制に対抗するためかもしれないし、あるいは民主的な政府を作ることに役立っているのかもしれない。経済的な効率性の向上に資するからだという人すらいるかもしれない。

なんらかの実践や結論については明瞭な合意があっても、それを説明できるもっとも一般的な理論についての合意がなければ、それらの個別具体的な事柄についての合意は完全には理論化されたものではない。ある準則――政治的異議申立ての保護や、政府が補償なく私有財産を収用することを禁じること――について、その信念の基礎に関する完全な合意のないまま、合意が形成されることはよくある。また、ある結論――婚姻の権利を認めるべきこと、性的にあからさまな芸術作品を保護すべきこと、人種隔離が禁じられるべきこと――についても、究極的な根拠について理解や判断の一致がなくても合意が形成されうる。そして、結論に賛成するだけではなく、それを説明する低いレベル、あるいは中間的なレベルの原理についても合意できることもある。しかし、結論についての究極的説明となるような、善や正についての完全な理論は説明されないままに残されるのである。

　とりわけ激しい対立のもとでは、合意は完全に個別的となる。これは完全には理論化されていない合意の極端なケースだといえる。このとき、人々は結論だけに合意し、いかなる理由づけにも合意しない。そうすると、人は自身の望む結論のみを、なんらの理由づけなしに宣言することになる。論拠、つまり理由はそもそも、それが支える結論よりも抽象的なものである。ときに理由がまったく示されないのは、何が理由となるか不明であるか、理由について合意することができないか、後々その理由付けが不十分であるとわかりその結果誤用されることになるかもしれないと懸念するからである。こういうとき、決定は最大限浅く、かつ狭いものになる。陪審は通常理由を提示しないし、交渉人も理由を述べずにこうすべきだと結論づけることがある。だがここでは、この限定的な局面を強調せず、低いレベルや中間的レベルの原理がともなっている結論についての合意に議論を限定することにしよう。

私が完全には理論化されていない合意を強調するのは、一つには記述的な意図からである。完全には理論化されていない合意は、憲法の制定や運用の場面で広くみられる現象であり、激しい対立が存在するときにも実効的な決定をするために重要である。しかし、私の意図はまた、多元主義社会における立憲主義についていくつかの指摘をすることにもある。すなわち、完全には理論化されていない合意には大きな理論的対立を避けるという、まごうかたなき美点が存在するのである。完全には理論化されていない合意は準則と類推の基礎としてはたらき、そして立法と司法を含む多くのさまざまな制度の限界と適合するのである。完全には理論化されていない合意は、私的な場面でも同じように重要性をもっている。大学教授たちの間、あるいは職場でも、さらには家庭ですらこのような合意を見出せるのである。しかし同時に、完全には理論化されていない合意には多くの問題があり、この点も本章の中心的なトピックである。

実践における収束

法以外の事柄については、たとえ理論的に説明できない場合でも、正しい結論について合意に達することができるように思われる。落とした物が落下すること、蜂の針が痛いこと、温められた空気が上昇すること、雪がとけること、人はこれらの事実がなぜ正しいのかを正確にはわからなくても、これらが正しいと知っているだろう。同様に道徳的問題についても、憲法にかかわる問題か否かにかかわらず、同じことがいえる。たとえば、奴隷制やジェノサイドが間違っていること、政府が政治的異議申立てを抑制してはいけないこと、すべての人は一人一票の選挙権をもつべきであること、政府が補償なしに個人の土地を収用するのは悪であること――。なぜ正しいのか正確にはわからなくても、われわれはこれらが正しいと知っているのである。たとえ道徳判断について完璧な説明ができなくても、その道徳判断が正しいことはありうる（とはいえ、そのような理論的説明を提供しようと努めることによって、よりよい道徳判断に達するということも十分にありうる話である。この点についてはあとで触れる）。そして憲法以外も含めた法一般についても同様のことがいえる。たとえなぜその原理が法として受容されているか正確には説明できなくとも、政府が宗教的行為を罰するのは違法であると裁判官は知っているだろう。以上より、一つの認識論的な含意をここで提示できる。すなわち、われわれはXが真である理由をまったく知らなくても、Xが真であることを知っているといえるのである。

　ここには政治的な含意も存在する。つまり、一般的な理論について合意できなくても、個別の判決については合意にいたる可能性があるということだ。たとえば、裁判官たちの間でその根拠は明確に分かれるだろうが、それでも彼らは人工妊娠中絶の権利を保護したロウ対ウェイド判決（Roe v. Wade）が覆されるべきではないことに同意するだろう[4]。先例を尊重するべきという理由を挙げる者もあるだろう。ロウ判決は女性の平等を保護するための方法として正しい決定だと考える者もあるだろう。また別の裁判官は、プライヴァシー保護の観点から正しいと考えるかもしれない。また、宗教の果たす社会的役割について、適切な判断を反映したものだと考える者もいるかもしれない。または、中絶の制限が実際には胎児の保護に資するとは考えにくく、判決はプラグマティックな、あるいは帰結主義的な理由から正当化されるとする人もいるだろう。同じように国防、平等、刑事司法、課税など、法や政治の多くの領域で、個別の結論について、完全には理論化されていない合意が成り立つケースを見出すことができる。

準則、類推、権利

根本的原理について合意することなく憲法上の紛争を解決するための二つのもっとも重要な手法が、準則と類推である。この二つの装置は――どちらも多くの国の公法にとって重要だが――異質なものからなる社会における一つの大きな目標を促進しようとする。それは、合意が必要な場合に合意を可能にし、合意が不可能な場合には合意を不要にするということである。

それ以外の点にはほとんど何も合意できないが、憲法上の準則が何であるかについては合意できるという場合がよくある。実質的な問題についてどれほど激しい対立があろうと、それが通常憲法的準則のもつ意味やその拘束性についての判断を変えはしないからだ(5)。そこで、正義や道徳が何を要請するかについて、永遠に続きそうな不確実性や対立があるにもかかわらず、類推に訴えて個別の事案を判断できるのである。法的推論は、まず確実な法的判断が可能な事案を摘示し、そしてそれらの確実な判断からより判断のむずかしいものへと進んでいく。実際、これは普通の人々がよくやる考え方でもある。

この点で、連邦量刑委員会の七人のメンバーが重要な妥協をしたことについて、連邦最高裁裁判官のスティーヴン・ブレイヤーが展開している議論を考えてみよう(6)。ブレイヤーも述べているとおり、中心的問題は刑事罰の目的に関して委員がもつ哲学的前提が非常に異なっているなかで、いかにして合意を進めるかということにあった。何人かの委員は、委員会に「応報」にもとづいた刑罰のアプローチ――犯罪行為をその重大さによって等級づけるアプローチ――を採用するよう求めた。だが、委員によって犯罪の等級づけのやりかたは大きく異なっていた。このような状況では、熟議は歪められてしまい、その結果刑事罰はどんどん不合理なまでに厳しくなってしまうとブレイヤー裁判官は報告している。というのも、どの犯罪についても、「今考慮しているこの犯罪は、すでに刑罰を定めたその犯罪より重大ではないか」と主張する委員がかならず出てくるからだ。いずれにせよ、犯罪をその重大さによって等級づけようと七人の委員が努めたとしても、その結果合意された刑罰制度は合理的なものにはならなかったであろう。

また、抑止のモデルを使うべきだと論じる者もいた。しかしながら、このアプローチには重大な問題があった。刑罰にはさまざまなヴァリエーションがありうるが、そのすべてについて、犯罪予防との関連性を示してくれる十分な経験的証拠がある、というわけではない。そしてどちらにせよ、委員会の七人のメンバーは、抑止が量刑目的の説明として十分であるとは考えなかったであろう。なぜなら、多くの人にとっては、抑止が刑罰の唯一の、ないしは主要な目的と考えるのは議論の余地があるからだ。結局抑止にもとづくアプローチも、応報にもとづくアプローチと同じくらいうまくいかないように思われた。

このような状況のもとで、委員会はどのような道筋を選んだのだろうか？　実際には委員会は大がかりな理論をすべて放棄し、量刑の適切な目的に関するいかなる一般的観点も採用しなかった。そして高度な理論を放棄する代わりに、先例にもとづいた準則を採用したのである。「委員会は、典型的あるいは平均的な実際の過去の先例に第一に依拠してガイドラインを作成することに決めた」。そして先例から逸脱するような準則については、意識的に高度な理論にはもとづかない具体的な説明がなされた。かかるアプローチを採用したのは、典型的あるいは平均的な実践が、ナンセンスではなく理にかなったものであると考えたからにちがいない。これは、いわゆる「集合知（wisdom of crowds）」という概念から説明できる[7]。

ブレイヤー裁判官は、委員会のメンバーは互いに意見を異にしつつも、量刑が道理に合わない的外れのものにならないようにしなければならなかったと指摘し、そういうときには、先例に従うという上述のアプローチが合理的な合意を得るための必然的な手段であったと評している。彼は次のような興味深い発言をしている。「なぜ委員会は単に過去の先例を引っ張ってくるのではなく、腰を落ち着けてこの事柄を合理的に考えなかったのだろう？　端的な答えは、それが不可能だったから、である。というのも、いたるところに正反対の方向を向いたもっともらしい議論があったのである。……試しに罪の重いと思われる順にすべての犯罪のリストを作ってみるといい。……そして友人と、その結果が一致するかどうかつき合わせてみるといい。絶対に結果は同じにならないはずだ[8]」。

量刑委員会に関するこの事例は、より一般的な論点を示してくれている。すなわち、憲法実践に参与する者は正や善についての大きな問題を解決しなくとも、類推と準則を通じて抽象原理や個別の結論について意見の一致をみることができる、ということだ。権利の承認が可能になるのも、多くはこれによるものである。たとえば、ジェノサイドを禁じる規範が成立した過程を考えてみよう。それはさほど理論化されていなかったが、それでも国際的な支持を集めた[9]。さらに、世界人権宣言もブレイヤー裁判官が記したのとよく似たプロセスを通じて成立した。すなわち、高度な理論には踏み込まずに、広い了解を得ることに重点がおかれたのである。[10] 多くの国家のふるまいを調査し、それらに共通した基本的実践から「世界宣言」を打ち立てるという形で計画は進められた。この計画にかかわったある哲学者のグループは「世界中の政治家と研究者に質問票を送付することから仕事を始めた[11]」のであった。

宣言の起草の重要な段階では、「アラブ、英国、カナダ、中国、フランス、ナチス以前のドイツ、イタリア、ラテンアメリカ、ポーランド、ソビエト連邦、そしてスペイン」の国や文化圏の、広範な領域にわたる文書や提議に「共通する核を表した四八項目のリスト」が作り出された[12]。世界人権宣言はこのようなプロセスから生まれたのである。したがって、この宣言に深くかかわった哲学者であるジャック・マリタンは次のような有名な発言を残した。「たしかに、われわれは権利について合意した。だがそれは、かかる合意の理由を追求しないという条件のもとにおいてであった[13]」。この話から得られる結論は、一定の諸権利を擁護するような判断が、それらの権利の基礎に対する対立や不確実性を超えて生じうるということである。

類推の特徴

比較的浅い形式の、類推にもとづいた思考は、法においても日常生活においてもよくみられる。政治的、法的問題についての議論では、通常は第一原理や大がかりな理論に訴えるのではなく、類推によって議論が進められる。たとえば、合衆国憲法修正第一条は人種に関するヘイト・スピーチを保護しないと考えるとしよう。そうだとすると、政府は政治的過激派の言論活動を封じることができるようになるのだろうか。こういう場合におなじみの議論のテクニックは、事例Xについての相手の主張と事例Yについての主張の間に一貫性が欠けていることを示すというものである。その目的は相手の欺瞞や混乱を暴いたり、当該事案についての相手の深い信条と、他の事案に対する意見がどのように首尾一貫しているのかを相手に示すようしむけたりすることにある。

　私がここで理解しているような類推による思考においては、正や善に関する深遠な理論などは用いられない。憲法では通常そうした理論を持ち出してあれこれの結論を支持することはしない。とはいえ一方で、類推を用いる場合も、ある事柄から別のある事柄を推論する際には、かならず何がしか抽象的な事柄を述べざるをえない[14]。類推を行う者は、事案Aはある理由によって正しく決定されたというために、原理または政策を理由として挙げねばならず、そしてその理由が事例Bにあてはまる、またはあてはまらないと述べなければならない。法システムは多くの裁判官からなっており、彼らは第一原理について対立し、かつ既存の多くの判例を所与として扱わなければならないという特徴をもっている。したがって類推による推論は、理想的には、法システムにとって適合的だといえる。同じ理由から法以外のところでも、困難な事案について類推的な思考が用いられる。しかし推論において用いられるこの理由とは、どのくらい浅いものであるべきなのだろうか？　この点についてはあとでまた触れることにしよう。

　いくつかの例を考えてみよう。たとえば雇用者は、陪審員の職務を引き受けたことを理由に被雇用者を解雇してはならない。ここから雇用者は被雇用者が偽証を拒んだからといって解雇してはならないことが「導かれる」といわれている。憲法の問題に戻れば、たとえばクー・クラックス・クランの一員が黒人に憎悪をもっているとしても、彼の発言が切迫した不法な行為を煽動もしくは生み出すことに向けられ、かつかかる行為を煽動もしくは生み出す蓋然性がないかぎり、彼の発言を規制することはできない[15]。ここから、政府はイリノイ州スコキーでナチス党員が行うデモ行進を禁止できないことが導かれるといわれている。また、福祉、医療、住居について、憲法上の権利は存在しない[16]。ここからドメスティック・バイオレンスに関しても、政府の保護を求める憲法上の権利は存在しないことが導かれるといわれている。

上述の簡単な事例から、法における類推的思考の特徴的な形式を理解できよう。このプロセスは五つの単純なステップで実行される。①ある事実パタンＡ――「ソース」となる事案――があり、これがある一定の特徴をもっている。この特徴をＸ、Ｙ、Ｚとしよう。②事実パタンＢ――「ターゲット」となる事案――が特徴Ｘ、Ｙ、Ｑまたは特徴Ｘ、Ｙ、Ｚ、Ｑをもっている。③事実パタンＡは法においてある一定の取り扱いを受ける。④事実パタンＡ、Ｂ、およびそれら相互の関係を考える過程で、なんらかの原理が創出ないし発見される。そしてその原理が事実パタンＡの法的取り扱いを説明する。⑤この原理と、Ａとのなんらかの共通点を理由としてＢはＡと同様に取り扱われるべきであることになる。

こうしてみると、類推的思考は本当のところは演繹の一形式であると主張されるかもしれないが、それは誤りである。無論、類推的推論は、ソースとなる事案とターゲットとなる事案の結論を説明するのに、指導理念――原理、基準、準則――を同定せずに進むことはできない。これが上記の重要な④のステップである。だが、指導理念は、あらかじめ存在しており、それが新しい事案に適用されるというものではない。むしろ、類推的推論が指導理念の特定を助けるのであり、そして類推的推論は指導理念の受容に不可欠なのである。つまり、われわれは事案に判断を下してはじめて、指導的理念が何であるかを知るのである。事案の間の類似性／非類似性は、比較の過程で創出、あるいは発見されるのであり、そのときになって人ははじめてみずからの判断を意味の通ったものとするような原理を認識する。彼らが前もって自分自身がコミットしている原理を知ることはないのである。

この意味で、法における類推的推論とロールズにおける反照的均衡の探求との間には一定の関連性があるといえる[17]。ただし、反照的均衡の探求の場合には、抽象的か具体的かにかかわらずすべての確信が潜在的には改訂可能なのに対し、法の場合にはいくつかの先例はきわめて強固であり、推論において所与のものとして扱わなければならないという違いはあるが。

通常、憲法における類推的推論は、個別の結論を説明してくれるような深遠ないし包括的な理論なしにはたらく。ゆえに、重要な事例に関する確信の根底にあるもろもろの判断は完全には理論化されていない。無論、もっとも具体的で低いレベルの原理と、もっとも深遠で一般的な原理との間には連続性がある。また難事案を解決するには、類推的推論においても、好むと好まざるとにかかわらず、深く一般的な理論に訴えなければならないかもしれない。この点は正しく、かつ重要だろう（この点も後述する）。ここで私が示唆しているのは、憲法における類推的推論の目的は、根本的なものや深遠に理論化されたものへと近づくアプローチの回避にある、ということだけである。そしてそれによって異質なものからなる社会における合意が可能となるのである。

しかし、次のような疑問が出てくるかもしれない。立憲主義であれそれ以外の場面であれ、なぜ合意がそれほどまでに重要なのか？　ある特定の権利の価値や意味や、ある類推が健全かどうかなどについて人々が合意に達したからといって、合意された結論がよいものであるとはかぎらない。おそらく量刑委員会の判断には、無知や混乱、偏見にもとづくものが含まれているだろうし、世界人権宣言には重大な遺漏があるだろう。類推についてもある程度同じことがいえるだろう。たとえば、叔父と姪との婚姻が禁止されているのだから同性婚の禁止も憲法上許されるという類推に、権威ある立場の人々は合意するかもしれない。だが、この二つの間に重要な差異があるとか、二つの間の類似性が決定的なものとはいえないという理由から、この類推は間違っている、ということもありうる。憲法上の事案ＡとＢがアナロジカルな関係にあるという合意からは、事案Ｂが正しく決定されているとも、事案Ａが正しく決定されているともいえない。たとえば、事案Ａの正しさには疑いの余地があるかもしれない。類推的思考の出発点として取り上げるべきものとしては事案Ａより事案Ｚの方がふさわしいかもしれない。本当は事案Ｂは事案Ａとは似ていないかもしれない。このように、類推や抽象度の低い理由付けが問題含みであるとき、われわれはより野心的であるよう促されることになるだろう。われわれはミニマリズムを越えて、一般性をもった理論に――そしてより広範でおそらくより論争的な主張へと――近づいていかざるをえないことも十分にありうる。それは当の類推における重要な差異や類似性についての正当化が、不十分で完全には理論化されていないものであるからにほかならない。

　以上の事柄は、準則と類推による浅い決定のもつ利点が限定的であることを示すには十分であったと思われる。だが、もし準則や類推がなければどのような政治、法システムも正しくも効率的にもなりえず、それどころか、存続すら危うくなるのである。

空虚さ vs. 浅さ

完全には理論化されていない合意は、憲法、そして社会一般において大きな役割を果たしている。なんらかの主題を完全に理論化する、すなわちある一般理論およびその理論と具体的な結論とを結びつける推論過程を受容するということは、実際にはほとんど起こらない。ここで再び空虚な合意の話に戻ろう。空虚な合意とは、原理については合意しているものの、それがもたらす具体的な結論には同意しなくともよいという種類のものであった。連邦最高裁裁判官のオリヴァー・ウェンデル・ホウムズは、この種の合意をすばらしい警句の形で強調していた。曰く、「一般原理は具体的事案を決定しない[18]」。合意が空虚であるということは、合意の内実が完全には具体化されていないということである。本当に重要な作業の多くは他の者によってなされなければならず、彼らが、たいていは事案ごとの判断を通じて、空虚な抽象の中身を適用の時点で具体化していくことになるのである。

ポーランド、イラク、南アフリカの事例を考えてみよう。これらの地域の憲法は多くの抽象的な規定を含んでおり、その具体的な内実をめぐって鋭い論争が行われてきている。憲法の条項は通常、「表現の自由」や「宗教的自由」「法の下の平等」のような権利を保護していて、そこから実際に何が帰結するのかについては鋭い対立があるものの、市民はそれらの抽象的規定自体には合意している。大半の立法も、まさにこの現象のおかげで可能になるのである。逆にいえば、ある成文憲法についての合意が困難または不可能であるということは、このような抽象的規定についての合意形成すらできないということなのだ。イスラエルの事例を考えてみよう。イスラエルには成文憲法が存在しない。というのも、たとえ高度に抽象化されたレベルであっても、市民が基本的な原理について合意できないからである。

立憲民主制に関心をもつ者は、司法による憲法解釈ととくに関連の深いものとして、別種の現象を特別に重視するかもしれない。個別の結論に関する完全には理論化されていない合意には、それを正当化する浅い原理についての合意がともなうことがある。高度なレベルの理論と中間ないしは低いレベルで作用するような理論とを区分するような一般的なアルゴリズムは存在しない。高度な理論のわかりやすい例としては、カント主義や功利主義が挙げられる。また、不法行為法、契約法、表現の自由、エクイティなどを正と善についての高度に抽象的な理論で基礎づけようとする（アカデミックな）優れた試みもその一例といえるだろう。それに対し、憲法上の正当化や憲法上の「ドクトリン」に普通用いられるような素材——裁判所がよく持ち出すいろいろな原理や正当化——は浅い原理に含まれると考えられる。これらの原理や正当化は、正や善に関するなんらかの特定の理論から導かれるわけではなく、それらとあいまいな関係をもつだけであり、複数の理論と両立するものなのである。

ここで「浅い原理」という語で指示しているのは、相対的なものであって絶対的なものではないことを思い出していただきたい。そして「理論」と「抽象概念」という語（私はこれらを交換可能な意味で用いている）によって同じ事柄が意味されていることにも注意していただきたい。ここでは、「浅い」「高い」そして「抽象的」という観念は「大きい」「古い」「普通でない」などのような比較を許す言葉として理解されるべきである。したがって米国の法における言論規制についての「明白かつ現在の危険」基準は、インターネット上での暴力を計画するテロリストの表現を政府が規制することは許されないとか、ナチス党員がどこかの大都市で行進することが許されるとかいった具体的な主張と比較すると、相対的に抽象的であるといえる。だが「明白かつ現在の危険」という概念は、国は「言論の自由」を憲法上の抽象原理に据えるべきだという主張と比較すると、個別具体的であるといえる。そして「言論の自由」という語も、政治資金法は許容できるという主張に比べた場合には抽象的だが、一方で人格的自律の原理や思想の自由市場といったような言論の自由の正当化基盤と比べた場合には、相対的に見て抽象的ではないといえよう。

類推的推論においては、つねにこの現象が生じる。たとえば差別禁止法では、たとえ差別がいかなる場合に許されないかについての一般理論をもたず、見解が一致しないとしても、多くの人が性差別は人種差別に「似て」いると考え、両者は同じように扱われるべきだと考える。表現の自由に関する法律でも、たとえ表現の自由原理の基礎となる一般的な理論がない、あるいはそれについて合意できないにしても、多くの人々がテロリストや共産主義者の言論を禁止することは野党の言論を封殺するのと「似て」おり、したがってそれらは同じように扱われるべきであると考える。

不完全な理論化と沈黙

憲法の内容についての完全には理論化されていない合意、あるいは個別の憲法事案についての完全には理論化されていない判断を擁護する議論にはどのようなものがあるだろうか？　浅さにはそんなにいいことがあるのだろうか？　完全には理論化されていない合意を嘆かわしいもの、当惑するもの、そこに深刻な問題があることの徴候、素朴な間違い、はては俗物的なものとまで考える者もいる。たしかに人が抽象化のレベルをあげて理論化を行うとき、そこにはバイアスや混乱、非一貫性を暴くという目的がある。政治や憲法にかかわる者は無論この種の努力を放棄するべきではない。

　以下でみるように、上記のような見慣れた考え方には重要な真理が含まれている。すなわち、あらゆる時と場合に理論的な慎ましさを称揚するのは無意味だということだ。憲法や政治に携わる者が野心的であるための十分な情報や合意を有している場合もある。そして事案を解決するには野心的な推論が必要となる場合もある。裁判官やその他の人々の理論的能力が無謬であるかぎり、理論的野心にはなにも問題はないように思われる。しかしながら、裁判官はけっして無謬な存在ではないし、完全には理論化されていない判断は国政と憲法を可能にする助けとなる。さらにそれは社会生活を可能にする助けにすらなる。間違っていそうな事柄、わかりにくい事柄、過度に議論を呼びそうな事柄について沈黙を守ることは、対立を最小限にし、現在の事柄を未来から学ぶことを可能にし、多くの時間と経費の節約を節約してくれる。何が言及されずに残されたかということは、何が明示的にいわれ、解決されたか、ということと同じくらいに重要かもしれないのだ。ここには四つの利点がある。

　いちばんはじめの、もっとも明らかな利点とは、憲法の原理や個々の事案についての完全には理論化されていない合意は、社会の安定性にとって必要不可欠だということである。完全には理論化されていない合意は、深刻な社会的対立を内包している世界――とりわけ法の世界――に適合的である。公私を問わず紛争において根源的対立がいたるところにある場合には、安定性を得るのはむずかしいだろう。東欧諸国で安定した憲法制定が可能であったのは、条文の一般的な諸表現の意味が前もって特定されていなかったからにほかならない。

二つめに、完全には理論化されていない合意は、立憲民主制とリベラルな法システムが掲げる二つの目標を促進できる。その二つの目標とは、人々の共生を可能にすること、そして互恵性と相互尊重を示せるようにすることである。低いレベルの原理や準則を用いれば、裁判官そしておそらく一般の市民も、不必要な敵対関係に陥るのを避け、ともに生きることができる。準則や低いレベルの原理によって根源的な対立の解消は不要になるのである。同時に、完全には理論化されていない合意は人々が相互に高い尊敬、礼節、互恵性、そして慈愛すら示す機会をもたらしてくれる。普通の人々も特定の問題について激しく対立することがある。たとえば中東政策、ポルノグラフィ、同性婚、テロとの戦いなどといった問題である。だが彼らはそれらの問題について突き詰めて議論しないでおこうとするときがある。それはお互いの強い信念に敬譲を示し、互恵性と尊重を示すためである（たとえ、当の信念の内容自体にはなんの敬意ももっていないとしても）。互恵性と相互尊重が望ましいとすれば、おそらく公務員や裁判官は普通の人よりもいっそう、同輩の深い確固たる信条《コミットメント》を批判するべきではないということになるだろう。少なくともそれらの信条が理にかなったものであって、批判の必要がないかぎりはそうである。批判が不要な場合に互いの信条について争うことを控えるとき、そこにはある種の政治的慈愛が存在しているのである。

もちろん、根本的な信条が法システムやその他の組織のなかで適切に批判される場合もあるだろう。そのような信条には、憲法それ自身が踏み込むことを禁じているものもある。基本的権利を定めた条項には、通常この機能がある。無論、相手と根本的に対立することがつねに敬意を欠くことになるわけではない。逆に、対立が相手への深い敬意を反映している場合もある。相手の信条が事実や論理についての明らかな誤りにもとづいているならば、異議を唱えることも適切であろう。また、当該信条が人間の基本的尊厳を否定するようなものであった場合、または問題解決のために信条相互の対立が真に要請される場合も同様である。しかし、多くの事案は完全には理論化されていない仕方で解決可能なのであり、そしてこれが憲法実践における通常のやり方なのだ、というのがここで私が強調しておきたかった点である。

三点目は次のようなものだ。社会的論争を調停する際、完全には理論化されていない合意は、対立が続くことによって生じる政治的費用を削減するという非常に重要な機能をもっている。もし憲法実践に参与する者たちが大きな理論と関わりあわなければ、個別の事案において敗れても、その者が失うものはずっと少なくなるだろう。彼らは個別の決定においては敗者であっても、それは自身の世界観の敗北を意味しない。彼らは、また別の機会に勝利するかもしれない。彼ら自身の理論が許容されないものと決定されたり、否定されたりしたわけではない。結論についての権威ある理由付けが正や善に関する抽象理論と切り離されているならば、たとえしぶしぶ従うのだとしても、服従によって自身の包括的な理想を放棄するよう強いられるわけではなくなるのである。

四つめに、完全には理論化されていない合意がとりわけ価値をもつのは、ある社会が長きにわたって道徳的進化、進歩を追求している場合である。たとえば平等の領域について考えてみよう。この分野ではこれまでにかなりの変化が起こっており、そしてこれからも起こることは間違いない。完全に理論化された判断では、こうした事実や価値観の変容に対応しきれないだろう。もし、ある文化が理論上目的とされている状態を本当に達成してしまったら、その文化は硬直化してしまうだろう。つまり、あらゆることについて、新しく考えるべきことなど何もないことになる。完全な理論化が無謬であるとでもいうのでないかぎり、これは将来に悪影響を及ぼすだろう。だからこそ法と政治における平等をめぐる論争においては、完全には理論化されていない合意が重要になるのだ。そういう合意のおかげで、平等をめぐる論争では性的志向や年齢、障碍などにもとづくさまざまな差別が、人種差別と同じく禁じられるべきだとして次々に取り上げられてきたのである。完全に理論化されていない合意は、新しい事実や観点に対して開かれているという点で大きな利点がある。

ある面では、同性間の性的関係は近親婚に類似していると考えられるかもしれないが、また別な面では、その類推はおかしいと思われるかもしれない。無論、完全に理論化された判断は仮にそれが正しいならば多くの利点をもつだろう。だが、過去においても未来においても、これは人間には達成できそうにない事柄であり、それは憲法上の紛争に関与する裁判官あるいは、憲法諸規定の制定を委任された人々についても例外ではない。

ここで日常生活における実践的推論との比較を行ってみよう。人がみずからの人生を左右するような決定を先送りするのは十分ありうる。たとえば、来年結婚するべきか、または子どもは何人にすべきか、ロンドンとパリどちらに住むかといった決定を、人は回避することがある。こんなふうに決定が回避されるのは、一つには事実と価値についての自分自身の考えが変わりうると知っているからである。それどころか、自分のアイデンティティ自体も大きく変わってしまうことすらある。したがって、人生について確固とした信条——これはライフコースに関する完全に理論化された構想のようなものだ——を前もって決めることには意味がない。法システムと国家の場合もこれとまったく異なるわけではないのである。ただし、後述するように、これらの議論には限界もある。

バークとその理性主義的敵対者

完全には理論化されていない合意を強調する者は、明らかにエドマンド・バークの議論に多くを負っている。バークはある意味で不完全な理論化についての偉大な理論家だといえるのである。本章ではこの非常に複雑な人物についての解釈を展開するつもりはないが、少しだけバーク自身、そしてとりわけ彼のフランス革命についての偉大なエッセイについて触れておくことにしよう。同書において彼はフランス革命を否定しているが、それはフランス革命が強い理論的野心を有していたことが理由であった[19]。

バークの中心的な主張は、「ある国家《コモンウエルス》を建設し、改革するための学問は、他のあらゆる経験科学と同様、先験的に教えられてはならない[20]」というものである。この議論に際してバークは、一個人の思考によって発展させられた理論や抽象概念と、長い時間をかけて多くの人の思考から作り上げられた伝統とを対峙させている。もっとも鮮明にそれが表れている箇所で、彼は次のように述べている。

> 統治の学はしたがってそれ自体きわめて実践的で、またそのような実践的目的を意図して作られたものであり、経験を、しかもどのように賢明かつ注意深い人であっても、一生かかって得られないほど多くの経験を必要とするのである。ゆえに、長い年月社会の共通目的にかなりの程度

こたえてきた建築物をあえて倒そうとしたり、再度それを作り上げようとしたりするには、その効用がすでに認められているモデルやパタンを念頭におかないような場合には、どれほど注意してもしすぎるということはない[21]。

まさにこれがために、バークは「革新を好む精神」を「自分勝手な性格と思い込みの結果[22]」と記し、「偏見[23]」という語に情熱的な賛意を表し、「われわれの古い偏見を捨て去るのではなく、それらを大切にせよ」と説いたのである。安定性のもつ決定的重要性を強調して、バークは次のように付け加える。「不実さと気まぐれがもたらす悪は強情さともっとも蒙昧な偏見がもたらすそれより万倍も悪い[24]」。そこでバークは、既存の実践と個人の理性を鋭く対比させる。バークによれば、理性的市民は自分たちの限界を自覚し、意思決定の権威を自分たち自身の伝統に委ねるのである。「われわれは人類が各々の私的な理性の蓄えを頼りにし、それを利用するようになることをおそれる」。それは「各人が有するこの蓄えは乏しいものであり、国民や時代の銀行と資本を利用する方がずっとよいだろうからにほかならない。われわれのなかの洞察力に秀でた人物は、一般的偏見の誤りを暴こうとするよりも、そのなかにあふれる隠れた英知を見出すことに、みずからの賢明さを用いるのである[25]」。

バークは類推による推論に対して熱心な賛意を示していたし、迷いのないバーク主義者が完全には理論化されていない合意を信奉するのは想像にかたくない。しかしバークの伝統への熱意は議論の余地のあるところであり、それには十分な理由があるのである。たとえばアパルトヘイト後、南アフリカは自分たちの過去にもとづき、伝統に則った形で建設されるべきであっただろうか？　それとも、ある種の自由と平等を基礎とする憲法を採用するべきであったのだろうか？　社会的実践と憲法制定は、完全には理論化されていないと同時に反バーク的であることができる。南アフリカ憲法典は、伝統とは決別した感動的な種々の理想を含んでおり、それらの理想は多くの異なった基礎から受け入れられるものであった。憲法裁判においては、完全には理論化されていない合意を信奉している裁判官は、政府に対してその実践の理由を示すことを求めるかもしれず、そして伝統、すなわちその実践が長く続いてきたことそれ自体は理由にならないと主張するかもしれない。

　憲法においては、たとえ双方が不完全な合意の旗のもとでともに歩むつもりがあるとしても、バーク主義者とより理性主義的な反バーク主義者との間には激しい論争が起こるだろう[26]。それらの論争は抽象的なレベルでは解決できない。というのもすべては、それぞれの伝統の中身とそれを批判的に吟味しようとする者の能力に依存する話だからだ。もし伝統が善く、それを見直そうする側が悪ならば、伝統を重んじることには魅力がある。一方、もし伝統が不正と残酷さに満ち、それを見直そうとする側が信頼できるならば、伝統を重んじることには意味はない。われわれはすぐ後で、これらの論点が憲法における理論的野心とどのように関連するのかをみることにしよう。

狭さとそれについての不満

　ここまで私は、浅さの概念に力点をおいて論じてきた。ここで再び狭さを導入しよう。こちらはより扱いやすい概念である。憲法には、個別の問題に焦点を絞り、広範な決定を避けるべきだと思われる分野がある。たとえば裁判所は、特定の大統領権限の行使のみを違憲とし、想定しうる他の大統領

郵便はがき

恐縮ですが
切手をお貼
りください

112-0005

東京都文京区
水道二丁目一番一号

勁草書房
愛読者カード係行

(弊社へのご意見・ご要望などお知らせください)

・本カードをお送りいただいた方に「総合図書目録」をお送りいたします。
・HP を開いております。ご利用ください。http://www.keisoshobo.co.jp
・裏面の「書籍注文書」を弊社刊行図書のご注文にご利用ください。ご指定の書店様に至急お送り致します。書店様から入荷のご連絡を差し上げますので、連絡先(ご住所・お電話番号)を明記してください。
・代金引換えの宅配便でお届けする方法もございます。代金は現品と引換えにお支払いください。送料は全国一律100円（ただし書籍代金の合計額（税込）が1,000円以上で無料)になります。別途手数料が一回のご注文につき一律200円かかります(2013年7月改訂)。

愛読者カード

15422-7　C3010

本書名　熟議が壊れるとき

お名前《ふりがな》　（　　歳）

ご職業

ご住所　〒　　お電話（　　）　－

本書を何でお知りになりましたか

書店店頭（　　書店）／新聞広告（　　新聞）

目録、書評、チラシ、HP、その他（　　）

本書についてご意見・ご感想をお聞かせください。なお、一部をHPをはじめ広告媒体に掲載させていただくことがございます。ご了承ください。

◇書籍注文書◇

最寄りご指定書店			
市　町（区）	（書名）	¥	（　）部
書店	（書名）	¥	（　）部
	（書名）	¥	（　）部
	（書名）	¥	（　）部

※ご記入いただいた個人情報につきましては、弊社からお客様へのご案内以外には使用いたしません。詳しくは弊社HPのプライバシーポリシーをご覧ください。

権限の行使については何も述べないことが理にかなっているかもしれない。ある領域における性別による分離を認容できないと判断しつつ、他の領域における性別による分離については何も述べないことがあるかもしれない。またインターネット上の言論についてのある特定の規制について攻撃を加えつつ、インターネット上の言論規制の基準となる広い準則を規定しないこともあるかもしれない。ここで再び想起されるべきは、ロバーツ首席裁判官による狭い射程の決定の擁護であろう。前述したように、彼はもし裁判所が事案を決定するのにそれ以上のことをいう必要がないのであれば、それ以上のことをいわないことが必要だと示唆していたのであった。

狭さの擁護　だがロバーツ首席裁判官は正しいのだろうか？　なぜ賢明な裁判官は狭さを擁護するのだろうか？　その理由はいくつかに区別できるだろう。一つは、現実の制度がそれを要請するからである。合議による裁判では、複数の（意思堅固な？）人々から構成されているので、個別の結論については合意にいたることができても、広範な準則についてはそうはいかない。二つめに、たとえこの制度的問題が乗り越えられるとしても、広範な法的判断は裁判官に深刻な意思決定負担を課すことになる。性別による分離やインターネット上の言論についての広範な法的判断を下すということは、彼らに重要な情報をもっていない問題について考え、答えを出すよう求めることになるかもしれない。三つめに、広い射程をもった法的判断は将来的に当惑させるような結果をもたらすかもしれない。裁判所が多様な状況に適合した準則を作り出すのが不得意であるかぎりは、彼らの努力は深刻な失敗に終わる可能性がある。

これらは決定にかかわる費用、および誤りにともなう費用にかかわる論点である。しかし、また別の論点がある、それは民主的自己統治にかかわるものである。憲法の分野においては、狭い準則は継続的な議論の余地を多く残すことになる。たとえば、裁判所がゲイ・レズビアンの権利や大統領権限についての広い射程をもった判決を下すよう求められたとしよう。そのような広い法的判断を拒否し、個別の事案にのみ焦点をあてた判決を下すことは、民主的領域における継続的な議論の余地を残すことになる。もちろん裁判所が憲法的制約を課すこと自体を拒否して、（たとえばの話だが）政府は自由にゲイ・レズビアンを差別することができると述べたとしても、当然それによっても民主的討議の余地が確保されるとはいえるだろう。しかし多くの国家において、道徳についての議論や、政府が正統になしうる事柄は何かという議論は、憲法的議論の形で起こっている。政治的代表と一般市民が自分たちの憲法典自体の意味についての相争う見解を普段から示しあうことができたならば、それは多くの点で望ましいだろう。

狭さの超越　だが、これらに対しては次のようなもっともな反論がある。すなわち、以上は、結局、ミニマリズムの十分な正当化にはなっていない。たとえば、同種の問題がひっきりなしに起こるとか、法が何を要求しているかを理解していなければ複雑すぎてやっていけないような法分野に裁判所がかかわる場合を想定してみよう。このような法分野では、予測可能性を担保することがきわめて重要になってくるのである。そうすると、このような分野では裁判所が狭い法的判断を下すことは、大きな意思決定負担を裁判官以外の人間に課すことになる。そして結局のところ全体としては意思決定費用がどうしても増大してしまう。行政機関による法解釈を司法が審査する場合、その適切な範囲はどこまでかという問題を想定してみよう。この問題は非常に頻繁に生じるから、もし上位の裁判所が広い法的判断を提出しなければ、下位の裁判所には大きな不確実性が生じる。もし狭い決定が繰り返されることで、ある法分野が混乱しているような場合には、狭い決定は将来にとっての助けではなく、むしろ害となろう。

ここにロバーツ首席裁判官が全員一致の法的判断を支持したことに関する重大な問題点を見て取ることができる。ロバーツが全員一致の法的判断を好んだのは、一つにはそれが予測可能性の担保を促進するものであったからである。たしかにもし裁判官の意見が割れていないならば、何が法であるかは誰にでもすぐわかる。だが、ロバーツ自身が論じているように、広い射程をもった法的判断は合意を取り付けるのがむずかしい以上、全員一致の法的判断は射程の狭いものになりがちである。そして問題は、全員一致の狭い決定は意見の分かれた広い決定よりも、行為指針として弱い力しかもたないかもしれないという点にある。おそらく予測可能性の観点からいえば、なんらかの一般的な判断を支持する七対二の決定の方が、特定の事実に限定された狭い提案をする九対〇の決定よりも望ましいだろう。

この観点からは、憲法において広い射程の法的判断を下そうとする動きは高く評価することができる。たとえば、いかなる場合であれば自白が自発的になされたといえるのかという問題に何十年も取り組んだ後に、連邦最高裁はミランダ事件において広汎な射程をもった準則を出すにいたった。それは取調べを行う際にはそれに先行してかならず一連の警告を行わなければならないというものである。[27] この通常みられないような大きな決定を行ったのは、個々の事案ごとに自白の自発性を裁定するのは複雑かつ困難にすぎるからであると説明された。明確さと予測可能性の点で、広い準則を提出するのが最良であると考えられたのである。また、あからさまに性的な映画を「猥褻」だとして規制するべきか否か、規制するべきならばそれはどのような場合かという問題を考えてみよう。何十年もこの問題は事案ごとに困難な判断を必要とする基準によって処理されていたが、その後最高裁は非常に明確かつ射程の広い手法を採用した[28]。この手法は、決定に際して生じる負担を削減するという理由で擁護された。これは①最高裁のこの問題についての豊富な経験、②問題が生じる頻度の観点にてらして正当化された。三つめの事例として、人種別学の問題を考えることができる。何年にもわたって最高裁は、「分離」ははたして本当に「平等」なのかどうかという問題を事案ごとに調べてきた。分離は本質的に不平等であると決定するにあたって[29]、最高裁はたしかに、平等に関する一般原理を採用した（私はすぐにこの点に関して少しばかり述べなければならない）。しかし最高裁は同時に射程の広い準則を呈示したともいえる。それはこれまで幾度も生じていたが解決の困難だった問題に対して、単純かつ明白な答えを保証するものであったのである。

狭さと広さ、基準と準則　こうなると、狭さと広さの間の選択が惹起する問題は、基準と準則の選択の問題に共通していることがわかる。基準と準則の問題は、これまで多くの論考を生み出してきた[30]。基準の場合は、基準制定後も意思決定者は多大な仕事をせねばならない。対して準則は事案を前もって解決してくれるので、その後の意思決定者の仕事は本質的には機械的なものとなる。たとえば、時速六〇マイルの制限速度は準則であり、一方で「運転する者は『合理的かつ慎重に』運転しなければならない」というのは基準だといえる。制限速度が具体的に定まっている場合には、法律に違反したか否かはすぐに判断できる。一方で、基準があるだけの場合は、裁判官は違反したかどうかを決めるのにかなりの作業を要することになる。

ミニマリズムを好むことは、分析的には準則よりも基準を採択することと非常に近い。無論、これら二つは同じことではない。基準は個別の事案のなかで明確にされることになるのだから、ある基準が適用された判決は狭いものとなる。しかし、狭い決定が基準である必要はまったくない。たとえば特殊事例に限定された準則も狭い決定だといえるし、いかなる基準も定立しない狭い決定も存在しうる。ここで強調したいのは、本質的にミニマリストの法的判断はかなりの部分を未決のままにしておくのであり、それによって将来の意思決定者は自由になるが、同時にある場合には途方に暮れることにもなるということだ。そしてまさにこれが、基準と準則とを分かつ特徴でもあるのである。

基準の方を採択することがもっとも道理にかなうのは、それが誤りの頻度と程度を少なくし、同時に意思決定にともなうさまざまの負担を減らすのに役立つ場合である。ここで再び、最高裁が性別による分離の憲法上の地位のような、困難な問題を解決しようとしている場合を考えてみよう。最高裁はきちんとした準則を定立できるだけの情報がないと考えるかもしれない。女性を価値ある教育機会から排除するならば性別による分離は受け入れられないが、男女別のスポーツチームをもつことは許容され、男女別の高校教育が正統か否かは決定困難である、とするかもしれない。最高裁は単純な準則——性別による分離が単に許されるとか、許されないとのみ述べるようなもの——は現実にそぐわないと考えるかもしれない。一方で、多様な文脈における分離の妥当性を詳細に記したような複雑な準則では、問題に直面した際の迅速な適用が困難となるともいいそうだ。

この種の論点は、まさに多くの文脈において狭い射程をもった法的判断をとることを正当化するものである。問題――狭さを好むこと一般の問題――は裁判官が準則よりも基準を一律に好むべきであると考える理由はないということにある。基準が望ましいかどうか、そして狭い判断が理にかなったものであるかどうかは、基準や狭い判断を正当化する議論が個別の事案にあてはまるかどうかに依存するのである。狭さや基準が一般的に好ましいと想定できる根拠はない。狭さを正当化するためのプラグマティックな議論が狭さに反対する論拠となることもよくあるのである。この観点から、浅さについての問題に移ることにしよう。

概念的上昇――浅さから深さへ

完全には理論化されていない合意の形をとった浅い決定を批判する者は、ヘンリー・シジウィックが書いた倫理学の方法についての著作から借用して[31]、憲法には大掛かりな理論が使われるべき場合がしばしばあるではないかと応答するかもしれない[32]。たとえば、憲法上の権利に関心がある人にとっては、抽象度のレベルを上げて最終的には大規模な理論に訴える十分な理由があることが多い。特定の事案についての具体的判断は、道徳ないし憲法規範について何事かを示すには不十分である。時には事案がどのような結果となるべきかについて明白な直観をもっていない場合もある。また直観が思慮深いとはいえない場合もある。類似の事案とみられたものが異なった反応を引き起こしたら、理論のレベルを上げてそれらの異なった反応が正当かどうかを説明しなければならない。また、類似していると思われた事案が実際には異なった事案であると示さなければならない場合もある。そして時には単に人々が対立する場合もある。

こうしたときに、より包括的な原理に目を向ければ対立を調停できるかもしれない。そもそもどちらにせよ、個別の事案についての判断を説明し、それが単に偶然や錯誤の産物ではないことを示さなくてはならない。控えめな裁判官であっても完全には理論化されていないある意見に与するなら、ある理由ないし原理に依拠して、なぜこの結論を選んだのかを正当化しなければならない。したがって意見はそれ自体、ある理由ないし原理への言及を含んでいなければならない。単にどちらが勝ったかを宣言するだけではだめなのである。そしてこの低いレベルの原理は、他の事案への適用可能性や（法に関連した）政治道徳との適合性からその正しさを問われることになる。

そうだとすれば、完全には理論化されていない合意には、何も讃えるべきことはないのかもしれない。というのも、もしある裁判官がうまく推論できるのならば、彼は他の事案にも適用範囲をおよぼし、それによってみずからが依拠した原理をテストし、洗練させるべきであったろうからである。少なくとも傑出した裁判官であれば、彼はある種の「概念的上昇（conceptual ascent）」を体験することになるだろう。「概念的上昇」においては、多かれ少なかれ孤立して断片的であった低いレベルの原理が、より一般的な理論の一部となる。おそらくこれは大変な仕事であり、裁判官が頻繁にこれを試みる必要はない。だが、これは法を理解するにあたって適切なモデルであり、司法的、政治的帰結を評価する際に有しているべき野心である。理論的に低いレベルに留まろうとする裁判官は、俗物であり、現実からの逃避者であるとすらいえる。

日常生活の事例に戻ろう。もし人間関係や健康の問題についてどうすべきかわからないのならば、根本的問題を避けたとしてもうまくいかないかもしれない。逆に、もしそれらの疑問に答えることができるのならば、狭く浅い決定に従って一歩一歩歩んでいくよりも、より賢い選択をできるかもしれない。憲法の領域についても似たようなことがいえるだろう。実際、われわれは必要以上の事柄をも判断し、好機でなくても根本的問題について語るべきかもしれない。おそらく、憲法条項は積極的にある程度の深さをもたらすものであると理解し、裁判所がもろもろの権利の基底にある根元的な信条を表明する機会を喜ぶべきなのだろう。平等の分野における人種隔離の禁止は単に予測可能性を高めたとのみとらえられるべきではない。そうではなく、最高裁はそれを、ある一定の集団を政府がみずから劣位におくことを禁じたものとして理解したのであり、そのとき、裁判所は平等規範の基礎づけを深化させたのである。性的平等の領域で連邦最高裁が下した判断は狭いものの一定の深さをもっていたが、それは彼らが平等原理の基礎について特定の構想を選択したからなのである。

　少なくとも時間と能力が許すならば、道徳的、憲法的推論を行う者が基本的諸権利について考え、ある程度の大掛かりな理論を企てることは奨励されてしかるべきである。民主的政治過程においては、抽象的な言葉を用いて既存の実践を批判することは適切であり、時には不可欠なことですらある。同じことは憲法の領域についてもいえる。このことは、完全には理論化されていない合意に対して一定の批判を向けるものであるが、われわれはこの批判が限定的なものであることを理解しておかなければならない。というのも、憲法制定者や裁判官は現実のアリーナにおいて任務を遂行しなければならないのであり、概念的上昇をするべきかどうかを判断するには、かかるアリーナの固有の特徴を考慮に入れなければならないからである。

　すでに記したとおり、完全には理論化されていない合意は多くの美点を有している。それは、安定性を促進し、対立から生じる費用を削減し、謙譲と相互尊重を示してくれる。多元的な社会における憲法制定が成功するためには、これらはすべて決定的に重要である。憲法上の紛争にかかわる局面においても同様である。うまく機能している立憲民主制においては、裁判官は通常、選挙過程の結果を無効化するための理論づけとして哲学的抽象概念を引き合いに出すことを好まない。というのも、彼らはそこで問題となる哲学的議論について誤解している可能性があると自分で知っているからであり、また自分たちの国家の多様な市民に対して敬意を示そうとするからである。概念的上昇は抽象的には魅力的かもしれないが、失敗する可能性が高い場合には、地面近くに留まる道が選ばれるだろう。おそらくは経験が拡大し、司法の確信が深まるにつれて、深さを支持する議論もまた大きくなるのである。

完全には理論化されていない合意、対立、そして原理

完全には理論化されていない合意は、ある程度の浅さを反映したものであり、多くの利点を有している。しかしその利点といえども不完全なものであることは、すでに十分述べてきた。たとえば、完全には理論化されていない合意は安定性をもたらす。安定性は通常は望ましいものだが、憲法体制が安定しているものの同時に不正であるような場合は、おそらく安定性はない方がよいだろう。ここまで述べてきた事柄にここで二つの限定を付すことにしよう。事案のなかには、相当程度に理論的なやり方を導入することなしにはまったく決定できないものがある。そして憲法上の事案には、より野心的な理論を導入することなしにはうまく決定できないものがある。もしあるすばらしい理論（たとえ

ば言論の自由にかかわる理論）があり、かつ裁判官がその理論によって説得されうるとしたら、司法がそれを受け入れることを禁じるべきではないだろう。

対立についてはどうか？　ここまでの議論では対立の収束の必要性に焦点をあててきた。たしかに収束は必要である。だが、このことは事柄の一面でしかない。政治と同様に法においても、対立が生産的、創造的な力をもち、誤りを明らかにし、ギャップを明らかにし、議論と結果をよい方向に導くことがありうる。多くの国家制度は「議論による統治」に重きをおいており、それは司法過程についても例外ではない。同意は、なんらかの強制力、ないしは想像力の欠如の産物でしかないのかもしれないのである。

憲法上の対立はさまざまな正統的理由から生じるが、とりわけ重要なのは次の二つである。一つは、一般的な信条を共有するが個別の帰結については争うという場合である。二つめは、一般的原理についての対立が個別の帰結についての、そして低いレベルの原理についての対立を同様に生み出す場合である。自律の原理が言論の自由を説明すると考える人は、内容の正しさが担保されているならば商業広告は規制できないと考えるかもしれない。一方で言論の自由が基本的には民主主義にかかわる理念であると考え、とくに政治的言論に焦点をあてる人は、そもそも商業広告を保護すること自体について特段なんの利益も見出さないかもしれない。憲法上の理論化のもつ有益な機能は、より野心的な主張を参照することによって低いレベルの原理をテストできることにある。この検証のプロセスを考えれば、対立は生産的でありうる。

もちろん、もし全員が合理的な一般的観点をもち、ある（仮定により合理的な）判断に収束するならば、まずいことは何もない。だが、もしある合意が完全には理論化されていないものならば、その合意に参加している全員が誤っている危険が存在し、ゆえに結論も間違っている可能性がある。また合理的な人間が合意に加わっていないというリスクや、その合理的な人間が含まれていると同意が維持できないというリスクもある。少なくとも民主的アリーナにおいては、そして時には法廷でも、完全には理論化されていない合意は時間をかけて吟味、批判されるべきである。このプロセスでは憲法が通常予定しているよりもずっと野心的な思考が必要になるかもしれない。

　社会的合意は他の何事にもまさる考慮事項ではほとんどない。多くの人に拒絶されても正しい結論の方が、全員または大半が合意する不正な結論よりも、ふつうはずっと望ましいだろう。憲法が正義にかなっていることは、憲法が合意にもとづいていることよりも重要である。同意や合意が重要なのは概して安定性に寄与するからであり、安定性はそれ自身価値をもつものの、最優先の社会的目的というわけではない。トマス・ジェファーソンが書いているように、民主主義においてある程度の不安定さは生産的なのである。[33] 不正な憲法秩序を不安定化させるのは十分正当だろう。すでにみたように、完全には理論化されていない合意はたとえそれが安定的で広く支持されていたとしても、不正を糊塗、あるいは反映したものである危険性がある。だとすれば、理論が正しくかつその正しさが誰の目にも明らかであるとか、あるいは理論を引き合いに出すことが事案の解決に必要であるような場合には、より完全に理論化された合意がなされるべきである。以上の事柄はこれまで本章で主張されてきたこととなんら矛盾するものではない。

　憲法や憲法上の権利に関するいかなる一般理論にも合意は生み出せないと考えるのは愚かであろう。

またいかなる一般理論も支持するに値しないと考えるのはもっと愚かであろうし、完全には理論化されていない合意がその合意の内容如何にかかわらず尊重に値するというのは、もっとも愚かであろう。浅さは狭さと同様、プラグマティックに正当化されるので、それらの正当化が不十分なものとなる事案がある。たしかに、より野心的な決定は本当の敗者を生み出すだろうし、敗者は彼らの確固たる信条が法には届かないことを喜ぶまい。しかし敗者が敗北してしかるべき場合がある。たとえば、人種隔離を違憲とした司法の決定は大がかりで相対的に深さをもったものであった。また、政府が特定の宗教を擁護する立場に立ってはならないとする決定も、大がかりで相対的に深さをもったものであった。男女の差により社会的な不利益を与えてしまうような制度を政府は構築してはならないとした平等原理にもとづく法的判断も、大がかりで相対的な深さをもったものであった。

　この種の深い決定がきわめてまれであることには十分な理由がある。たいていは浅く、狭い決定が決定的な役割を果たす。だが憲法における輝かしい瞬間は、司法がミニマリズムから踏み出したときなのである。われわれはそのような瞬間を嘉《よみ》すべきであって、嘆くにはあたらないのだ。

Second-Order Perfectionism

第４章

第二階の卓越主義

那須耕介訳

司法的決定はどんな憲法解釈の手法をとるべきか.
それを決めるのは理論の優劣をめぐる抽象論ではない.
司法機関や立法機関の能力，取り組むべき憲法問題の性格，
そして解釈されるべき憲法の内容.
これら文脈的諸条件を考慮しつつ，
最善の憲法秩序を実現しうる手法を選びなおす必要がある.
著者は第二階の卓越主義という観点にたって，
第一階の司法卓越主義を退け，
司法ミニマリズムを最善とみなすべき文脈的条件を明らかにする.

1　セア村、バーガー市、その他の土地

ありうるかぎりのどんな世界でも道理にかなう憲法解釈の手法《アプローチ》など存在しない。どの手法をよしとするかは、各政府機関の潜在能力に関する一連の判断に、かならずいくらかは左右されてしまうのである。(1)

ジェイムズ・ブラッドリー・セアの名とともに知られている見解、つまり、明白な憲法違反にあたらないかぎり裁判所は立法を支持しなければならない、という見解について考えてみよう。(2)今日、このセア主義的な立場を受け入れる人はほとんどいない。だがある社会――仮にセア村と名づけよう――を思い浮かべ、次のように考えてほしい。そこでは民主制の過程がきわめて公正かつ健全に機能しており、何はともあれ、司法的な介入はほぼ不必要である。セア村では、人種隔離は存在せず、政治的言論は禁圧されておらず、宗教的マイノリティや所有者の正当な請求権は尊重されており、また連邦制と権力分立のシステムは各種の民主的制度によってまさにあるべき姿を保っている。他方、セア村では司法機関の判断がほとんどあてにできない。裁判官たちは、たとえば「法の平等な保護」や「法の適正手続」といった憲法上の文言の内容を明らかにしようとすると、判で押したように政治道徳上の失態をくりかえしているのである。――このような社会では、憲法をセア主義的な手法で解釈するのは道理にかなっているだろうし、裁判官たちはその採用を勧められるべきである。(3)

あるいは、原意主義について考えてみよう。これは、憲法は建国文書に表された公の原意に則して

解釈されるべきだとする見解である。(4) ある社会——バーガー市と名づけよう(5)——を思い浮かべ、次のように仮定してほしい。そこでは、公の原意の内容はきわめてすぐれており、これによって有能な機関がしっかりと配置され、一連の権利が堅持されている。バーガー市では民主制の過程もまた公正で良好だが、その理由の一端は憲法の優秀さにあり、またそれが建国文書中の不備をもれなく補える点にもある。さらにバーガー市の裁判官たちは、いったん公の原意の拘束から解かれると、市の有能な機関に動揺を与え、認めるに値しない利益を権利として認めてしまい、大きな損害をもたらすだろう。——このような社会では、原意主義的な憲法解釈の手法が最善だと思われる。

今度はミニマリズムについて考えてみよう。これは、少なくとも適用範囲の広い、または大がかりな理論的裏付けのある判決を下せるほどの経験や情報が欠けている場合には、裁判官は漸進的かつ自己抑制的な方法でことを進めるべきだ、という見解である。(6) ある社会——スモール村とでもしておこう——を思い浮かべ、以下のように仮定してほしい。そこでは、憲法の公的な意味は格別すぐれているわけではなく、権利を適切に保護しているとはいえない。スモール村での民主制の過程は、良好だが、飛び抜けてよいというほどでもなく、重大な不正義を招いたり、容認したりすることがある。そしてスモール村の裁判官たちの仕事ぶりは、彼らが独力で判決を下すときには貧弱だが、コモン・ロー的方法に従い、謙虚に自分たちの先例を足場にして進められたときには、たいへん良好なものになる。——そのような社会でならば、憲法へのミニマリスト的手法はきわめて魅力的に映るだろう。(7)

今度は卓越主義について考えてみよう。これは、憲法を最善の状態でとらえられるように、つまり完成させるように解釈するべきだ、という見解である。(8) ある社会——オリュンポスという誇らしげな名の——を思い浮かべ、次のように考えてみよう。その建国文書に表された公の原意は、厳密に理解するかぎり、権利を適切には保護していないが、文言には十分な一般性があり、そうした保護を与えるように読むことができる。そしてオリュンポスの裁判所は、セア主義的な制約からも、起草時の理解からも、ミニマリズムからも距離をおいたときに、もろもろの権利や制度をはるかにうまく説明し、民主制と自律の前提条件の両方を整えるだろう。——こうしたオリュンポスのような社会では、憲法への卓越主義的な手法こそがふさわしく思える。[9]

これら手法のうち、一つでも憲法それ自体によって排除されているものはあるだろうか？ もし建国文書がはじめからその解釈準則《ルール》を定めていたならば、裁判官たちはそうした準則に縛られるだろう（ただしこれらの準則自体もまた、解釈を免れないのだが）。しかしながら、建国文書にそのような準則はない。そこには、裁判官をはじめとする文書解釈者たちがセア主義者であるべきだとか、原意主義者であるべきだとか、ミニマリストであるべきだとか、卓越主義者であるべきだ等々とは記されていないのである。したがって、どの建国文書の解釈手法を擁護する場合にも、解釈者の与えるなんらかの説明を参照しなければならない。憲法は、拘束力あるものとして正しく理解されていても、このかぎりにおいて、発見の対象ではありえず、創造の対象であるほかないのである。

もっと踏み込んだこともいえる。建国文書の解釈手法は、それをなるべく望ましいものに近づけようとしている、という意味では、どれも卓越主義的にならざるをえない。セア主義も一種の卓越主義である。それは憲法秩序を改善すると主張している。原意主義も、極力好意的に読めば、ある種の卓越主義である。厳密な意味での立憲民主制の最善の解釈は、原意主義によって与えられる、と示唆しているのだから。ミニマリズムもまたある種の卓越主義である。それは、憲法システムをはるかに悪化させるだろうという理由で、セア主義と原意主義を退ける。[10] セア主義と原意主義、ミニマリズム、そして卓越主義の間の論争は、まるで卓越主義内部の縄張り争いそのものである。もしそうだとしたら、どんな憲法解釈の手法もかならず憲法に適合し、しかもこれを正当化しようとしなければならないのだ、と卓越主義者が力説するのも当然のことだ。おそらく、卓越主義の対案はすべて、どこか卓越主義的なところがなければならないのである。

この結論に抗う人がいそうだ。たとえばプラグマティストなら、「適合性」にはあまりこだわらないかもしれない。ある見方によると、重要なのは帰結であり、よい帰結のために適合性を犠牲にする未来志向的な手法が正当化される可能性は十分にあるのである。[11] おそらくセア主義者や原意主義者も、適合性を犠牲にするだろう。ある種の原意主義者にとって、起草時の理解から逸脱して正統性を欠く先例には、ほとんどなんの考慮の余地も認められないのである。[12] だが、もし卓越主義という言葉の意味をたっぷり広くとるならば、その批判者もまた、卓越主義の実践者である。注意深いプラグマティストは、プラグマティックな理由さえあれば、適合性に十分配慮している。先例を放棄してしまう憲法解釈の手法や、建国文書そのものにまったく無頓着な手法は、プラグマティックな根拠からも擁護しがたいだろう。多くの原意主義者たちは、実際には先例との適合性に配慮している。[13] 適合性を顧みない人々、つまり自分たちが非正統的だとみる先例を熱心に退ける人々も、ほんとうは適合性に配慮しているのである――ただし、そこで重視されているのは起草時の理解との適合性であって、そこから逸脱した決定ではないのだが。

「適合性」や「正当化」の観念には、多くのあいまいさが残っている。何との「適合性」なのか？　何に論及することで「正当化」されるのだろうか？　この二つの観念を広めに理解するならば、憲法解釈に関する道理にかなった見解は、すべて卓越主義的な性質を帯びる。憲法判断は時折あるいは頻繁に悲劇的な結末を引き起こしている、と力説する人々――そうした結末とは、彼らの嫌う特定の帰結を生む司法判断のことなのだが――でさえ、それが究極的には悪ではなく善をもたらすはずであり、自己統治や正統性等々の重要な価値を増進するだろうと信じているのである。

私の基本的なねらいは、第二階の卓越主義――建国文書の解釈を請け負う人々に課された制度上の制約に対して注意を怠らない一種の卓越主義――の擁護論を素描することである。私の関心は機関の能力にあるので、最後まで司法による憲法解釈に話をしぼることにする。セア村、バーガー市とその近隣地域をめぐる考察からも明らかなとおり、裁判官が好んで用いる方法を、市民やその代表者も採用するべきだとはかぎらない[14]。私が以下で擁護する見解では、市民が第一階の卓越主義を採用し、他方で裁判官たちは第二階のそれに落ち着く、ということは十分にありうる。たとえばわれわれは、市民の立場からは憲法が州ごとの同性婚の認可や、積極的差別是正措置《アファーマティヴ・アクション》の禁止、所有権の広範な保護を要求していると解釈するべきだと考える一方で、裁判官の立場からは憲法をそのように解釈するべきではない、と考えるかもしれない。もちろん市民は憲法上の理念や文言がなくても自分たちの好きな見解を追求できる、ということも考えられる。そのときはおそらく、自前の理想だけで用が足りているのである。

2　解釈観念自体の意味

解釈という観念は、それ自体が憲法の解釈手法に関する特定の見解を受け入れるように要求しているのだろうか？　そう信じる人もいる[15]。第二階の卓越主義とその対案を理解するには、この問題に取り組まなければならない。

(1)　意味と意図

おそらくある種の原意主義は、解釈観念そのものによって要請されている[16]。日常生活でも、われわれは話者の本来の意図（original intentions）を考えながら、発言を解釈している。あなたの友人が「町で一番の中華レストランで会いましょう」と申し出てきたら、あなたはおそらく、「彼女の念頭にあったのはどの店だったのだろう」と考え、通常、「どの店が一番自分の好みに合うか」とか、「自分がひいきにしている料理評論家が選ぶのはどの店だろうか」などとは自問しないだろう。たぶん法解釈もそれと根本的には異ならない。ある種の原意主義は、おそらく、解釈という概念のなかに組み込まれているのである。

この考えは魅力的だが、正しくない。話者の意図が重要だとしても、それはプラグマティックな理由からであって、解釈という社会的慣行のなかにそうさせる何かがあるからではない。われわれが話者の意図を問うのは、そうしなければコミュニケーションの目的を達せられないか、少なくともうまく達せられないからであって、それ以上の理由はない。ある友人が面会を申し入れてきたり、頼みごとをしてきたりすれば、私はきっと彼女の意図を訊ねるだろうが、それは私が彼女と会いたいから、あるいは彼女の頼みをかなえたいからなのである。

ある階層的な組織内でのコミュニケーションについて考えてみよう。上司が部下に指図を出すと、部下は通常、「上司は結局何が言いたかったのか？」と考えるはずである。[17]彼がそう問うならば、それはプラグマティックな理由による。一般に部下は上司の指示に従うべきであり、階層的組織内で指示に従うという慣行には、通常、主観的意図に対する周到な注意が求められるのである。

だが、話者の意図を参照せずに解釈が行われる例は簡単に挙げられる。実際、もっとも洗練された原意主義者ならば、大事なのは公の原意（original public meaning）であって、けっして起草時の意図（original intentions）ではない、と主張するだろう。[18]彼らは公の原意に込められた自分たちの利害、起草時の意図と対立する利害を擁護するにあたり、公の原意は主観的ではなく客観的であり、重要なのは憲法批准者たちの共有する標準的理解であって、けっして特定の起草者が「意図していた」事柄ではない、というもっともな見解をとっている。せんじつめれば、憲法を法にしたのは、起草者ではなく、批准者たちなのである。もちろん、こう主張する者は原意主義に固執するが、主観的な意図には拘泥しない。ここでの要点は、原意には拘束力を認めるべきだ、ということではない。この種の原意主義理解は、――公の意図よりも公の意味に専心するものであることから――主観的意図への顧慮が解釈の観念中に組み込まれているとはいいがたいことを示して余りある、という点だけである。

事実、原意の重要性を力説する者の多くは、自分たちの手法が解釈本来の姿だと論じることはまれであり、むしろある種の第二階の卓越主義をとっていることが多い[19]。彼らは司法裁量にともなうリスクを強調し、また民主的な自己統治という目標に重点をおく。原意主義の信奉者、ランディ・バーネットによる啓発的な提案について考えてみよう。「十分に望ましい憲法の文言があることを前提に、原意主義者はこう主張する。『政府の官吏――裁判官を含む――は原意に忠実に従うべし』とした方が、自分の好む意味を優先して原意を覆す権限を彼らに与えるよりも、望ましい結果が得られるだろう、と[20]」。多くの原意主義者は、自分たちの好む手法が憲法を正当化し、なおかつ、当然のことながら、それに適合していると主張する。著名な原意主義者たちはまた、自分たちの手法が建国文書に適合するばかりか、既存の法理の大半、少なくとも、絶対に不可欠だと思われるもろもろの特徴とも適合する、ということを示したがっている[21]。要するに、原意を強調する人は、自分たちの手法が解釈の観念そのものに組み込まれていると主張しているわけではないのである。

たしかに、観念はさまざまな制約を課している。なんでもかんでも「解釈」として説明できるわけではない。たとえわれわれの憲法を最善の憲法と取り替えることがプラグマティックには最善だったとしても、この取り替えを解釈と呼ぶのは不適切である。だが解釈の観念は、いかなる種類の原意主義も強いてはいない。実際、本来の意図や意味をまったく顧慮することなく解釈が行われるような領域を見出すことは、まったくありふれたことなのである。

連邦最高裁が、ある先例――たとえばローレンス対テキサス（Lawrence v. Texas）事件における決定――を解釈していると考えてみよう[22]。最高裁は、多数意見を書いたアンソニー・ケネディ裁判官の主観的意図などまず問わないし[23]、その見解に同意した者の主観的意図も問わないだろう。おそらく、目前の問題について意図は存在しない。またたとえ存在していても、それを知るすべはないだろう。いずれにせよ、最高裁はそこになんの関心ももっていない。また最高裁は、その決定の公の原意も（それがどんな意味であろうとも！）顧慮しないだろう。先例の解釈は、本来の意図や原意と、ほとんど無関係なのである。

　原意主義はたしかに一つの解釈手法だが、それは数あるうちの一つでしかない、というのが妥当な結論である。問題はそれが正しい手法かどうかである。その問題に答えるには、解釈の概念ではなく、推奨された手法の帰結——憲法秩序を改善させるのか、悪化させるのか——を顧慮しなければならない。

(2) 適合性と正当化

　ロナルド・ドゥオーキンは、明らかに先例を扱う司法的手法を足場にして、解釈に際しては既存の法的素材への適合化とその正当化の両方に努める必要がある、と述べている[24]。適合性の要件を満たすには、解釈されつつある素材に忠実でなければならない。正当性の要件は、適合的な解釈が複数ある場合、裁判官は既存の素材を説明する最善の原理と思われるものを示さなければならない、ということを意味する。ドゥオーキンは、適合化と正当化という観念——彼の「純一性《インテグリティ》」の観念のなかにとらえられている——が、多くの領域における解釈活動の本性の説明に役立つと信じている[25]。彼はまさに、社会的慣行としての解釈とは、彼のいう意味での純一性《インテグリティ》の探求なのだと信じているのだろう。ドゥオーキンからの強い影響のもと、ジェイムズ・フレミングは、憲法解釈に関する啓発的で見事な著書で、同じような理解を示している。[26] ここで私は、彼自身の主張にしばらく目を向けることにする。まずは適合化と正当化の観念を第一階および第二階の卓越主義と結びつけて考えてみよう。

次のような事態について考えてみてほしい。ある国――たとえばイラク――が、いかなる「性別にもとづく法の下の平等」の否定をも禁じる憲法上の規定を批准した。その政府が、治安部隊の採用要件として一定以上の身長と体重を要求することにしたところ、これが女性を過度に不利に扱うことになってしまった。もし政府がこの身長・体重要件を職務上の必要にてらして正当化するよう迫られたならば、それが容易なことではないことがわかるだろう。この場合、この資格要件は「法の下の平等」を否定していると申し立てられたならば、イラクの裁判所はどうすべきなのだろうか？

ドゥオーキンの見解では、イラクはこの憲法条項に「道徳的な読解（moral reading）」を与えねばならない。すなわち、裁判所は説明のための最善の道徳的原理を編み出さねばならないのである。[27] 即興の思いつきだが、「これは容貌による差別を許容する条項を禁じている」という読解が考えられるかもしれない（これを「反差別」原理と呼ぼう）。他方、「女性だけに負担を負わせるときには、かならず説得的な文言でみずからを正当化することを政府に要求している」という読解も考えられるかもしれない（これを「反カースト」原理と呼ぼう）。ドゥオーキンの流儀は、相対立する原理を少なくとも二つは特定し、一方が他方より望ましいからイラクの裁判所もそれを選ぶべきだと述べる、というものである。[28] だがここでは別の可能性を考えてみよう。裁判所は、法の下の平等の保障をいっそう理にかなったものにできるという考えから、抽象理論上の問題としては反カースト原理を優位におくかもしれない。しかし同時に、裁判官に不得手なタイプの審理を強いないようにという理由から、反差別原理を選ぶかもしれない。また、ある要件の職務との十分な関連性を判定するのは負担が重すぎると考えるかもしれない。裁判官たちがそのような判断を試みれば、きっと失態を犯すだろうと考えるかもしれない。こうして裁判官たちは結局、司法機関による平等保障はまったく不十分なものになるだろうという結論にいたり、それを根拠に、反差別原理を採用する可能性があるのである。

　裁判所が以上のような筋道で考えているとき、われわれの法実践の適合化と正当化の両方が企てられているのだろうか？　ある意味でその答えは明らかである――そのとおり。だがこの平凡な例においてさえ、その卓越主義は第二階のものであって第一階ではない。裁判所は平等に関する道徳的により好ましい説明の採用を見送るのだが、それは単に自身の可謬性を考えてのことである。[29]平等保障に関するかぎり、第二階の卓越主義はほとんど排除不可能なのである。

　今度は反差別的説明の方が望ましいことを認めたうえで、最低限の合理性があるかぎりは、裁判所は性差別的立法を支持するべきだ、と政府が主張してきたと考えてみよう。平等保障については、裁判所はセア村に倣って任務に取り組むべきだ、と政府は主張しているのである。これは平等保障のまずい読解だと思う。それは保障をかなり深刻に損なってしまうだろうし、また今日のイラクを含め、大方の国はセア村ではないからである。だが結局のところ、この見解も機関の能力に敏感でなければならないし、それと密接に結びつけながら擁護されねばならない。両性の平等にかかわる判断を下す裁判官たちが、無作為に判断を下すよりももっとひどい判断を下す可能性があると考えてみてほしい。その場合、われわれはセア村にいる可能性があり、おそらく合理性基準のテストが結局のところ望ましいことになるだろう。

もう少し体系的に述べよう。ある手法で憲法を扱うと、二種類の費用が生じる可能性がある。そこには決定費用（decision costs）がかかる可能性があり、過誤費用（error costs）がかかる可能性がある。これらの観念は純粋に経済学上の用語として理解するべきだ、などと馬鹿げた主張を持ち出さなくても、われわれは、裁判官は建国文書の解釈手法のうちどれをとればどんな意思決定上の負担が生じるかを考慮すべきだ、と主張できる。そうした負担ないし費用は、裁判官たちに負わされるかもしれないし、立法者や行政機関のメンバー、市民自身などそれ以外の人々、つまり不確定性の代償を払わされる人に負わされるかもしれない。セア主義的な憲法への手法《アプローチ》には、もちろんわずかな決定費用しかかからない。だが間違いの数と重大さを考慮することも同じく重要である。もし裁判官たちが合理性のある性差別立法をすべて支持したならば、膨大な数の深刻な間違いが許されることになると思われる。まさにそれゆえに、合衆国では、性差別の領域で合理性基準を用いて検証を行うことはまったく道理に合わないのである。われわれはスモール村にいるのかもしれないし、オリュンポスにいるのかもしれないが、バーガー市やセア村にいるわけではないことはたしかである。

いっそう射程の広い論点は、どの解釈手法も解釈という観念自体から要請されているわけではない、というものである。原意主義はもちろん候補の一つである。それを、アプリオリな根拠で退けることはできない。原意主義の欠点は、それが合衆国の憲法システムを現状よりもはるかに悪化させてしまうだろう、というところにある[30]。欠点はそれより若干目立たないものの、同じことがセア主義にもいえる。個別の案件にどんな判断を下すにせよ、なんらかの形の卓越主義は避けられない。われわれの諸慣行が適合することは大事である。またそれらが道理にかなっていることも大事である[31]。だが私のみるところ、第二階の卓越主義の一種としてのミニマリズムは、どんな第一階の解釈手法よりも、はるかにすぐれているのである。

3 熟議民主制と熟慮的自律

これらの主張と、第一階の卓越主義の限界を理解するために、今度は最近のジェイムズ・フレミングの示唆に富む議論をとりあげよう[32]。フレミングは、憲法的卓越主義の要請に関する彼の見解を、入念にかつ粘り強く説いている。彼の著書がもつ美徳の一つは、その卓越主義の大胆さである。彼の憲法理解によると、卓越主義は実際に「幸福な結末」を保証しているというが、そのことにはなんの問題もない[33]。仮にわれわれの目標が、われわれの実践に適合しこれを正当化することだとしたら、不幸な結末に甘んじるべき理由がどこにあるだろうか？　第二階の卓越主義はそれに答えられるが、それが請け合っているのは、途中でいくつかの悪質な障害に出くわすものの、ひどい不幸な結末が待っているわけではない、ということである。第一階の卓越主義者は、これらの障害を避けようとしているのである。

ジョン・ロールズからの明白な影響下で構想されたために、フレミング版の卓越主義は徹頭徹尾第一階のものである。彼は、裁判所は熟議民主制を保護しなければならず、そのためにその前提となる反省性と説明責任の両方を保障すべきだと考えている。さらに論議を呼びそうなことに、彼は、裁判所は堅牢な自己決定権の保障を通じて熟議民主制を保持するべきだ、と考えている。この権利は、良心の自由と結社の自由、あるいはその他の条項によっても「裏書き」されている。[34] さらに射程の広い主張として、彼は、「原理にもとづくわれわれの憲法に対し、自由への展望を保証し、世代を超えて受け継がれるべき熱望と理想とにもとづく一盟約としての十全な意味を与える」ことがわれわれの務めだ、と主張している。[35] このような形をとった卓越主義を精査するために、フレミングの熟慮的自律(deliberative autonomy)[36] の擁護論に焦点をしぼり、おもにそれと対比させるべく、熟議民主制についても検討を加えてみよう。

(1) 熟慮的自律

フレミングが述べているとおり、熟慮的自律の観念は、規制国家への全面攻撃という形をとったリバタリアニズムを要請しているわけではない。実際、それは「経済的自由に対する特別の司法的保護を正当化するわけではない」[37]。だが実際に個人の諸権利はそれによって広く保護されており、ゲイやレズビアンが親密に交際する権利も、異性間の親密な交際への権利が明らかに同様の保護を受けているという理由から、ここに含められている。[38] さらに広く、熟慮的自律は、良心の自由と思想の自由、結社の自由――思想表現のための結社《アソシエイション》と性的指向を問わない親密な交際《アソシエイション》の両方を含む――、自分の家族――核家族であれ拡大家族であれ――と暮らす権利、旅行する権利や移住する権利、結婚する権利、母親ないしは父親になる権利――子どもを産むかどうか、避妊具を利用するかどうか、妊娠中絶をするかどうかを決める権利も含む――、子どもたちの教育や養育を監督する権利、自分の身体を支配する権利――身体の統合性への権利と究極的には死ぬ権利を含む――、を要求しているのである[39]。

フレミングの提案を評価するには、まずこう問う必要がある。熟慮的自律は何を文言上の根拠としているのだろうか、と。合衆国憲法修正第一条は「良心の自由と思想の自由」[40]、あるいは少なくともある種の「結社の自由」[41]に対し、明白な文言上の基盤を与えている[42]。人々が政治問題への発言を企て、または政治的目的をもって結社を企てるとき、彼らの権利は憲法上保障されているし、少なくとも文言上はたしかにそうだと思われる。大がかりな理論的説明が必要なら、熟議民主制の観念――もちろん歴史的には建国期に由来するのだが[43]――だけで十分であって、自律を論じる必要はまったくない。ただし、ある種の言論の保護は、熟議民主制に訴えるだけでは擁護しきれないだろう。たとえば、非政治的な著作の保護については、熟慮的民主制ではなく熟慮的自律に訴えることでもっともうまく理解できるかもしれない。言論の自由についての既存の理解は、ここでたしかにフレミングの関心とぴったり符合する。修正第一条は「政治的言論の自由」ではなく「言論の自由」について述べているのだから、言論に関するかぎり、自律の観念は条文の範囲外だとはいえないのである[44]。

だが言論の問題は脇におくことにしよう。フレミングがもろもろの自律権を修正第一条の保護領域外だと力説している以上、彼の権利の目録の大半を擁護するには、修正第一条ではなくデュー・プロセス条項に訴えねばならない[45]。デュー・プロセス条項が規定しているのは手続だけなのだから、これを用いて熟慮的自律を保護するのはかなりの文言の拡張だということは、強調するまでもないだろう[46]。「実体的デュー・プロセス」という不体裁な文言は、自律一般を保護しようとする大がかりな企てに暗く大きな影を投げかけているのである。こうした欠点にもかかわらず、たしかにある種の実体的デュー・プロセスは現行法の一部として確立されており[47]、現行法が受容されているかぎりにおいて、この文言の拡張はフレミングの提案に対する致命的な異議とは受け取られないかもしれない。

しかしながら、その提案に対しては、それぞれ第一階と第二階の卓越主義にもとづく二種類の異論が即座に思い浮かぶ。私のおもな関心は、後者にある。しばらく前者に頁を割くが、これはフレミングの間違いを第一階の根拠にもとづいて示すためではなく、第二階の代替案への道をならすためである。

(2) 内からの異論

第一階の異論はさまざまな形をとりうる。フレミングは、確立された法を直接の足場にしていると――それを擁護しているだけで、けっして作り替えてはいないと――主張している[48]。だが仮に、われわれが熟慮的自律それ自体を求めていると仮定してみよう。このときフレミングの列挙した一連の利益だけが特別に保護すべきものとして選びとられることは、まったくありそうにないことである。これら利益の大半はそこに加えるべき有力な候補となるだろうが、そのリストは長大なものになるだろうし、フレミングの言及したものすべてが上位に入るかどうかは疑わしい。フレミングはもちろんこの点に気づいていないわけではないが、おそらくそれは彼の提案について、深刻な疑念を招くことになるのである。

熟慮的自律を含むとしても、フレミングの目録には余計なものが含まれており、また足りないものがあるように思える。たとえば性行為のなかには、とても「熟慮的」自律として理解できないものがある。ある性行為は衝動的で、熟慮を欠いている。フレミングは、一夜かぎりの関係や、その場かぎりの買春を自分の提案の範囲から除外するつもりだろうか？　そうでなければ、熟慮は結局のところ彼の主張の核心にはないということになりかねない。いっそう根本的な難点は、彼の保護すべき利益のリストが、少なくとも熟慮的自律の理想に話をかぎったとしても、あまりにも狭いようにみえることである。ノーヘルでバイクに乗りたがる人や、シートベルトを締めずに車を運転したがる人、またヘロインや、マリファナや、コカインやＬＳＤを使いたがる人、食品医薬品局からの認可を受けていない医療を受けようとしている人、厚生労働基準法の制限時間以上に働きたがる人、売春や麻薬取引をやめない人、自分自身や自分の子どものクローンを作りたがっている人のことを考えてみてほしい。あるいは、なんらかの専門家になりたがっている人のことを考えてみてほしい。そのなかには、法学の学位もないのに債務整理業者になりたい人もいるだろう[49]。また、インテリア・デザイナーになりたいにもかかわらず、あからさまに恣意的な、あるいは少なくとも十分には正当化できていない政府の制約のせいで、行く手を阻まれている人もいるのである[50]。

　たしかに、これらの主張のなかには第三者への効果を挙げるだけで反論できるものもあるだろう。おそらく自律に見出される利益は、その自由な選択の影響下にある人々が被る効果を理由に覆される。だがそのような効果がこれらの事例への、あるいはその多数への適切な反論になることさえ、まったく考えがたい。われわれは、これらの諸権利——そしてそれ以外の多くの権利——を力説する人々が、各自の善の構想について熟慮し、これを実行に移しているのだ、と推測してもいいはずだ。フレミングは、それらも同じように保護したいと思っているのだろうか？　保護したくないのであれば、説明が必要である。[51] 保護したいのだとすれば、熟慮的自律の観念は（受け入れがたいほどに？）急進的な含意をもつことになりかねないように思える。たしかにフレミングは、既存の法理を足場とし、それを合理化しようとしている。だがこの合理化の結果、裁判所が下す見込みのない結論、おそらくは下してはならない結論が多数生み出される可能性があるか、あるいは確実に生み出されるのだとしたら、それは問題なのではないだろうか？

熟慮的自律自体の司法的保護は憲法秩序を改善するどころか、いっそう悪化させるだろうという危惧は、根拠のないことではない。たとえば、医師に幇助された自殺の権利を保護すれば、十分な熟考と省察の末にではなく、短期間の張りつめた恐怖や不安の結果として死を選ぶ人が増えるだろう、と仮定してみよう。もしそうならば、そのような権利の存在には反対すべき強力な理由がある。なぜならこの権利は、ある人々の自律のために作られたにもかかわらず、まさにその当人の利益になっていないのだから。[52] この主張が退けられたとしてもなお、この権利が創造されたならば、実質的には患者にではなく医者に生死の判断を下す権限を与えることになるかもしれない。[53] もしこの経験的予測が正しいと判明した場合には、卓越主義の観点からみて、医師に幇助された自殺の権利を創造することには種々の重大な問題があるのである。

この例は簡単に一般化できるだろう。人が自分の熟慮的自律の範囲内だと考えて下す決断には、結果的に自分の幸福を促すどころか蝕んでしまうものが多く含まれる。[54] 限定合理性はそのような障害になりやすい。ある文献は、人が自分自身の生活上の決断の効果について判断を誤ったときに生じる「感情予測（affecting forecasting）」の失敗について詳細な検討を加えている。[55]「間違った欲求

（miswanting）[56]」によって下された決断を憲法で保護することは、それが人を幸福にしない選択である以上、その決断の保護が問われている当人の利益にかなうとは思えないだろう。

　おそらく、幸福ではなく自律が、われわれの導きの星であるべきなのだ。フレミングはそう考えているらしい[57]。だがこの見解には政治哲学内部にも異論があり、たとえ実際に自律がわれわれの指導原理だったとしても、限定合理性の産物としての決断を政府が尊重しなければならないのか否かについては、疑いが残るのである。

　フレミングは、婚姻の権利は憲法で保護されると考えている[58]。だがこれはいったい何を意味しているのだろうか？　ある熟慮的自律の説明によれば、成人は自分のいとこや兄弟姉妹、そしておそらく親との結婚を認められるべきであり、あるいは複数の配偶者をもつことを認められるべきだとされる。複婚の権利は、熟慮的自律の権利によって保障されるのだろうか？　卓越主義的な立場にたてば、その種の権利が、結果的には一部の、または多くの人々——そこにはおそらく多数の女性や子どもたちが含まれる——の利益を損なうことが懸念されるだろう。おそらくフレミングは、婚姻の権利は二人の成人だけに限定されるべきであり、また近親婚の禁止は適切に理解された基本原理と矛盾しない、と結論を下すだろう。だが根本的な関心が熟慮的自律に向けられているのだとすれば、厳密にはなぜこの限定が正当化されるのか？

　私は、熟慮的自律の理想は憲法的伝統にまったく根ざしていない、などと主張するつもりはない。また私は、原則論として、フレミングの自律の説明に強い説得力があることを否定する気もない。オリュンポスでなら、裁判官がこの種の概括的説明を受け入れることも十分ありうるだろう。問題は、彼も理解するとおり、熟慮的自律に見出される利益が、保護されている諸権利に関するフレミングの目録よりもはるかに広範囲におよぶ可能性の有無である。幸いなことに、フレミングは憲法法理を「上意下達《トップダウン》」的には説明していない。彼の目録は、その大部分が確定された法に投錨されている[59]——この点は後述する。だが確定された法と比べると、熟慮的自律の観念はきわめて適用範囲が広く、理論的にも大がかりである。そしてそれは最終的に憲法を完成に近づけるどころか、むしろそこから遠ざけてしまいかねないのである。

(3) 外からの異論——第二階の卓越主義

以上の論点を挙げたのは、それらを解決するためではなく、別のタイプの異論を強調したいからである。熟慮的であれなんであれ、自律の内容を解き明かせるだけの態勢を連邦裁判所の裁判官たちは整えていない、とわれわれが考えていると仮定しよう。また、彼らが失態を犯すだろう——つまり、自律の本性について抽象的に問われたら、保護するべきでない利益を保護し、断固保護するべき利益の保護を拒むだろう——とわれわれが考えているとしよう。たとえば、裁判官たちが正しく理解された自律の中枢に商業広告を据えるのではないかという危惧、選挙献金を不適切に保護するのではないかという危惧、あるいは最低賃金と上限労働時間に関する立法を無効にするのではないかという危惧を抱く者がいるだろう（この目録がとくに危惧を抱かせるものでないなら、抱かせるような目録を作るのは簡単である）。もし裁判官たちが「熟慮的自律」の観念に訴えることで好きなときに立法を無効化できる立場におかれたならば、彼らはきっとそうした失態を犯すだろう、といわれても驚くべきではない。

オリュンポス以外の土地でも、現実世界の裁判官たち、つまり訓練されてはいるが可謬的な生身の裁判官たちがフレミングの企図を彼や別の誰かの要求どおりに執行できるようになるだろう、という見込みを裏づけるものはない。あらゆるタイプの意思決定費用と過誤費用を顧慮するかぎり、高邁な理念のうえに築かれた第一階の卓越主義は、少なくとも裁判官の担うべき事業としてみるかぎり、その魅力をいくらか失うことになるだろう[60]。

ここで再び、原意主義が総体としては最善の結果をもたらすかもしれない、という示唆を思い出してほしい[61]。これを評価するには、さまざまな機関に関する一定の知識、また政治道徳に関する一定の知識が必要である。仮に、正しく理解された原意主義は、国家政府の権力を大幅に制限し、プライヴァシーの権利を廃絶し、所有権者や銃保有者の保護を強化し、国家政府・州政府による性差別を許容するだろう、と考えてみよう（私はこれらが原意主義の必然的な結論だと主張するつもりはない）。このとき、原意主義の擁護論は補強されるだろうか、弱まるだろうか？　この問いに答えるには、どうしてもここから生じる結果の善悪とその程度とを問わねばならない。こうして、もろもろの解釈手法をめぐる議論は、機関の能力のみならず、それぞれの帰結の道徳的評価にも深くかかわっていることがわかる。原意主義へのおもな異論は、「道徳的に受け入れがたい結果をもたらすだろう」というものである。同じ異論は、セア主義批判にも妥当する。また私の考えでは、フレミングの（そしてドゥオーキンの）手法は司法機関の能力に大きな負担を課し、そのために道徳的に問題の多い結果を招く可能性があるのである。

この観点から、簡単な提案をさせてもらいたい。フレミングが示したように、われわれの憲法法理はいま、ある種の自律性に肩入れをしている。それが熟慮的な形をとるのか、またより広範な権利、人がある善の構想のために自分の能力を用いる権利に結びつけて理解するのが最善なのか、といった点については争いがあるかもしれない。だがきわめて強い正当化理由がないかぎり、ある特定の領域において政府は人々の選択を侵犯してはならないことに、疑いの余地はない[62]。スモール村では、裁判官たちは安定性を重んじ、確立された法について白紙から考え直すだけの能力が自分たちにあるとは信じていない。そのため、彼らは（可能な範囲で[63]）狭くかつ謙抑的な裁定を下すことを通じ、これらの決定に自分たちの足場をおくべきだと固く信じている。「熟慮的自律」という抽象概念があまりにも扱いにくいため、スモール村の裁判官たちは、その旗印を掲げて進みたいとは思わないのである。彼らはこの種の抽象概念が無用の混乱と過誤をもたらしはしないかと懸念している。彼らは自分たちの正しさにあまり確信がないために、より扱いやすく、かつ異論の生じなさそうな、比較的抽象性の低い諸原則を参照しつつ解釈を行うのである。

この論点は、こんなふうにもいいなおせるだろう。ロールズからの強い影響のもと、フレミングは自由かつ平等なシティズンシップのための諸条件を確保したいと考えている[64]。ロールズ自身の政治哲学の手法は、形而上学と一般哲学の重要問題を「哲学には好きにやらせておく」式に棚上げする、というものである[65]。政治的リベラリズムの目標は、包括的リベラリズムとは対照的に、人間本性や善等々についての根本的な論争を括弧に入れ、多様な人々がそれぞれ異なる出発点から合流できるような幅広い支持の対象を見出すことである。ミニマリストはこの目標に共感するが、さらにもう一歩踏み込もうとしている。彼らは、完全には理論化されていない合意（incompletely theorized agreements）

――人々が根本的な諸問題に関する相互の不一致や確信の欠如にもかかわらず受容できる個別的判断と軽度の理由づけ――を追求する[66]。要するにミニマリストは、政治哲学に好きにやらせておきたい――できるときにはいつでも、リベラリズムの正しい形態についての論争、またリベラリズムとその対立者との論争さえ、棚上げしておきたい[67]――と考えているのである。

ミニマリストたちにとって、熟慮的自律の理念が抱える欠点は、それが裁定の下された事案をはるかに超えた広がりをもち、裁判官には不向きな問題を問うよう彼らに要求するところにある。ミニマリストはその理念を拒みはしないが、それを推奨するつもりもない。彼らは第二階の卓越主義に肩入れしているため、そのような理念を推奨すれば憲法秩序を改善するどころか悪化させるおそれがあるという理由から、そうすることを控えているのである。

4　結語

この論考で私は、第二階の卓越主義――連邦司法機関の限界、とくに政治的・道徳的推論の領域における限界の認識にもとづく憲法解釈の手法――の魅力を示そうとしてきた。ある点では建国文書の解釈者に適合化と正当化の義務があることを、われわれはすすんで認めるだろう。適合性の要請に従ってもなおいくつかの選択肢がある場合には、裁判官はどれが最善でありうるかを考えねばならない。その点で政治道徳上の判断は、憲法解釈の方法をめぐるどんな見解にも不可欠である。原意主義やセア主義への賛否を示す議論は、それらが招きうる帰結に相当の顧慮を払わねばならないし、したがって異なる評価的視点をとる者は、各々その帰結について異なる判断を下すだろう。もし原意主義やセア主義が人種隔離や性差別を許容するならば、この事実はいったいこれら二つの手法に対するどの程度強い反論として考慮されるのだろうか？

目標が憲法秩序の完成であるならば、少なくとも裁判官の可謬性を顧慮するかぎり、原意主義もセア主義も安易には放逐できない。いずれもある種の第二階の卓越主義として理解できるのである。ある世界では、原意主義が最善であり、別の世界ではセア主義が最善である。ミニマリスト的な手法もまた、ある種の第二階の卓越主義を体現している。そしてもしこれらがすべて正しかったとしてもなお、裁判官たちをより強い制約下におくべき場面でさえ、政治参加者とその代表者にとっては第一階の卓越主義が道理にかなっていると論じる余地は残るのである。

一見すると、憲法の「道徳的読解」という観念は多義的である。その観念は、既存の法的素材に制約されつつも個別事例ごとに道徳的要求に関する判断を求めるかもしれない(68)。またはその代わりに、そのような判断を禁じるか厳しく律する手法を、それ自体政治道徳的に正当なものとして受容する可能性もあるだろう。もちろん適合性と正当化という抽象観念に訴えても、第二階の卓越主義が第一階のそれよりも劣っていると証明することはできない。逆に、少なくとももっとも困難な事案において、ある種のミニマリズムがわれわれの実践と適合しかつそれを正当化している、と述べても明白な間違いではない。

熟議民主主義の理念はさまざまに規定できるので、裁判官が分別ある規定を下しそうにないと思える場合、この理念にてらして憲法を解釈すべきだという提案には、疑いが生じるかもしれない。だが私のみるところ、少なくとも難事案においては、熟議民主主義に訴えながら憲法の一般的な文言を解釈する際、たいていの場合、米国の裁判官たちは首尾よくやりとげている。[69] だが裁判官たちが「自律」という理念に内容を与えようとする際には、たとえデュー・プロセス条項の明らかに手続的性格を脇においたとしても、機関の能力が別様の問題を引き起こしている。たしかに言論や宗教といった領域では、自律理念は無規律ではなく、確定した法と広く共有された直観の両方を参照することでこれを一定の枠内に収めることができる。だが「自由」一般については、自律の含意について、理性ある人々の間でも活発どころではない意見対立が生じうるし、また実際に生じている。自律ないし熟慮的自律を保護する企ては、裁判官に多大な意思決定上の負担をおわせるのであり、それが最終的には米国の民主制にとって望ましいことなのかどうか、まったく明らかではないのである。

　自律に関しては、裁判官は、理論的抽象化を避けながら、先行裁定からの狭い判断を構成すべく、できる範囲で最善を尽くしている、と私は述べてきた。もちろん難事案においてはある程度の大がかりな理論的裏付けが避けられなくなるだろう。また、今日数多くの決定がなんらかの種類の自律を保護しているのは事実であり、目下の論争は当然これらの決定に周到な注意を払わねばならない。だが自己統治の観点からみてなんの問題も生じていないところ、正当化不可能な不平等が生じていないところでは、裁判官は通常、民主的過程に対し合理的な疑いという恩恵を与えるべきである。この恩恵がどのようなものになるにせよ、もっとも重要な論点が残っている。すなわち、憲法解釈のどんな手法も、司法機関の可謬性という問題には周到な注意を払わねばならないのであり、またそれゆえに、第二階の卓越主義には大きな魅力があるのである。

Second-Order Decisions

第5章

第二階の決定

キャス・サンスティーン
＋エドナ・ウルマン＝マルガリート
松尾陽訳

政治的熟議や司法ミニマリズムの美質と危険性の両面を視野に収め，
文脈に応じて使い分けを試みるべきだとする近年の著者の姿勢は，
集団的・組織的な意思決定とそのための制度に関するより一般的な理論に
支えられている．
合理性に限界がある現場の（＝第一階の）意思決定者と，
それを支援し導くための制度を設計する（第二階の）意思決定者との間で，
負担はどのように分担されるべきか．
鍵となるのは，決定にともなう「費用」の見積りである．

1　はじめに

実践的推論についてのある理解によると、人は意思決定をする動物であり、提案された行為の方針の利益と不利益とを見積もり、それにあわせて選択しているのだそうだ。このような実践的推論観は、経済学と決定理論(1)ではよく知られたものである。そしてまた、さまざまな形をとりつつ、法や政治の通説的記述の核になっている(2)。さらに、心理学を理解するためにも欠かせない(3)。通常、心理学は、限定合理性のモデルで考え、最適化ではなく「満足化(satisficing)」について語るが、合理性に限定をつけるそうした逸脱も、人は利益を見積もって選択するというとらえ方が先にあってこそといえる。

しかし、おわかりのとおり、実践的推論についての以上のような理解はまったく不適切である(4)。重要な問題は、この理解が、現場で決定に迫られるまでにその人がとった単純化戦略を無視している点である(5)。もちろん、ルール功利主義に関する論争において、これらの戦略の重要性は強調されてきたし、(多くの論者のなかでも)ヤン・エルスター(6)、エドワード・マクレネン(7)、リチャード・セイラー(8)、フレデリック・シャウアー(9)らは、プリコミットメント(訳注：将来の判断を誤りそうな場合に、未来の自分を拘束するために下される選択のこと)、計画、準則にとりわけ強い関心を払ってきたのである。ここでの主張の眼目は、人々は、最終的な決定の瞬間より手前でメタな選択を下しておくことによって、自分自身の——計算上、道徳上あるいはそれ以外の——欠点を克服しようとしている点にある。しかし、これらの議論には重大な欠陥がある。彼らは、一般の人々や社会的諸機関が現場での決定を避けたがっていることを十分深刻に受け止めていない[10]。第一階の決定負担を改善する、つまり負担を減らすためにとりうる戦略の範囲について、不十分でばくぜんとした理解しかできていないのである。たとえば、主体が固定した準則を受容する理由や、それに代わって柔軟な暫定的原則や基準を受容する理由は、検討されていない。また彼らは、これらの選択と、他者への委任や撤回可能な漸進的決定との間で下される選択も取り扱っていない[11]。その結果、どのようにして主体や機関が問題を処理していくのか、あるいは処理していくべきなのかを適切に理解できず、またそれにかかわる真の政治的・道徳的・法的諸問題を理解できていない。

「第二階の決定（second-order decisions）」という言葉は、第一階の決定にともなう諸問題を単純化するための適切な戦略を決めることを指す。したがって第二階の決定には、なによりもまず通常の意思決定に踏み込まずにすませるための戦略も含まれる。ここには認知的な負担の問題があり、また、責任、平等、公正にかかわる重要な問題が存在する。たとえば、法においては、準則が予測可能性を高め、後の決定負担を最小化するということを根拠に、準則を支持する第二階の決定を望ましいとする裁判官もいる。政治においては、立法府はしばしば、行政部門のような第三者へ委任するために第二階の決定を採用する。しかし、代替的な戦略は多様に存在しており、倫理的に重要で、また民主主義にさえかかわる問題が、（たとえば撤回可能な漸進的決定に対置される）準則に拘束された決定によって、また、（たとえば覆されうる暫定的な原則に対置される）委任によって発生している。

本章でのわれわれの目的は、第二階の戦略にはどんな選択肢があるのかを明らかにすることである。そのためには、各々の戦略がどの程度間違いを生み出すのかという点で異なっていることを示さねばならない。また、最終的な決定過程の前もしくはその最中に、各々が決定主体とその他の主体に対して情報収集にともなう負担もしくは道徳的その他の負担を課す程度において異なっているということも示さねばならない。とくに興味深い三種類の例を特定しよう。第一の例は、最終的な決定時の負担をかなり緩和するものの、事前にかなりの考慮を必要とする、第二階の決定である。この種の決定は、高―低型（High-Low）と呼べる。しかし、この決定を事前に下すのはむずかしいだろう。問題は、この決定の負担が、第二階の決定と第一階の決定双方の道徳的、認知的、その他の負担の総計にてらして、負うに値するものであるか否かにある。第二の例は、低―低型（Low-Low）と呼ぶものである。第二階の戦略のなかには、最終的な決定の前であれ、あるいはその最中であれ、ほとんど決定負担を課さないものもある。これは大きな長所だが、主たる問題は、当該戦略（コイン投げで決めることにする場合を考えるといいだろう）が過大な不公正や過剰な間違いを生み出すか否かにある。第三の例は、低―高型（Low-High）と呼ぶものである。第二階の戦略には、決定主体にとっては事前の決定負担が小さいが、その代わりに第一階の決定が「移転される」他の者に大きな後続的負担を課すものがある。その最たる例が、信頼できる仲間やある権威へと権限を委任することである。

われわれが試みるのは、個人や機関による現実の営みを手がかりとして、いずれの戦略がどのような場合に選択されるのか、どの戦略がもっとも理にかなっているのか、合理的な人間や機関、限定合理的な人間や機関のいずれもが、いかにして重要な選択に取り組みうるのかを見極めるための導きの糸を提示することである。[12] 個々の戦略のうちどれがより望ましいかを、抽象的に判断することはできない。しかし、いずれかの戦略を推奨する要因、そしてまた、各々のやり方が有効となる文脈を明らかにすることは、抽象的にも可能である。たとえば、われわれが主張するのは次のようなことである。固定した準則を支持する第二階の決定（高—低型の一種）が適切であるのは、決定主体が、多くの類似の特徴をもつ決定に直面し、また、計画の推進がきわめて重要な場合である。そのような場合、準則がもつ粗雑さは、差し引きすれば準則の利点が勝っているということを理由に、容易に甘受される。これに対し、撤回可能な漸進的決定（低—低型の一種）を支持する第二階の決定が好ましいのは、決定主体に信頼できる情報がなく、予期せぬ悪い結果が当然懸念される場合である。たとえば、コモン・ロー裁判所でしばしば機能している方法を説明する（そして、その方法を批判する一部の人々に反論する）のに役立つ。賢明な決定主体が別の人間や機関に委任するという代替的な第二階の戦略（低—高型の一種）を選ぶのは、責任——情報収集・提供上の責任、道徳的責任、その他の責任——を前提とする技術的な問題が存在し、十分な時間と専門性を有する適切な受任者を選任できる場合であろう。この方法は、家族内部の代理や、立法府から行政部門の委任に関する論争を解明するのに役立つ[13]。以上の過程で、われわれは、さまざまな第二階の決定が生み出す、一連の倫理的、政治的、法的問題を取り扱う。

2　決定と過誤

(1) 戦略

まず、主要な第二階の戦略をリストアップしよう。ありうる戦略を網羅すべく分類しているが、それぞれが互いに排他的だと考えてはならない。これらの選択肢は重なり合うことがある。

準則（Rules）　動かぬ決定あるいは反復的な決定が予期されるならば、準則の採用が最善だろう。準則の重要な特徴は、準則が、個別事案の結果を、完全にあるいはほぼ完全に、事前に特定しておく点にある。たとえば、税金は絶対にごまかさない、けっして締め切りを破るつもりはないと、人々がいう場合である。速度制限を課す法律、レストランに犬を連れて入ることを禁ずる法律に裁判官が例外を設けてはならない、重罪で三度有罪とされた者にはかならず終身刑を課さなければならないと、立法府が定める場合である。

暫定的な原則（Presumptions）　普通の人々や公的機関は、準則ではなく、暫定的な原則に頼ることがある。暫定的な原則は覆すことができる。暫定的な原則を選択すれば、適度な決定負担を負うと同時に、過誤を減らせると考えられている。[14] 行政部門がある汚染物質をXトン以上排出してはならないという暫定的な原則を定めても、それ以上排出量を減らせないことを証明すれば、その暫定的原則は覆すことができる。

基準（Standards）　しばしば、準則は基準と対比される。[15] 高速道路における速度「超過」の禁止は基準であり、また、飛行機のパイロットには「適性がなければならない」という要請や、教室での生徒は「分別をもって」ふるまわなければならないという要請もそうである。これらは、時速五五マイルという速度制限を規定する準則、また、七〇歳以上の飛行操縦士の禁止、学生への座席指定の要請と対照的である。

ルーティン（Routines）　決定負担を処理する理にかなった方法が、定型行動《ルーティン》を受容する場合もある。この言葉によってわれわれが考えているのは、癖と似ているが、より自発的で意識的なものであり、（爪を噛む癖のように）癖の一部にある、非難めいた含意をもたないものである。忘れっぽい人は、たとえすぐに戻るとわかっていても、仕事場を出るたびにドアの鍵をかけるルーティンを選択するかもしれない。また通勤では、別の経路の方がよいと思う日があっても、特定の決まった経路に毎日従うだろう。

漸進的決定（Small Steps）　選択時の困難な状況を単純化する方法としては、小さな、漸進的な決定を行い、他の問題は後回しにすることもある。個人の決定が、測定不可能で明らかに比較できない要素による場合、人はたいてい引き返せるように少しずつ進む[16]。ジェーンは、ロバートと結婚するのかどうかを決めるに先立って同棲することに決め、マリリンは、本当に法律に興味があるのかどうかを見極めるために夜間学校に通うだろう[17]。同じような「漸進的決定」アプローチは、アングロ・アメリカのコモン・ローの特質である。概して、裁判官は、射程の狭い決定を行っており、個別事案の埒外にあることはほとんど解決しない。少なくとも、この方法は、コモン・ローにおいてのみならず、憲法においても、より大きな問題についてはっきりとした自信がない場合には、裁判官に好まれる問題処理の方法である[18]。

無作為の採択（Picking）　決定が困難な場合、あるいは、複数の選択肢が似たようなものである場合には、人はやむをえず無作為に決定を下すことがある。コインを投げたり、あるいは、明らかに無関係な要因（「今日はいい天気だから、フロリダであの仕事をしよう」）を決定の根拠としたりするかもしれない。

要するに彼らは、（「選択する」ことを選好にもとづいて決定するという意味にとれば）「選択する」のではなく「無作為に採択する」かもしれない。[19] 法制度においては、誰が陪審員となるか、あるいは誰が兵役につくかを決めるために、くじが用いられることがある。実際、どれを選んでも負担が重い場合や、時としてどの選択肢も等価であるようにみえるため選択の根拠についての熟慮がとくにむずかしい場合など、くじは数多くの分野で採用されている。

委任（Delegation）　決定負担を処理するおなじみの方法は、決定を誰かに委ねることである。配偶者や友人を頼るかもしれないし、決定時やそのずっと前に設立された公的機関によって一定の決定が下されるような制度上の取り決めを選択するかもしれない。そのような取り決めは、多少とも公式のものでありうる。こうした取り決めには種々の機制《メカニズム》が組み込まれているが、それらはその恩恵に浴してきた個人ないし人々が監督している場合もあれば、完全にその監督の外にある場合もある。

発見的手段（Heuristics）　いちいち選択しなくてもすむようにするために、人はしばしば発見的手段、つまり知的近道を用いる。たとえば、地方選挙で誰に投票すべきかを考えるのは大きな負担なので、所属政党という発見的方法を用いるかもしれない。初対面の人と会う際には、その人が属していそうな一般的範疇を念頭に、その種の人に対してとるべき適切なふるまいを決める、という発見的な手法を用いて自分の言動を決めるだろう。これまで多くの論者が発見的手段に注目し、それが「合理性」からの逸脱をまねいていると指摘してきた。[20] だが発見的手法を、十分望ましい帰結を生み出すと同時に、認知上の過剰な負担等々の決定負担を軽減する方法として理解するならば、それは多くの場合、完全に合理的なのである。

（2）決定費用と過誤費用

決定主体や機関は、いかなる状況で、現場ですべての事情を考慮するかわりに、第二階の決定を行うのだろうか、あるいは、行うべきなのか。また、いかなる状況で、いずれの戦略が選択されるのだろうか、選択されるべきなのか。多くの人が、近視眼や意志の弱さを克服できるという準則特有の価値を強調してきた。[21] しかし、問題ははるかに広範囲にわたっており、準則は可能な解決の一つでしかない。われわれの究極的な目標は、おもな選択肢、とりわけ準則や漸進的決定、委任がもっとも機能する見込みのある文脈を提示することである。

われわれはここまで、各々の戦略は間違いや決定負担を生み出す程度の違いに応じて異なっていると述べてきた。以下では、第二階の戦略は決定費用と過誤費用の総額を最小化できるように選択されるべきだと主張するつもりである。本章では、決定費用は、行為あるいは行為集合に関する結論を出すまでの費用とし、過誤費用は、間違いの数、重大さ、種類によって査定されるものとする。[22] われわれは、どんな基準で最適性を決めるかにかかわらず、「過誤」を準最適な結果として理解する。準則と委任のどちらも、過誤を生み出すものである（準則は粗雑かもしれないし、受任者は無能かもしれない）。最適な決定を生み出す費用がゼロならば、個々の事案ごとに計算するのが最善であろう。というのも、この方法ならば、正確さやその他のいかなる重要な価値も犠牲にせずに、正しい判断が下せるからである。このことは、個人にも機関にもあてはまるだろう。（公職にある者を含め）人が、選択肢がないこと、また時には情報がないことを好む場合があるのは、たいていの場合、彼らが決定負担を減らし、自分自身の過誤を最小化しようとしているからである。それゆえ、人は、選択肢と情報のいずれか（もしくはその両方）を減らす第二階の決定を下すことがあるのである。[23]

ここで三点、付言すべきことがある。一つめは、責任にかかわる。たとえ自分以外の人がうまく決定する場合でも、当人が一定の決定に関しては責任を負いたいと考える場合がある。また、たとえ自分以外の人がうまく決定できない場合でも、当人が一定の決定に関してはみずからの責任を回避したいと考える場合もある。これらは、日常生活においてよくある現象である。そして、政治や法においても同様であり、権限をもつ人は、自身の委任の企てに対する公式、非公式の障害に出くわすのである。責任の失敗は、特殊な種類の「費用」として理解されるかもしれない。しかし、これまで議論してきた決定費用と過誤費用とは質的に異なるものであり、別個の問題を提起する。「権力分立」のような、権限を分割する制度上の取り決めによって、特別な問題が発生する。そのような取り決めによって、一定の決定を引き受けたり委ねたりすることが、当人が強く望んだ場合でも禁じられる。

二つめは、多数の当事者がかかわる状況が独特の問題を引き起こすという事実から生じる。なかでも、（立法府、行政府、裁判所を含む）公的な制度は、準則や暫定的原則を事前に設定することによって計画を推進するかもしれない。計画の存在は、たとえ現場での決定が正確にかつ費用をかけずに達成できるとしても、現場での決定に反対する強い理由となりうる。以下でみていくように、計画の必要があれば、特別な種類の第二階の戦略、つまり、現場での決定を多少とも機械的なものにする戦略が導かれうる。

第三の、そしてもっとも重要な点は、決定費用と過誤費用の「総額」に言及するからといって、これを、徹底的な費用便益分析が第二階の戦略間の選択を理解するにふさわしい方法だという示唆として受け取るべきではない、ということである。もちろん、多様な考慮事項を一元化する単純な尺度など存在しない。決定費用と過誤費用の間にも、多様な種類の決定費用のなかにも、多様な種類の過誤費用のなかにも、重要な質的相違が存在しうる。いかなる主体にとっても、決定費用には、時間、金銭、不評、不安、倦怠、動揺、予期される事後の後悔や呵責、自他に生じた危害への自責の念、傷ついた自己認識、罪、恥が含まれるだろう。比較的単純な枠組で話を始めるために、決定費用と過誤費用に言及する。議論が進めば、その他の考慮事項を導入するつもりである。

多数の構成員からなる機関では、事態はいろいろな形で複雑化する。そのような機関にも、以上で述べたことがあてはまる。しかし、そのような機関では、利益集団の圧力が大きな意味をもつだろうし、一定の合意を得ることがとくにむずかしくなる。たとえば、意見の相違、選好強度の多様さ、集計問題から生じる諸問題に鑑みると、地球温暖化への適切な対応策を立法府が具体化するには大きな困難がともなう。同様の理由で、合議体の法廷が、医師に幇助されて自殺する権利の申立てをどう扱うかについて合意するには、困難がともなう。その結果、委任や、しばしば漸進的決定による決定の延期といった戦略がとられるだろう。

政治的圧力に直面する機関には、特殊な第二階の決定、すなわち、選択責任を回避する決定を採用する、特別な理由が存在することがある。まさにそのような論拠から、ジャン・ボダンは、司法の独立性の創設を擁護し、権力を分割し隔離するシステムへの最初の洞察を示したのである。君主が、不人気だが必要不可欠な決定への責任を回避するのは、その決定に関係する義務を負う別個の機関を任命しうる場合である。[24] これは、権能付与的な制約の重要な一形態であり、適切な第二階の決定の特性である。現代国家においては、独立した中央銀行の存在は、この論拠によって正当化されている。合衆国では、大統領は、貨幣供給にいかなる権限ももたず、実際、連邦準備制度理事会（Federal Reserve Board）の議長に対していかなる権限ももっていない。その理由の一端には、これによって、大統領が、必要だが人気のない決定（失業率が高い局面で貨幣供給の引き上げを拒む決定）のために批判されるのを回避できることがある。連邦準備制度理事会が選挙で選ばれないという事実は、ここでさらに有利にはたらく。ビジネスでも、職場でも、あるいは、父親や母親が一定の選択をする責任を与えられている家族においてさえ、類似の制度が存在するが、その理由の一端は、他の者を責任から解放することにある。もちろん、この方法は、公正、平等、過誤にかかわる問題を引き起こしもする。

（3）事前の負担と現場での負担

第二階の戦略の探求を整理するには、次のような単純な点に注意すればいいだろう。すなわち、事前にかなりの考察が必要だが、現場ではほとんど考えずにすませるという戦略もあるし、選択状況が発生する前にはあまり考えなくともよく、また、現場でもあまり考えずにすませるという戦略もある、という点である。つまり、決定負担をどの時点で担うのかによって違いが生じ、われわれは、それらを、「高—低型（High-Low）」「低—低型（Low-Low）」「低—高型（Low-High）」という用語で表す。選択肢を完全なものとするために、「高—高型（High-High）」という用語も追加しよう。「決定費用」という言葉は費用の総体を指すが、種々異なる人々や機関がこれを担うことがありうる。つまり、実際の

表1　事前の負担と事後の負担

	事前の負担が少ない	事前の負担が多い
現場での負担が少ない	①低—低型：無作為採択，漸進的決定，多様な発見的手段，基準の一部	②高—低型：準則，暫定的な原則，基準の一部，ルーティン
現場での負担が多い	③低—高型：委任	④高—高型：ハムレット，ヘンリー・ジェームスの小説の登場人物〔訳注〕，機能不全状態にある政府

〔訳注：ヘンリー・ジェイムズ（行方昭夫訳）『ある婦人の肖像（上・中・下）』（岩波文庫）のイザベルのことだと思われる〕

選択以前になされる作業の担い手は、最終的な選択のなかで考慮を求められる者と別人かもしれないのである。**表1**を見てほしい。

マス目の①は、決定負担全体を最小化する見込みのある戦略を示す（全体としてよい決定をしているか否かは問わない）。これらは、決定主体が決定前にも決定時にもあまり考えない場合である。無作為の採択は、もっともわかりやすい例である。コイン投げのような決め方を考えていただきたい。漸進的決定は、それよりも手間がかかる。決定主体が実際に一定の決定を下さねばならないからである。ただ、その決定の射程は小さいため、決定前あるいは決定時に比較的あまり考えずにすむ。①の低—低型ともっとも明確に対比されるのは、④の高—高型である。④は決定負担全体を最大化する戦略を表しており、われわれの目的からすれば、ほとんど無意味にみえる。幸いなことに、実生活で④に含まれるのはごく少数の人でしかない。④に含まれる人々は、しばしば、絶望的なまでに優柔不断である。しかし、高—高型が道徳的責任の規範を示していると考える人、あるいは、（一部の人が明らかにそう考えているとおり）重い決定負担を負うことは喜ぶべきことである、と考える人も十分存在しうる。また、問題がきわめて重要であり、それ以外に正確さを保障する方法がない場合にも、「高—高」が推奨されうる。戦争の遂行や終結の決定、つまり、選択前と選択時の双方において、かなりの熟慮が要求される決定を考えるといいだろう。

マス目の②は、国家の立法や、杓子定規な生活を好む平凡な決定主体とに共通する願望を表している。そういう機関や決定主体は、適切な準則の選択に多くの時間を費やす。しかし、いったん準則が制定されれば、決定はきわめて単純、厳格、そして、機械的にさえなる。誰もがこの種の人々を知っている。まったくこの種の人々はいわれたとおりに準則に従うゆえに、高潔であると同時に、人をイラつかせる。法形式主義——事前に明確な準則を定め、その後機械的な決定を行うことへのコミットメント、つまり、連邦最高裁判所裁判官ヒューゴー・ブラックと同アントニン・スカーリアが擁護するコミットメント——はマス目の②と関連づけられる[25]。

計画が重要であり、大量の決定が下されなければならない場合、マス目の②が往々にして最善のアプローチである。そのことは、コモン・ローが衰退し、官僚制や単純な準則が増大したという二〇世紀の動向によっても示されている。下された決定の帰結が、総体として決定することへの需要によってシステムが破綻することを防げるのならば、個々の決定の不公平さも許容されるだろう。また、多くの人が決定に関与し、現場での決定の担い手が絶えず変わってゆくことがあらかじめわかっている場合には、マス目の②が最善のアプローチとなる可能性が高い。たとえば、軍隊、大企業の新入社員のような、従業員が多く、離職率が高い組織を考えてみてほしい。組織の長は、新規に雇用された未熟練者に、会社全体のための決定を下してほしいとは思わないだろう。したがって、継続性と画一的な業務遂行を保障するために、準則が設定されるはずである。他方、生活上の必要が準則をくじくという事実は、準則に抗して「常識」[26]をたびたびはたらかせる権限を、執行担当者や従業員に与えるような制度改革を支持する根拠となる。中間的な場合には、ほとんど「基準」が用いられるだろう。基準の制定自体にはかなりの考察が必要となるが、基準がある場合でさえ、結論を出すために決定主体は一定の熟慮を求められるかもしれない。

マス目の③が示すのは、機関や個人は事前にほとんど何も考えないが、それが決定負担の総和を最小化する場合もあるし、しない場合もある、ということである。この方法が最善となるのは、決定主体にあまり情報がないか、それ以外の責任を回避する理由を求めている場合や、比較的容易によい決定を下す見込みのある受任者がかかわっている場合である。これまでみたように、委任をすれば、少なくとも決定事項の実質的内容に関しては事前の考察がほとんど不要になるだろう。結果的には、受任者が決定負担を負うことになる。もちろん、委任がほとんど自動的に行われる場合（たとえば、家族）もあれば、委任の是非や対象についてじっくり時間をかけて考える場合もある。また、権限を委任された人が、準則、基準、漸進的決定、無作為の採択、あるいはさらなる委任によって、問題を処理していく場合もある。漸進的決定が決定費用を将来の自分へと「輸出する」試みとして理解できる点には注意が必要である。これは、コモン・ローにおける重要な主題と関連しており、多くの裁判官によって高く評価されている側面である。

多くの人が、みずから示した希望とは異なる事情によって決定負担から解放されるということは、重要な社会的事実である。囚人、精神障碍者、幼い子ども、あるいは、（時と場合によるが）女性といった例を考えるといいだろう。一定の事案では、社会や法が他の誰かのために第二階の決定を下す。

たとえ当該個人の願望がなんら示されなくても、社会や法によるそのような決定は頻繁に行われる。他者の決定の剝奪、あるいは第二階の決定は、当該他者が一貫して逸脱してしまうだろうという考えにもとづいている。もちろん、この考えはパターナリズムの観念と結びついており、ここでパターナリズムとは、同意にもとづかない委任がある場合にしばしば生じるものとして理解できる。

第二階の決定は、中―中型（Medium-Medium）としてもっともうまく記述されるものを生み出す場合もある。中―中型は、穏健な高―穏健な低型と穏健な低―穏健な高型への拡張が考えられる。たとえば後述する次のような基準を考えよう。この種の基準は、第一階の決定を構成するが、現場で一定範囲の判断を要求するものであり、現場での判断の程度は個々の基準が帯びる性質に左右される。しかし、対極的な事例を理解しさえすれば、これら中間的な事例の分析は明白であるから、中間的な事例の分析は本章では取り扱わない。

次節では、決定主体と機関が、基本的な第二階の戦略のいずれかに従うと考えられる、あるいは従うべき文脈について考察する。

3　低―高型（とくに委任についての考察）

(1) 非公式の委任と公式の委任

最初に概略を述べるなら、委任とは、当人以外の者に決定負担を移す第二階の戦略であり、最終決定以前と決定時の当人の負担を減らす試みである。典型事例は、決定主体が（戦略的あるいは倫理的理由ゆえに、あるいは、情報を単に欠いているゆえに）責任を回避しようとしており、かつ、善い決定、正しい決定、あるいは専門的な決定を行うと信頼でき、任せることのできる受任者を見出した場合である。

非公式の委任は日常的に行われている。たとえば、ある人は夕食に家族が何を食べるのか、どの品物を選ぶのか、どの車を買うのかの決定を配偶者に任せるかもしれない。そのような委任がよくなされるのは、決定負担がその決定主体にとっては大きいが、受任者にとっては小さいからである。受任者にとって決定負担が小さい理由は、受任者が専門的情報をもっているか、重大な偏見や動機上の障害を抱えていないか、問題となっている決定を行う責任を負うことを苦にしない（そして楽しむことさえできる）からである（したがって以上の事例は、より正確には、低―低型の特殊事例として理解できよう）。決定を下す必要自体から生じる負担は、その決定の責任の引き受けを頼まれたことの利益（ただし、一部の事例では、利益というより費用であるかもしれない）によってたいていは埋め合わされる。たとえば、受任者が自分の役割を喜んで引き受けることもある。これは、委任の是非という倫理的問題にとって、決定的とはいえないまでも、大きな意味をもつ（家族内の正義の問題を考えよう）。委任と分業の間の区別は不安定で、概念的かつ経験的な難問を提起している（家事の分担を考えよ）。ここで鍵となるのは、委任の受け手に断る権限があるか否かである。

少なくとも主権が市民にあると理解するかぎり、政府自身が委任された決定の大規模な受任者である。この見方によるとさまざまな公的機関――立法府、裁判所、行政部門――は、明示的にも黙示的にも、委任された権限を行使している。とくに立法府は、多くの決定負担を確実に軽減すべくさらなる委任を行っている。立法府が委任するのは、たとえば、環境問題や遠隔通信事業関連の市場の変動についての情報が立法府には不足していると考えるからだろう。その結果設置されるのが、環境保護庁（EPA）や連邦通信委員会なのである。また、立法府が情報をもっている場合でも、たとえば、積極的差別是正措置《アフアーマテイヴ・アクシヨン》ないし年齢差別に対する正しい対処策を支える価値についての合意を築けないと考えるかもしれない。たいていの場合立法府には、行政部門が処理を求められる日々の決定を行うための時間や機関がない。委員会の決定を再検討しようとした立法府が、その作業に何週間も、場合によっては何か月も費やしたあげく、結局結論に到達できなくなる現実を考えるといいだろう。また、立法府は、みずからが利益集団の圧力に屈しやすいゆえに、間違った方向へと導かれることを自覚し、受任者の方が利益集団の圧力を受けるおそれがないだろうと期待し、またそう信じていることがある。利益集団の圧力自体が委任を創出することもあるが、それは、強力な利益集団が立法府で明白な勝利を収められないものの、ゆくゆくは執行権力を担うはずの行政部門に対しては一定の権威を確立しているような場合である。立法府は、決定を下すと選挙で報復されることをおそれて、一部の困難な選択への責任を回避したいとさえ考えるかもしれない。自己利益を追求する代表者たちは、あいまいで空虚な基準（「公益」や障碍者のための「合理的配慮」、殺虫剤の「合理的な規制」）を制定し、実施に際して生じた問題の責めは受任者が負うと知悉したうえで、別の誰かに基準の特定作業をゆだねる。――これは十分ありそうなことである。

(2) いつ委任すべきか

委任が考慮に値するのは、いつであれ適切で信頼できる受任者が身近にいて、決定主体が自分で決めるのは望ましくないと考えられる場合である。だが当然のことながら、委任は誤りうる――それは、責任の放棄、不公平なふるまい、過誤を減らすどころか増やす方法、あるいは決定費用を（全体として）増やしさえする方法でありうる。そして、委任は多くの第二階の戦略の一つにすぎないのだから、決定主体はたいてい委任する前に他の選択肢を考慮するはずである。

高―低型よりも委任が望ましいのは、立法府あるいは委任者が実行可能な準則や暫定的原則を作れない場合（そして、実行可能なものがあっても創出費用がかかる場合）、および受任者がその任務をよりうまく遂行しうる場合だろう。これは、合意に到達できない多数の構成員からなる機関、あるいは、たとえば意志の弱さや外からの影響への脆弱性のような、認知上の問題や動機上の問題に直面する決定主体や機関に該当しうる。また、委任が高―低型よりも望ましい場合として、委任者が政治的・社会的・その他の理由によって決定の責任を回避しようとする場合がある。ただし責任回避の企ては、立法府が環境保護や年齢差別についての価値判断を「専門家」に頼る場合のような、正統性の問題も提起するかもしれない。

漸進的決定や無作為の採択に比べると、委任は、決定の総費用が多くなる場合も、少なくてすむ場合もあるだろう（おそらく受任者がぐずぐずしているか、仕事を後回しにするタイプであろう）。たとえ実際に委任によって決定の総費用が増大しても、少なくとも信頼できる受任者に任せられる場合には、最終的な決定へのより大きな信頼も生まれるかもしれない。たとえば合衆国では、連邦準備制度理事会には高い公衆の信頼があり、委任の排除や削減を求める圧力はほとんど存在しない。しかし、受任者――友人、配偶者、環境保護庁――が、間違う可能性が高いと示される場合には、代わりに、準則、暫定的原則、漸進的決定が用いられるだろう。技術的な領域では、委任を強く要請する論拠となるような特殊な問題が発生するものの、受任者の判断の監視は困難である（たとえこれらの問題が疑わしい価値判断を隠していたとしても、そうである。環境保護庁の例に戻れ[27]）。

　また、公正さに対する独立の配慮も存在する。たとえば、友人や配偶者に決定権を委任することが不公正な場合があるが、その理由は、とくに受任者が専門家ではないことだけとはかぎらない。ジェンダーの平等の問題は、たとえ夫婦の双方がその委任に同意していたとしても、夫が家事や子どもにかかわる決定のすべてを自分の妻に任せる場合に生じる。この問題とは別に、一方の配偶者から他方の配偶者への委任は、（たとえば）子どもの飲酒についての委任である場合には、当然、不公正だと思われるだろう。なぜなら、その委任は責任の放棄であり、このやり方では、単独での決定負担を無理強いされるべきでない別の人にそれを転嫁することになるからである。

　機関のなかでも、受任者（たいていは行政部門）に適切な専門性があるとしても政治的責任を負わない場合には、同様の問題が生じる。このために、行政部門への委任の正統性に関する論争が続いているのである[28]。そのような委任が、民主的に選ばれた機関から政治的監視の届かない機関へと、判断の負担を移譲する場合には、問題が生じうる。ここでは、委任をめぐる積年の論争は、選択肢に関してあまりに狭隘な理解しか提示していないということを言い添えておきたい。立法府が直面しているのは、委任すべきか否かの選択だけではない。準則拘束的な法の規定が特定のものになりすぎるのを避けたいと考えた場合、立法府は代わりに暫定的な原則を定めるか、（たとえば、実験的な試験的プログラムを通じて）漸進的決定を採用するかもしれない。（連邦最高裁判所の裁判官について時折主張されているように）

裁判官からロー・クラークへの一定の権限委任、あるいは、（最終的には無効とされたが、マイクロソフト訴訟において著名な法学教授への事実認定権限の委任との関連で主張されているように）複雑な事実問題において専門家である特別補助裁判官へと一定の権限を委ねる場合には、これに関連し、正統性を欠きかねない権限の放棄という問題が生じる。

（3）複合的な状況

三つの重要な複合的状況についてコメントしておくべきであろう。第一に、どんな受任者もみずから第二階の決定に訴える可能性があり、受任者が上述の戦略のいずれかに着手することはよくある。受任者は高―低型を好み、準則を生み出すこともある。周知のとおり、これが合衆国内国歳入庁の典型的な戦略である。その代わりに、受任者は基準を用いたり、漸進的に問題を処理したりするかもしれない。これは、一般的な全国労働関係委員会のやり方であり、全国労働関係委員会は、可能なかぎり（驚くほど）準則を回避して、場当たり的な問題の処理を好む。また受任者は、さらに委任を重ねるかもしれない。自分の夫から判断を任された妻は、兄弟や両親の助けを求めるかもしれない。議会から困難な選択をつきつけられると、大統領は、ある種の委員会へとさらに委任できるし、また、実際そうしているのである。その際の理由は、議会が第一の委任をしたのと同じである。もちろん受任者は、ただ無作為に採択するだけかもしれない。

第二の複合的な状況は、受任者の監督が潜在的には深刻なプリンシパル＝エージェント問題（訳注：代理人を依頼者のために行動させるために、いかに誘導するのかという問題）を示すということである。委任者はどうすれば、受任者が深刻かつ多数の間違いを犯したり、決め方を決めるために少しずつ時間を空費したりすることを、確実に防げるのだろうか。複数の監視メカニズムがありうる。最終的で取り消し不可能な権限を受任者に付与するのではなくて、個人や組織が受任者を単なる相談役ないし助言者にすることもできる。その両端の間には、中間的な関係が幅広く存在する。政府の場合、立法府は、もしある行政部門が間違った方向へ向かうならば、公的に懸念を表明して最終的な決定に影響を与えられるし、その意思を固めることさえできれば行政府の決定を覆す権限をもつ。究極的には、委任者には委任を解消する権限があり、確実に間違い（と委任者が考えるであろうもの）を正す権限を行使できる。受任者はこの事実を知っているだけで十分だろう。友人、同僚、家族のメンバーといった打ち解けた関係のなかにも、受任者を監視する多様な仕組みがある。ある「受任者」が、自分が相談役にすぎないと知っている場合もあれば、自分たちに実効的な決定権限があるとわかっている場合もある。監視メカニズムは一定の指示を通じて作用するが、その指示は遠まわしなものであるかもしれない。

第三の複合的状況は、次のような事実から発生する。個人や機関が委任の是非や受任者の決定にどうしても時間がかかるため、その種の第二階の決定負担は結局小さくならないかもしれない。委任を引き受ける機関をどう構成するかは、複雑な問題になりやすい。これらの負担は非常に大きく、おそらく全体的にみれば委任を否とする決定的な理由になるだろう。多数の構成員からなる機関は、委任の是非に関して鋭く分裂しがちで、委任の決定がなされた後でさえ、その受任者の決定をめぐって争いを抱えるだろう。

（4）個人内の委任と偶然に委ねること

これまで、委任者が決定負担を他の当事者に移転する場合について論じてきた。個人内の移転の場合はどうか？　だが、個人内移転の問題と議論してきた事例との間に明確な類似性があるわけではない。他方、困難な選択に直面した人が、選択権を未来の自分に任せる決断をしたと理解できることも多い。たとえば、家を購入するか否か、もう一人子どもを産むか、結婚するのか離婚するのか、新しい街に引っ越すか否か——。そのような場合に行動を先送りした者は、自分が未来の自分へ決定を委任したことを自覚しているかもしれない。

個人内でこの種の委任を行う際には、そのタイミングについての理由と内容についての理由とがありうる。何が正しい決定かについてはわかっているつもりだが、同時に、今は決断のときではない、あるいは少なくとも、その決断を公にすべきときではないと考えているかもしれない。また、何が正しい決定かはわからないが、未来の自分はもっとよい見地から決断を下せるだろうと考えているかもしれない。未来の自分にはもっと情報があり、認知的困難、偏見、動機上の問題を抱え込んでおらず、あるいは、当該責任を引き受けるにふさわしい立場にあるだろう、と。もしかすると、プレッシャーを感じ、病気に苦しみ、あるいは、自分の判断に自信をもてないでいるかもしれない。そのような場合、個人内の異時点間の選択の問題は、他人への委任の問題とはそれほど異ならない。人が未来の自分に制約を課すことは、類似の監視メカニズムをもつという点で、プリンシパル＝エージェント問題に重なるところがあると理解することさえできる。裁判官と立法者にはきわめて似通ったところがあり、いずれも、判断の時宜と内容の双方について配慮のうえ、いずれかの理由で決定を延期するのである。

したがって、決定主体の立場からは、漸進的決定の戦略は、先送りと同様、委任の一形式として理解できる。また、委任の戦略それ自体は、受任対象が偶然の装置である場合、無作為採択の戦略の形をとることもある。持ち札からどのカードを引くのかに自分の未来の決定を委ねる場合、私は無作為にカードを引くメカニズムに自分の決定を委ね、それによって実質的に選択から無作為の採択へと自分の決定を変更したのである。

4　高—低型（とくに、準則と暫定的な原則についての考察）

個々の事案における後の決定負担を減らすためだけに、人はそれ自体費用のかかる第二階の決定を下すということをみた。これは、もっともありふれた種類のプリコミットメント戦略である[29]。準則拘束型プリコミットメント戦略がもっともうまくいきそうな環境は、多くの類似する決定があり、（その場その場で決定していくこととは逆に）計画を進める必要がある場合である。そのような環境では、準則が時折生み出してしまう過誤は、たいていの場合、引き受けるに値する。この処置がうまくいく場合、第二階の決定以前になすべきことは多くあるが、一度決定されると、事態は大幅に単純化されるのである[30]。

（1）多様な準則、多様な暫定的な原則

ここまでわれわれは、準則と暫定的な原則が高―低型の範疇に属していることを示してきたし、実際それはあたっていることが多い。しかし、この主張には一定の限定がかかる。というのも、準則や暫定的な原則のなかには、事前に大きな決定負担を要しないものもあるからである。準則は選択されるというよりむしろ盲目的に採択されるかもしれない――たとえば、「車は道路の右側を走れ」や「スプーンは右に」「フォークは左に」という準則のように。とくに、すべての行為者に一致して同じ行動をとらせることこそが重要な場合には、当該準則の内容の決定に、費用はほとんどかからない。準則は、一種の漸進的決定として機能するよう、いっそう狭く枠づけられるかもしれない。たとえば、裁判所が、軍隊から同性愛者を排除する法律が違憲であると判示すると、この判決は準則として位置づけられる可能性がある。しかし、裁判所の意見は、同性愛者の憲法上の地位にかかわる他のほとんどの事案を未決のままにしておくような方法で提示されるかもしれない。準則は漸進的決定を体現することがある。もちろん暫定的な原則も、選択ではなく無作為に採択されることがあり、かつきわめて射程が狭い可能性がある。その場合には同じことがいえるだろう。

当座の目的のため、われわれは、機関や主体が、いったん制定されれば将来の決定を大幅に単純化する（将来の決定を害せず、改良しさえしてくれるかもしれない）準則や暫定的な原則の創出のために大いに熟慮する、という状況に注目している。これは、法と政治においてはおなじみの試みである。たとえば立法府は、一つには運転手たちの行動を確実に調整するために、また一つにはリスクと利益に関する多様な考慮事情を衡量した結果、速度制限法を可決するかもしれない。人はとくに、次の二つの状

況で、みずから進んでより多くの労力をかけて準則を制定する。すなわち、①計画と公正な告知が重要である場合、②多くの決定が下される見通しがある場合である。(31)

たとえば、健全に機能しているほとんどの法体系では、何が犯罪であり、何が犯罪でないかは明確である。われわれが必要とするのは、いつ自分の行為に対して刑事罰が科されるのかを知ることである。実務上はともかく、理論上は、合衆国憲法は刑法における一定程度の明確性を要求しているし、どんな潜在的独裁者も準則が自分の権限にわずらわしい制約を課すことを知っている。同様に、契約法や財産法もたいていは明確な準則によって決められている。それは、準則なしには計画を立てられないからであり、経済発展のためには、彼らが計画できる立場にいなければならないからである。多くの決定が必要な場合には、事前に帰結を明確化するべく事前により多くの時間をかける、同じような傾向が存在する。合衆国では、多くの決定を下す必要性に迫られて、法システムが、障碍者のための社会保障、労災補償、量刑を規律する準則を発展させてきた。これらの準則が深刻な過誤を生むという事実は、致命的な欠陥ではない。きわめて多くの決定が下される場合には、当該システムの運営に莫大な費用がかかるため、一定の数の過誤が許容されるようになる。

準則に比べると、基準や「柔軟な」暫定的原則は、事前の決定負担を減らすのに役立つが、決定時の負担を増大させる。ものごとの功罪両面である。たとえば、次のようなよく用いられる戦略を考えよう。その戦略とは、厳格な準則型の環境規制を設けつつ、同時に特殊な状況での「適用免除」を許すものである。この方法の利点は、一定の場合には、厳格な準則が深刻な間違い――高い費用と低い環境利益――を生み出す蓋然性があるが、適用免除規定が、制定法上の暫定的な原則を覆すか否かを個別に評価するという形で、間違いの是正を可能にするという点にある。この方法の欠点は、多くの個別事案でかなりの複雑さが強いられる点にある。そのような複雑さが負担するに値するか否かは、真性の準則との比較による精査にかかっている。どれくらいの間違いが、ありうる適用対象によって生み出されるだろうか？　準則を暫定的な原則に変えることによってこれらの過誤が是正されるには、どの程度の代償が必要となるのだろうか？

(2) 機関、計画、信頼について

諸機関は、高―低型を採択するのか、そうではなく委任するのかの決定によく直面する。委任の方が望ましい文脈についてはすでにみた。しかし、次の三つの状況では、高―低型が優先されるべきである。第一に、計画が重要である場合には、事前に準則（または暫定的な原則）を整えておくことが重要である。財産法がその一例である。第二に、準則（または暫定的な原則）作りにほどほどの費用しかかからないこと、準則（または暫定的な原則）が正確であること、準則（または暫定的な原則）が実際に遵守される可能性があることに関して、決定主体や機関に相当な自信がある場合には、委任すべき理由はほとんどない。第三に、きわめて明白なことだが、頼れる受任者がどこにもいない場合や、当該決定を他の人や機関に求めることが不公正に思われる場合には、高―低型がより適当である。リベラルな民主制は、刑法の文脈で、準則を正当化する特別の理由として、以上の考慮を採用している。犯罪を規定する法律が準則型であるのは理にかなっているが、その理由の一端は、法律の内容の確定者として警察官や裁判所を信頼できないという判断にある。概して立法者は、執行機関をほとんど信用し

ていない場合に、準則型の判断をする傾向がある。米国では、大気浄化法（the Clean Air Act）の一部は、委任よりも高―低型を自覚的に選択した主たる例である。

高―低型が、低―低型（無作為の採択、漸進的決定）より望ましいのはいつだろうか？　計画に対する関心がここでは大きな意味をもち、これが事前の実体的な考慮を促す。決定主体や機関が適切な準則や暫定的な原則を制定するみずからの能力を信頼しているならば、無作為採択式に、あるいは、漸進的に問題を処理していくことはあまり意味をなさない。それゆえ立法者は、事案ごとに判断を下すコモン・ロー方式に代えて、明確な準則を事前に整備してきたのである。英国や米国では、これが二〇世紀の大勢を形作ってきた。そのおもな理由は、計画に対する関心が増大し、漸進的決定を通じてよい結果を生み出していく裁判所の能力への信頼が低下したからである。もちろん、混合戦略も可能である。ある機関は、一定の事案を射程に収めた準則を定めつつも、それ以外の事案については決定を委任するかもしれない。またある種の受任者は、暫定的な原則や基準によって統制できるだろう。法や実践理性の一領域は、準則に拘束された判断と漸進的決定とを一定程度組み合わせたものによってカバーされうる。

（3）個人の決定――普通の人々、個人内の集合行為問題、依存症治療

これまで公的な決定に重点をおいてきた。自分個人の能力を考えると、事案ごとに決断を下すのは費用がかかりすぎる、あるいは、みずからの動機上の問題のせいで誤った決定を下す可能性があると自覚している場合、人は準則や暫定的な原則、ルーティンを採用する。たとえばサラは、九月はあら

ゆる観光旅行の誘いを断ろうと決心するかもしれない。あるいはジョンは、自分の近親者以外の結婚式や葬式にはいかないという暫定的な原則を採用するかもしれない。フレッドは、ディナー・パーティーでは、主催者が飲むものはなんでも飲むことにしているかもしれない。この種の準則、暫定的な原則、ルーティンは、実践理性の普遍的な特徴である。それらは自覚的かつ意志の行使として選ばれることもある。しかし、より多くの場合には、あまりにありふれた単純なことであるために、またそのようなものと化してしまうために、行為主体には選んだ覚えがまったくなくなってしまう。問題が生じるのは、自分の解決法を貫けないとわかったときであり、その結果、高―低型が高―高型に変わり、あたかも第二階の決定がまるでなされなかったかのようになるかもしれない。

とくに重要な事案は、次のような種類の問題を解決する試みである。それは異時点間の、個人内の問題であり、そのつど独立に漸進的な第一階の決定を下すことが個別的には合理的なのに、総体的には当人にとって有害となる場合に生じる。これらの事案は、「個人内の集合行為問題[32]」にかかわるものとして描写されうる。たとえば、（今すぐ）煙草を吸うという決定、あるいは、デザートにチョコレート・ケーキを食べるという決定、ディナーのあとにお酒を飲むという決定、週末にギャンブルをするという決定を考えよう。漸進的決定は、個別にみると合理的な選択であり、その選択のみをみると純粋な利益を生み出しているが、それらの決定が蓄積すると、害を、場合によっては大きな災厄を、もたらしてしまう。ここで第二階の決定を下す余地が大いにある。自己管理の戦略として、人はたとえば、煙草はディナーのあとでのみ吸う、ギャンブルは一切しない、チョコレート・ケーキは祝日以外に食べない、アルコールは他の皆が飲んでいるパーティーでしか飲まない等々の準則を採用するかもしれない。しかし、暫定的な原則はもっと有用かもしれない――たとえば、チョコレート・ケーキを食べないという暫定的な原則は、祝いの席でかつケーキが格別においしそうだといった特殊な機会には覆されうる、といった具合に。

自己管理問題を抱える人々の支援のために設けられた、有名な私的機関（アルコール依存症患者救済協会、ギャンブル依存症患者救済協会）は、その事業の一環として、一般的にはこの種に属する第二階の戦略を開発している。もっともめざましい事例は常習者の矯正であるが、しかし、常習者ではない人も、何かから矯正しつつあるわけではない人も、同じような第二階の決定を行うのである。自己管理がとくにむずかしい場合には、決定主体はその代わりに人に委任しようとするだろう。委任（低―高型）が準則や暫定的な原則（高―低型）より適切であるか否かは、同様に、上述の多様な考慮事項にかかっている。

5　低―低型（とくに無作為の採択と漸進的決定）

(1) 平衡状態、責任、コミットメント

機関あるいは決定主体が、選択するよりも無作為に採択するかもしれないのはなぜだろうか？　どのような場合に漸進的決定が最善であるだろうか？　個人のレベルでは、どちらの選択肢も同じぐらいによい場合には、無作為にとるのが自然である。要は、わざわざ高い認知的・情動的代償を払ってまで、選択という手順を踏む意味がないのである。これまでみてきたとおり、些細な選択状況（シリ

アルの選択）と重大な選択状況（雇用機会）のいずれの場合にも、結果的に無作為採択方式がとられよう。無作為の採択は、委任の一種として作用するとさえいえるが、その場合、委任の対象は「運命の力」であり、決定主体は、全事情考慮的な判断にともないうる責任感を失うのである。それゆえ、（コインを投げるような）偶然の装置に訴えることによって、困難な問題を処理する人もいる。

無作為の処理法と異なり、漸進的決定は、選択の一形式である。高校生はそのような心づもりでデートをする傾向があり、まずたいていの場合はそうである。大人も似たようなものだ。新聞や雑誌は試験購読を提供しているし、同じことは読書クラブ〔訳注：通信会員制で、会員に書籍を安価で提供するクラブ〕にもいえる。広告業者（上述の問題でいえば、将来の恋愛相手も同様）は、人々が漸進的決定を好んでいると察知し、その選好（つまり「コミットしない」という選好）を利用するのである。大学の一年目は、学生は特定の専攻科に所属《コミット》する必要はない。気ままに試し食いをしながら多方面に漸進的な決定を下すことができる。したがって漸進的決定の典型的事案には、情報の欠乏または不足と決定の重要性との間に不均衡があるため、意図せざる悪い結果が生じる深刻な危険がある。それゆえ、撤回の余地を残しておくことがとくに重要である。

制度的な側面では、陪審員と兵役、いずれの割り当てにも用いられるくじについて考えてみよう。陪審員をくじで決めることの魅力は、二つある。一つは陪審制度を運営する費用の相対的な低さ。二つめは、他の割り当て手段では陪審員としてふさわしいのは誰かという社会的な異論を起こしかねない判断に依拠してしまい、陪審制それ自体に破壊的な効果をもたらすから、くじより多くの間違いが生じるだろう、という信念である。重要な点は、陪審員は共同体の縮図だという想定であり、無作為の選任方式は、（多くの人が社会的負担とみなす仕事を振り分けるもっとも公正な方法であるのみならず）当該目的に資する最善の方法であるように思われる。陪審制の目的に照らすと、他の割り当て方法を採用することは不適切だろう。たとえば、志願の明示や免除理由の個別審問、（志願のための、あるいは免除のための）金銭の支払いを認めたらどうなるかを考えるといい。兵役の割り当てについていえば、これに関する諸判断は、兵役に関するいかなる公定の基準にも道徳的な疑義の余地があるという信念、またそれゆえ無作為に決めた方が間違いの可能性が低いという信念にかかわる形で下されているのである。[33]

（2）変化、意図せざる結果、撤回可能性

くじは無作為の問題処理方法だが、漸進的決定はそうではない。これまで述べてきたとおり、アングロ・アメリカ系の裁判官は、事案ごとに問題を処理していくが、それは決定負担と間違った帰結を最小限におさえる方法なのである。実際、多くの法文化は、漸進的な活動に適した類の規範を組み込んできた。そうする理由の一端は、裁判特有の構造と、裁判官に利用可能な情報が限定されていることにある。すなわち、どんな個別事案においても、裁判官は直接影響を受ける当事者の主張を聞くことはあっても、それ以外の利害関係者の声を耳にすることはないだろう。それゆえ漸進的決定を支持する第二階の決定が下されるのである。

たとえば、「死ぬ権利」を求めるある患者に関する事案を扱う法廷が、みずからは情報をほとんどもっていないと知っているとしよう。もしこの法廷が、この権利が行使されうるすべての仮想的状況

を射程に入れる準則を制定しようとすれば、その事案の判決を出すまでには多大な時間を要するだろう。おそらく決定負担は法外に重くなる。それは単に情報を欠いているからかもしれないし、また、主題の範囲について、確信がないか、意見が対立している裁判官からなる合議体だからかもしれない。そのような裁判所が射程の広い準則を判示するには大きな困難が控えているだろう。漸進的決定の選択は当然の帰結である。

　裁判官は、自分たちの判示が先例を創出することを知っているからこそ、漸進的に問題を処理していくのだろう。上述の多様な問題、とりわけ将来の問題に関する情報が不十分であるという事情に鑑みて、裁判官は自分たちの判示が将来適用される範囲を限定したいと考えるのである。それとはまったく別種の問題が生じるのは、情報がありすぎる場合である。ある特定の事案に一見重要そうな詳細情報が過剰に含まれており、なおかつ将来出てくる事例には、その重要な属性が何かしら欠けていると思われる場合、射程の広い先例を作ることに懸念が生じるだろう。事案Ａには存在する（とくにＸないしＹという特徴が事案Ｂにはないならば、事案Ｂを規律することになる準則を事案Ａにおいて制定することは危険となる。その一例が、アーミッシュの子どもたちを公立学校での義務教育から免除する判示である。この名高いアーミッシュ事案での連邦最高裁の判決は、射程を限定して示され、限定的に受容された。

　また、状況がめまぐるしく動いていく場合、漸進的決定はとくに重要となる。たとえ準則が現在の条件にうまく適合しているとしても、関連する事実や価値が変化し、準則はすぐに時代錯誤になってしまうだろう。それゆえ、インターネットを含む新しい通信技術に修正一条を適用するか否かにかかわる決定の射程は、狭くしておくべきといっていい。なぜなら、今回射程の広い判決が出されても、すぐ誤りとなってしまう可能性が高いからである。こうした見地からは、射程の広い準則が法廷に持ち込まれていない事案にも適用された場合、間違いを犯す可能性が高いために、漸進的決定が最善なのである。

ジョゼフ・ラズは、ほぼ同趣旨の議論のなかで、ある種の漸進的決定——通常、類推的推論によって生じる形式——を、複雑なシステムへの一回かぎりの介入が引き起こす特殊な問題と結びつけている。[34] ラズの見解では、裁判所は、大きな混乱から生じる意図せざる副作用が大きな混乱を招くのを防ぐために、類比的に推論するのである。同様に漸進的決定を支持する立場から、ドイツの心理学者ディートリッヒ・デルナーは、啓発的なコンピュータ実験をいくつか行っている。[35] その実験は、人が効果的に社会工学に従事できるか否かをみるために設計されたものである。実験の参加者は、世界の一定地域の住人が直面する問題の解決を求められる。コンピュータの不思議な力を通じて、多くの政策的改善策が、牛の飼育改善、児童の予防接種、井戸の掘削などの問題を解決するために手に入ることになっている。しかし、参加者のほとんどは、結果的に、大災害を引き起こしてしまう。なぜなら彼らは、個々の介入にともなって発生する、全システムにまたがる複雑な効果を理解していないからである。ごくわずかの参加者しか、この事態が引き起こす進展を理解できない——当該システムへの一回かぎりの介入がもたらす何重もの効果を理解できないのである。成功した実験参加者はこのリスクに敏感であり、撤回可能な小さな歩みをとることで、計画を徐々に浸透させることができている。[36]

以上から、デルナーは、システムへの介入が招く諸問題に注目する他の人々と同様に、漸進的決定を支持している。裁判官も同様の問題に直面しており、漸進的な決定は、ありうる逆効果についての無知が生み出す、限定合理性という特殊な問題に対処する適切な方法である。

以上の諸点からわれわれが理解できるのは、漸進的決定が準則や委任よりも望ましい場合があるということである。組織は、しばしば、将来への明確な道筋を創出するための情報を欠いている。そのような情報をもつ受任者が身近にいないことも多い。状況が急変すれば、準則や暫定的な原則は、後続の展開に妨げられるかもしれない。とくに重要なのは、どの特定の方向に進むにせよ、問題が生じれば、引き返せるべきだということである。他方、漸進的決定アプローチは、現状を支持する一種の大きな決定（一時的であるにせよ）を体現している。裁判所が、差別の問題を漸進的に処理しようとすれば、不正な慣行の継続を許してしまうだろうし、同じことが、貧困地域での失業問題を軽減しようとする州にもいえる。また、漸進的決定方式は、計画の土台を掘り崩し、法や政策の内容を事前に告知できないかもしれない。それゆえ、漸進的決定方式が限定合理性に対する合理的なアプローチであるとは一概にはいえない[37]。漸進的決定が限定合理性に（完全に最適に）応答するか、あるいは、限定合理性の（準最適な）反映であるかは、文脈次第である。

以上の分析は、政府の場合以外でも同様である。決定主体が漸進的決定を採用するのは、準則や暫定的な原則を制定するために必要な情報を欠いているからであり、また、彼らが直面する決定が類のないものであり、同じ決定が繰り返されることはほとんどなく、その結果、準則や暫定的な原則をとるべき根拠がないからであろう。言い換えれば、漸進的決定は、事態が徐々に変化するという見込みから、また、射程の広い決定が意図せざる結果を生み出すかもしれないという事実から、さらに、大規模な変化の責任を避けたい、そうでなくとも少なくとも延期したいという願望から生じるのである。

6　要約と結論

（1）第二階の戦略

これまでの議論は、表2に要約される。「低」と「高」という用語は決定費用全体を指しており、その費用を同じ主体が負担するとはかぎらないことを思い出そう。つまり、低―高型は、決定費用が委任者と受任者に分担されるだろう。高―低型の場合には、決定費用は、機関（たとえば、準則の制定者）と決定主体（準則の服従者）に分割される。

二つの重要な結論が引き出せる。第一の結論は、いかなる第二階の戦略も一概に理にかなった仕方で他よりも優位には立てないということである。第二の結論は、各々の方式が理にかなっているだろうと見込まれる状況と、各々の方式を支持し、あるいは支持しない要因とは、特定可能である、というものである。

（2）人は第二階の決定を現実に行っているのか？　行うべきか？

基礎的な重要問題が残っている。すなわち、選択肢の一覧を前提に、いずれの第二階の戦略をとるべきかについて、人や機関が自覚的に決定しているのかという問題である。自覚的な決定は実際に行われることがある。たとえば、立法府は熟議のうえで準則の制定ではなく委任を決定できる。裁判所

表2　第二階の戦略

戦　略	例	潜在的利益	潜在的不利益	適切なコンテクスト
①「低—高」型：委任	配偶者，友人；行政府	最終決定の直接的な責任の回避；よい結果の機会の増大	信頼・公正・責任にかかわる問題；委任の是非・対象の決定費用が高い可能性.	適切かつ信頼できる委任の存在；委任者の決定負担が大きいこと，あるいは，委任者の決定が間違う蓋然性があること
②「低—低」型：無作為採択，漸進的決定，多様なヒューリスティック	アングロ－アメリカにおけるコモン・ロー；くじ；個人の大きな決断	決定費用全体の低さ；変化と意図せざる結果への対処	計画の困難；決定費用の総量の高さ；多様な間違い	諸選好と諸価値の平衡状態／対称性；抜本的変化の回避；予期せぬ結果のおそれ
③「高—低」型：準則，暫定的な原則，ルーティン	スピード制限の法律；法形式主義；刑法；常習者の回復；厳格な人々	一度制定されると，多くの決定費用が低くなる；一致；計画の促進	よい準則，よい暫定的な原則を制定する困難；一度に制定されると間違い〔が続く〕	予測される決定と決定者がかなり多いこと；将来の決定に反復性があること；計画の必要性，事前に決定できることへの自信
④「高—高」型	ハムレット；ヘンリー・ジェームスの〔小説の登場人物の〕性格；機能不全に陥った政府	なし（決定費用を現実に喜んで負担し，決定が結果的によくなるのではないかぎり）	麻痺〔決定できない状態〕；不評；個人や機関の崩壊	決定主体ないし制度が他に何もできないこと

は、自覚的に漸進的な問題の処理を選択できる。大統領は、ある外国人の入国の可否を決めるにあたり、選択を拒否して、他の選択肢よりもくじのシステムを推奨できる。機関や個人が、あらゆる事情を考慮した末に、いずれかの第二階の戦略を支持する決定を下す可能性は十分にあるのである。

だがたいていの場合、一連の行為選択肢がすみずみまで、またはじっくりと比較考察されることはなく、状況は拙速に査定されてしまう。これは、私的な事柄での決定でよく起こることであり、そこでの判断はほぼ直観的であるように思われる。実際、仮に第二階の決定が最適化戦略の所産だったとしても、代償が大きすぎるかもしれない。そう考えると、第二階の決定は、第一階の決定が抱える問題の多くを露呈することになるだろう。第一階の決定の場合と同様に、なんらかの体系的方法で最大化するのではなく、最善にみえるもので問題を処理していく方が理にかなっている場合もある。単に前者の方法がより簡単である（それゆえ、多様な決定費用を考えれば、最大化するかもしれない）からである。個人に対しても機関に対しても、たいていの場合、選択の文脈が有する顕著な特徴によって特定の第二階の戦略の選択が促されるのである。第二階の決定について長時間懸命に頭をはたらかせる理由はない。

　しかしもちろん、人々の第二階の決定は、失敗に終わるかもしれない。合理的な行為者が第二階の決定を下し、第一階の決定に影響を与えうる自身の合理性の限界を克服しようとしても、これらの決定は、人々の第一階の決定につきまとうのと同じ情報収集・提供上の問題あるいは動機上の問題のせいで、誤った形で下されるかもしれない。

　情報が欠如している場合、個人や機関は、準最適である第二階の戦略をとらざるをえなくなるだろう。たとえば、情報の不足している裁判所は、準則が望ましい場合でも漸進的決定を選択する。それとはちょうど反対に、準則が病的なまでに厳格であり、個人にとっても社会にとっても深刻な問題を引き起こしかねないために、漸進的決定が準則よりも適切である場合でも準則が選択されることもある。また、衝動性や近視眼のような動機上の問題のせいで、結果的に決定主体や機関が間違った第二階の決定を下すこともありうる。たとえば、そのような問題のせいで、主体や機関が、後の展開が準則をどれほど妨害するのかを理解できなくなる場合がそうである。あるいはまた、決定主体や機関が非現実的なまでに楽観的である場合には、最適な漸進的決定を下すみずからの能力を過大評価するかもしれない。

　しかし、第二階の決定が間違って下されることには、もう一つ別の重要な理由もある。個人の決定主体や機関は、別の第二階の決定が利用できることを知らない場合、誤った第二階の決定を下すかもしれない。たとえば、アントニン・スカーリア裁判官に代表される法形式主義者たちは、高―低型戦略を擁護している。しかしスカーリア裁判官は、問題となっている実際的経験的な問題に目を向けることなく、またその高―低型戦略が他の現実的な選択肢に比べて望ましいことを示すことなく、あるアプリオリな根拠にたって擁護することがしばしばある。[38]同じことは、準則が帰結主義を間接的に促進できると主張する人々[39]、また、漸進的決定を支持する人々[40]にもいえる。決定負担に対処する方法は多様にあり、他の方法がより適切なこともありうる。政治的局面や法的局面においては、また場合によっては個人的局面においても、多様な選択肢があることをなるべく明らかにしていき、自覚しておくことが重要である。そうすることで、人々や諸機関がいつの間にか誤った第二階の戦略を採用してしまうことを回避できるのである。

(3) 結論

　普通の人々や公的機関は、あまり現場で決定を下したがらない。それゆえ、なんらかの第二階の戦略で対応するのである。多様な第二階の選択肢は、各々別個の倫理的・政治的問題に対応している。そのような戦略のなかには、はじめの決定には大きな負担をともなうが、そのあとの事案の決定は相対的に単純であり、決定負担が比較的小さくてすむメカニズムを創出するものがある。この戦略は一般に準則や暫定的な原則の形をとるが、これらが最善であるのは、予測される決定が多数で、反復性のある場合や、事前の告知と計画が重要である場合である。また、最初の決定負担と最終的な決定を行うときの負担の双方が小さい戦略もある[41]。このアプローチがよく機能するのは、無作為化が（おそらく選択肢がどちらも同程度によいゆえに、あるいは、誰も熟慮にもとづいた決定への責任を負うべきではないか、負わないと考えられるために）規範的な根拠から魅力的である場合と、また、（選択にかかわる認知的負担あるいは情緒的負担が存在するゆえに）第一階の決定を下すのが単に困難であるか、あるいは、決定が測定不可能なものにかかわり、大きな意図せざる結果がともなうというリスクがある場合とがある。漸進的決定を支持する重要な点は、取り消し可能性である。

　また、はじめの決定負担は小さいが、しかし、他の人や機関あるいは（比喩的には）未来の自分に委任される場合のように、はじめの決定負担が移転され、決定時の負担が高いという戦略もある。委任は、委任をする人や機関がどの程度監督し続けるのかに応じて、異なる形態をとる。委任の戦略が有効なのは、（おそらくは専門家であるがゆえに）当該領域の専門知識をもつ受任者や、それ以外の点で（偏見やその他の動機上の問題を抱えていないので）信頼できる受任者が身近にいる場合、また、他の個人や機関に決定責任を課すことに特別の政治的戦略的等々の利点がある場合である。委任には、深刻な倫理的政治的問題が発生しうる。たとえば、自発的には引き受けない任務や正当な条件下であれば引き受けないと考えられる任務を受任者が負担する場合や、委任が立法者や裁判所のような委任者の社会的役割と整合しない場合には、不公平性の問題となる。それゆえ、民主制と権力分立の観点から、委任には問題が生じうる。

　最後の類型は、たとえば、小説中の登場人物の一部や機能不全に陥った政府の場合のように、事前の負担が大きく、かつ、決定時の負担も大きい場合である。この戦略については、その存在を示唆することしかしなかった。この戦略は、きわめて重要な決定を下すべき極限的状況で役に立つが、一般的には、大きな決定負担を担うことが（おそらく道徳的な理由から）まちがいなくよい、あるいは、楽しめることでさえあると想定できる場合にのみ、最善だと考えられるのである。この想定は一見奇異かもしれないが、この想定なしには理解しがたい人間行動を説明するのにかならず役立つ。そのような人間行動は、しばしば、本章で論じてきた、より有望な他の第二階の決定を考察する動機となっているのである。

編者解説

規模の大小にかかわらず、意見や利害の異なる多数の人々が社会集団を作り、長い期間にわたって運営していく必要にせまられたとき、しばしば私たちは二通りの方法を活用してきた。

一つは、もともとの目的を見失わないために、また集団の分裂や解体を防ぐために共有しておくべきことがらを書きとめ、他の決定に優先して守っていくというやり方。もう一つは、新しい取り決めが必要になるたびに合議にはかり、オープンな議論を経た決定には誰もが（個人的には反対であっても）従っていくというやり方である。――「国家」という政治社会の運営にあてはめるなら、いうまでもなく前者は立憲主義の方法、後者は民主主義の方法だ。これら二つの統治の技法は、互いにぶつかり合い、ときには深刻な破綻を引き起こしながらも、今日まで多くの政治社会の統合と運営のなかで大きな役割を果たしてきた。

しかし同時に、両者はそれぞれよく似た困難を抱えてもいる。

立憲主義の擁護者は、憲法の拘束そのものが独善的に硬直化する危険に脅かされてきた。司法機関は憲法に反する議会の決定を退け、その条文のあいまいさを補う役目を担っている。しかし、司法を担う人々は選挙で選ばれたわけではない。しっかりとした民主的基盤をもたない彼らの判断に、人々はなぜ従わねばならないのか。その根拠がたえず疑われてきたのである。他方、民主主義の擁護者は、政治的な討議と決定そのものへの不安をいつも感じていた。多数派の専制と少数派の排除・抑圧、集団的な熱狂、公益とかけ離れた妥協や利害調整に陥ることなく、立法機関は公正で思慮のある決定を下せるのか。開かれた討議と中身のある合意形成とを両立させることはできるのか。その可能性と条件とがくりかえし問いただされてきたのである。

憲法解釈の理論は前者の困難に、民主主義の理論は後者の困難に応えようとする努力に多くを負っている。西欧近代の統治理論の中核は、これらの努力のたまものだ。両者はそれぞれ、政治社会の運営から独断と無分別を少しでも減らす方法、規律ある統治実践への指針を探り当てようとしてきたのである。

その意味で、本書の著者、キャス・サンスティーンが一九九〇年代はじめに司法ミニマリズムと熟議民主主義という旗印を掲げて登場したとき、彼もまた、立憲民主制の可能性と足場を見定めようとするこの企ての伝統に加わっていたといえる。

憲法解釈の手法について、彼は「広くて深い」裁定――たくさんの事例を射程に収める準則を定立し、大がかりな理論的裏づけに支えられた判断――を避け、コモン・ロー的な類推解釈を用いて一つひとつの具体的な紛争解決に専念していこうとするミニマリズム的な姿勢こそが、これまでの裁判所のふるまいに合致するし、利点も多いのだと主張した。また民主主義については、政治の過程を経済的な取引になぞらえて理解する多元主義的な政治観を批判し、共和主義の理念に根ざした熟議民主主義の構想、政治参加者の相互批判と相互学習に力点をおく民主主義のとらえ方を強く擁護した。なかでも司法ミニマリズムは、憲法理論のみならず法哲学、政治理論の分野でも広く注目を集めてきた。それが一九五〇年〜六〇年代の合衆国における積極的で強い司法のイメージ——原意主義やドゥオーキン流の憲法解釈理論にも色濃く影を落としている——を根本から疑うものであり、またこのような司法の謙抑性こそが民主的熟議の活性化をうながすのだという主張をともなっていたためである。

　しかしサンスティーンの本領は、むしろそのあと、発揮される。彼はやがて、それまで擁護してきた自分の見解の弱点をすすんで認め、その価値を相対化する議論をみずから精力的に展開しはじめたのである。

　曰く、ミニマリズムは憲法問題に取り組む裁判官が全面的に受け入れるべき解釈手法ではない。重要な政治的局面で裁判官に態度表明を控えさせ、深刻な不正の存続を許してしまう場合があるからである。またそれは、司法機関に余計な負担や責任を負わせないという口実のもと、それを裁判所以外の部門——たとえば熟議の過程——におしつけてしまうかもしれない。たしかに司法ミニマリズムは、裁判所が機関として抱えているさまざまな制約——利用できる情報の限界や、制度上与えられている役割の特殊性——にも配慮した現実的な手法だ。だがこの手法の選択には、一定の代償がともなう。そして状況次第では、その代償は決して小さくはないのである。

　また熟議という方法も、いつでも必ず望ましい政治的決定をもたらしてくれるわけではない。気心の知れた仲間内で、始まる前には誰一人考えていなかったような極論へと議論が傾いていった経験はないだろうか。内輪だけの閉鎖的な議論では、全体の流れを覆すような情報が提供されにくく、そこに水を差すような異論の表明も抑えこまれがちになる。参加者はつい、互いに受けのいい話ばかりを披露してしまいやすいのだ。このとき熟議は、たんに参加者の思い込みを補強し、いっそう極端な方向へとエスカレートさせるだけの装置になりかねない。参加者の意見や価値観を多様な視野のもとで検討し更新しあうという、本来の美質とはまるきり逆のはたらきをもってしまうのである。

この「集団極化」をめぐる知見は、Republic.com（邦訳『インターネットは民主主義の敵か』）やInfotopia（未邦訳）といった近年の著作のなかで、インターネット上のコミュニケーションが示す病理現象の解明にも生かされている。そこでのサンスティーンの考察は、ブログの〝炎上〟や排外主義的・民族主義的な表現の先鋭化、デマの増幅など、この一〇年ほどの間に私たちがすっかり見慣れた現象を早々ととらえていた。こうした彼の洞察は、熟議全般に共通する限界と危険性をめぐる考察のなかで育まれてきたものなのだ。

とはいえ、彼は司法ミニマリズムと熟議民主主義の理念や理論を放棄したわけではない。彼はただ、これら特定の理論の擁護や推奨から、複数の理論の使い分けをうながす〝第二階〟の理論図式の提示へと、議論の水準を移そうとしていたのである。この観点からは、どんな価値理念や理論も、状況にあわせて取捨されるべき選択肢の一つとして相対化されるだろう。司法ミニマリズムや熟議民主主義にかぎらず、あらゆる統治の手法は、ある条件のもとでその長所を十全に発揮したとしても、別の条件のもとでは逆にその短所をあらわにするにちがいない。だとすれば、一概にさまざまな理論の優劣を論じることには意味がない。むしろ、さまざまな公的・私的な集合的意思決定の場面で人々にどんな選択肢が開かれているのか、何を基準にその場面にふさわしい選択肢を選びとるべきなのか、まずはその検討に取り組む必要があるのではないか。こうしてサンスティーンの関心は、より柔軟な選択肢の検討、より広い眺望の提供へと、徐々に移っていったのである。

おそらくサンスティーンはこう考えている。——いついかなるときでも無条件に望ましい手段というものは存在しない。そして、憲法解釈の理論も民主主義の概念も、私たちが自分たちの社会のためのよりよい決定をするための道具にすぎないのであって、万能の手引きのように思い込むべきではないだろう。その道具の持ち味が生かされるかどうかは、使い手の能力や関心、その人をとりまく状況にも大きく左右される。道具の優劣を、道具だけを見比べて云々するだけでは不十分なのだ、と。

もちろんこのような見方に対しては、さらに問いを投げかけることができる。「社会のためのよりよい決定」とはどんな尺度で測られるべきなのか。これらの道具を用いて統治が最終的に実現すべき理念とは何なのか。管見のかぎり、どうやら彼はそのような問いに答えるつもりがないようだ。実際のところ、人は個々の具体的な選択や決定、そしてその決定のための戦略や制度を、そのつど自分にわかる範囲で改善していくほかかない。統治がめざすべき究極的な目標は、そのような断片的な努力の積み重ねのなかから、おのずと浮かび上がってくるようなものではないのか。彼の語り口は、暗黙のうちにそうほのめかしているようにもみえる。

このような理解にもとづいて、本書に収められた論考について述べておこう。これらの論文は、書かれた時期や発表媒体はさまざまながら、サンスティーンの憲法解釈論と民主主義理論の要点と変遷、そして集団のための意思決定の方法全般に関する基礎理論的考察をとらえることを意図して選ばれたものである。

第1章と第2章は、民主主義理論に対する（ある意味ではきわめて対照的な）彼のアプローチを示すものである。第1章「熟議のトラブル？　集団が極端化する理由」（二〇〇〇年）は、熟議的民主主義の理論が見落としがちなその負の側面への注意をうながす。ダニエル・カーネマンやリチャード・セイラーらとの共同作業を通じて彼が摂取した行動経済学上の洞察——人間の合理性の限界、とくに集合的決定がある規則性をもって非合理的な結論を選んでしまう機制の理解——が、ここでは民主主義論のなかへと持ち込まれ、展開されている。

第2章の「共和主義の復活を越えて」（一九八八年）は、その一二年前に書かれた論文である。ここでのサンスティーンは、熟議民主主義に対する全面的な擁護論をくりひろげている。ただしこの論文の主題は、あくまでも共和主義思想の現代的再解釈とその合衆国憲法との深い関わりの提示にあった。ここで「熟議」の概念は、二〇世紀の合衆国でもっとも影響力をもった多元主義的な政治観の盲点を浮き彫りにするために導入されているのである。個々の行為者の「選好」を無謬の所与として扱う理論は、経済理論であれ政治理論であれ、致命的な問題を抱え込むことになるだろう。それが当時、さまざまな著作のなかで彼がくりかえした主張だった。

第3章と第4章は憲法解釈の理論を扱う。ただしここで取り上げたのは、おもに司法ミニマリズムの相対化を試みた論考であり、正面からの擁護論ではない。その詳細、とくに熟議民主主義との結びつきについては、彼の主著の一つ、One Case at a Time（未邦訳）の第二章を参照していただきたい。

第3章「司法ミニマリズムを越えて」（二〇〇八）は、後述する第九回神戸レクチャーでの講演の記録である。ここでサンスティーンは、原意主義やドゥオーキン的な解釈理論と対比させながら司法ミニマリズムの特徴と長所を手際よくまとめ、さらにその欠点と限界についての考察にも踏み出している。司法ミニマリズムを擁護する者は、いつどのような場面でこれを脇におくべきなのかについての考察も怠ってはならない。あらゆる場面で裁判官がミニマリズム的な手法を押し通そうとすることには明らかに不都合があるということに、サンスティーンは十分自覚的なのである。

このような認識は、次の第4章「第二階の卓越主義」（二〇〇七）においていっそう明確な形をとった。冒頭の架空の町の挿話が示唆しているように、サンスティーンの関心はすでにさまざまな憲法解釈論の優劣の確定から、その持ち味を発揮させ、あるいはその弱点を露呈させる文脈の特定へと移っている。憲法解釈論は、状況に応じて最善の——つまり、憲法秩序を最適化する——解釈手法を見出そうとする第二階の視点からの考察に、もっと大きな役割を与えるべきだろう。司法ミニマリズムとそれ以外の憲法解釈論との最大の違いは、前者がこの第二階の観点から選び取られている点に認められる。

最終章の「第二階の決定」だけは、哲学者故エドナ・ウルマン＝マルガリートとの共著論文である。ここでサンスティーンとウルマン＝マルガリートは、状況や課題にあわせて最善の意思決定戦略（制度）を使い分けるための（第二階の）観点、というアイディアの含意を、もっとも一般的な仕方で解き明かしている。第二階の意思決定者は、どのような場合に第一階の意思決定者に判断をゆだね、また逆にいつ綿密な準則を与えてその裁量の余地を抑制するべきなのだろうか。鍵となるのは、日常のさまざまな場面で個々の課題に取り組む第一階の意思決定主体の能力、そして決定に要する費用と判断の誤りがもたらす費用に対する見積もりである。

なお付言するなら、第二階の観点からの第一階の意思決定環境の設計、というこの着想は、広く一般からも注目を集めたリバタリアン・パターナリズム論（"Libertarian Paternalism Is Not an Oxymoron," *The University of Chicago Law Review* vol.70（2003））や、その応用編ともいうべきNudge（邦訳『実践行動経済学』）での議論のなかにも生かされている。第二階の意思決定者は、強制的な手段に訴えなくても、第一階の意思決定者の〝自発的〟な判断と行動をより望ましい方向に改善できる。そこで目指されるのは、人間の認識や判断が無意識のうちに定型的にくりかえす歪みや偏りを逆手にとりながら意思決定の物理的・規範的環境を設計し、操作することであり、それを通じて当人の選択肢の幅を狭めることなく人々の選択を一定の方向へと誘導することなのである。

最後に著者と本書の成り立ちについて、簡単に紹介しておこう。

キャス・ロバート・サンスティーン（Cass Robert Sunstein）は、一九五四年マサチューセッツ州コンコード生まれ。二〇〇九年よりハーヴァード・ロー・スクールのフェリックス・フランクファーター法学教授、同年秋より合衆国政府の行政管理予算局の情報・規制問題室（Office of Information and Regulatory Affairs: OIRA）の責任者をつとめている。ハーヴァード・ロー・スクールを卒業後、現職に至るまでの間、マサチューセッツ最高裁判所Ｂ・カプラン判事および合衆国最高裁判所Ｔ・マーシャル判事の法務書記《ロー・クラーク》、司法省法律顧問室（The Office of the Legal Counsel）の法律アドヴァイザー（attorney-advisor）を歴任し、ウクライナ、ポーランド、中国、南アフリカ、ロシアなどの憲法制定・法制度整備支援事業にも携わった。一九八一年から二〇〇八年までシカゴ大学ロー・スクールに在籍した。

もともとの専門は行政法、規制政策、行動経済学だが、その業績は憲法理論、政治理論、環境政策、生命政策など多岐にわたり、また膨大な数にのぼる（共著・編著を含めた著書だけでも三十数点、論文はおそらく三百を下らないだろう）。主著には *The Partial Constitution*（1993）、*Free Markets and Social Justice*（1997：有松晃・紙谷雅子・柳沢和夫訳『自由市場と社会正義』農山漁村文化協会、二〇〇二）、*Legal Reasoning and Political Conflict*（1996）、*One Case at a Time: Judicial Minimalism on the Supreme Court*（1999）、*Behavioral Law and Economics*（ed. 2000）、*Designing Democracy*（2001）、*Republic.com*（2001：石川幸憲訳『インターネットは民主主義の敵か』毎日新聞社、二〇〇三）、*Risk and Reason: Safety, Law, and the Environment*（2002）、*Why Societies Need Dissent*（2003）、*Laws of fear: Beyond the Precautionary Principle*（2005）、*Radicals in Robes: Why Extreme Right-Wing Courts Are Wrong for America*（2005）、*Infotopia: How Many Minds Produce Knowledge*（2006）、*Worst-Case Scenarios*（2007：田沢恭子訳『最悪のシナリオ』みすず書房、二〇一二）、*Nudge: Improving Decisions about Health, Wealth, and Happiness*（co-authored with Richard Thaler, 2008：遠藤真美訳『実践行動経済学――健康、富、幸福への聡明な選択』日経ＢＰ社、二〇〇九年）、*Going to Extremes: How Like Minds Unite and Divide*（2009）、*A Constitution of Many Minds: Why the Founding Document Doesn't Mean What It Meant Before*（2011）がある。

本書は、サンスティーンのこの広大な仕事のひろがりのなかから、熟議民主主義と憲法解釈理論、さらにその基礎理論的考察に取り組んだ論考を選び収録した。翻訳企画のきっかけは、二〇〇八年六月のサンスティーン初来日の折にさかのぼる。この来日は、ＩＶＲ（法哲学・社会哲学国際学会連合）日本文部・日本法哲学会主催の第九回神戸レクチャー（於・青山学院大学）および、科学研究費補助金（学術創成研究費）「ポスト構造改革における市場と社会の新たな秩序形成――自由と共同性の法システム――」主催による南山大学と京都大学でのセミナーのための招聘によるものだった。その際、神戸レクチャーの講演原稿、およびそれと関連の深い論文を選んで翻訳・出版してはどうかという話がもちあがり、筆者がいくつかの候補を用意してサンスティーン本人に示し、選んでもらうところからスタートしたのである。

翻訳の作業は、各章担当者の作成した訳稿に編者が注文をつけて送り返す、というやりとりをくりかえす形で進められた。それぞれ別個に公表された論文だったことを考え、散漫な印象を少しでもやわらげるべく、最後に編者が語調・表現や用語をととのえた。また、各章の扉頁に、短い紹介文を添えた。読み進める際の一助になれば幸いである。

編者の無能と度重なる不手際から、最初にお約束した予定をはるかに超過してしまった。とくに勁草書房の二人の担当編集者、出版のお願いを快く引き受け、準備を整えてくださった徳田慎一郎さん、事実上休眠（仮死？）状態だった本企画を目覚めさせ、世に送り出すまで引っ張ってくださった鈴木クニエさんには、この場を借りて深く御礼申し上げたい。

二〇一二年六月

那須耕介

(32) Thomas Schelling, "Self-Command in Practice, in Policy, and in a Theory of Rational Choice," 1-22, *American Economic Review* 74 (1984) をみよ.
(33) くじ一般に関連する倫理的政治的問題については, Elster, 前掲注 4, 36-122 をみよ.
(34) Joseph Raz, *The Authority of Law*, 201-6.
(35) Dietrich Dörner, *The Logic of Failure* (New York: Free Press, 1994) をみよ.〔ディートリッヒ・デルナー(近藤駿介監訳)『人はなぜ失敗するのか』ミオシン出版, 1999 年〕
(36) James Scott, *Seeing Like a State* (New Haven, Conn.: Yale University Press, 1998) をみよ.
(37) 次の文献では, なんらかの形の漸進的決定が望ましいとされている. Levi, 前掲注 17, 3-15; Alexander Bickel, *The Least Dangerous Branch* (New Haven, Conn.: Yale University Press, 1962). しかし, これらの議論が失敗しているのは, 計画の促進が必要である場合のような, 高一低形式がより望ましい状況の存在に気づいていない点である. たとえば, 財産法や契約法の領域を考えよ. これらの領域では, 確実性がきわめて重要である. それゆえ, 低一低型を好む人々は, 高一低型を好む人々と問題を共有する傾向にある. Scalia をみよ. 彼らは, 個々の第二階の戦略の利点と欠点は, 状況と関連する制度の能力に依存しており, アプリオリな議論によっては決められないということを理解していないように思われる.
(38) Scalia, 前掲注 18, 5-24 をみよ. シャウアーは, 形式主義の選択がおおむね経験主義的考察に依拠していることを理解しているが, しかし, 別の第二階の戦略が何かを特定していないし, また, いかにして別の第二階の戦略が準則拘束型法に比較されうるのかを示していない.
(39) Johnson, 前掲注 9 をみよ. 本章で述べたことは, ジョンソンの間違いを証明しているわけではない. ただ, 本章の主張は, 帰結主義的な目標を促進する方法としての準則の使用を完璧に擁護するためには, 多様な第二階の戦略(暫定的な原則, 基準)をしっかり把握しなければならないということである.
(40) Levi, 前掲注 17; Lindblom, 前掲注 17 をみよ.
(41) Itzhak Gilboa and David Schmeidler, "Case-Based Decision Theory," 605-34, *Quarterly Journal of Economics* 110 (1995); Daniel Kahneman and Don Lovallo, "Timid Choice and Bold Forecasts: A Cognitive Perspective on Risk Taking," 17-35, *Management Science* 39 (1993) をみよ.

(22)　キャプローが啓発的にこの種の枠組みを用いているが，彼の論じ方は還元主義的にすぎるように思われる．シャウアーの前掲書196-206頁〔前掲注9〕では，準則を支持する論拠が経験的な考慮に依存していることが承認されている．エルスターの前掲書（*Ulysses and the Sirens*）〔前掲注6〕とシェリングの前掲論文（“Enforcing Rules on Oneself”）〔前掲注4〕がプリコミットメントを取り扱う際には，準則拘束型の戦略が他の（第二階の）アプローチよりも望ましい状況について検討しておらず，また，本章で論じる多様な第二階の戦略のどれがよいのかを選択する論拠も検討していない．一般的にいえば，プリコミットメントについての議論の現状は，妥当な戦略は準則かそれ以外かという問題については，答えるべきものをもっていないというところである．Elster, 前掲注6, 37-40をみよ（種々雑多な例が集められている）.

(23)　Edna Ullman-Margalit, “On Not Wanting to Know,” in *Reasoning Practically*（New York: Oxford University Press, 1999）; Gerald Dworkin, “Is More Choice Better than Less?”, 62-83 in *The Theory and Practice of Autonomy*（New York: Cambridge University Press, 1988）をみよ．

(24)　Stephen Holmes, *Passions and Constraint*, 165（Chicago: University of Chicago Press, 1996）をみよ．

(25)　Scalia, 前掲注18, 5-20をみよ．

(26)　Philip Howard, *The Death of Common Sense*, 12-51（New York: Warner, 1996）〔廣瀬克哉・山根玲子訳『常識の死――法は如何にしてアメリカをだめにしてきたか』リブロス，星雲社，1998年〕をみよ．

(27)　これは，次の著作の基本的主題である．Marc Roberts et al., *The Environmental Protection Agency: Asking the Wrong Questions*, 2nd. ed.（Oxford: Oxford University Press, 1996）.

(28)　次の二つの文献を比較せよ．David Shoenbrod, *Power without Responsibility*（New Haven, Conn.; Yale University Press, 1995）とJerry Mashaw, *Chaos, Greed, and Governance*（New Haven, Conn.: Yale University Press, 1997）.

(29)　たとえばElster, 前掲注6; Schauer, 前掲注9をみよ．

(30)　たとえばElster, 前掲注4, 5.; Schelling, 前掲注4をみよ．エルスターは，プリコミットメント戦略がほぼ適切であるが，しかし，準則と準則に代わる選択肢との間の選択，言い換えれば，準則以外の第二階の戦略が適切であるか否かを議論していない．

(31)　Kaplow, 前掲注1をみよ．

ことも正当化されない．以上につき，Edna Ullmann-Margalit, “On Presumption,” 143-162, *Journal of Philosophy* 80（1983）をみよ．

（15） たとえば Kaplow, 前掲注 1, 189-221; Kathleen Sullivan, “Forward: The Justices of Rules and Standards,” 22-103, *Harvard Law Review* 105（1993）をみよ．

（16） Edna Ullman-Margalit, “Opting: The Case of ‘Big’ Decisions,” in *The 1985 Yearbook* of the Wissenschaftskolleg zu Berlin をみよ．

（17） Edward Levi, *An Introduction to Legal Reasoning*, 3-15（Chicago: University of Chicago Press, 1948）をみよ．政治学においては，Charles Lindblom, “The Science of Muddling Through,” 78-110, 79, *Public Administration Review* 19（1955）をみよ．この論文は，増分主義についての影響力のある重要な議論を展開している．Charles Lindblom, “Still Muddling, Not Yet Through,” 517-26, *Public Administration Review* 39（1979）もみよ．彼の議論は，われわれの探求と同じ漸進的決定についての一般的な枠組みのなかにある．しかし（奇妙なことに），リンドブロムは司法について論じておらず，また，増分主義以外の第二階の戦略が優位する場合を検討していない．

（18） たとえば，死ぬ権利，積極的差別是正措置，性的平等がかかわるケースにおいて，サンドラ・デイ・オコーナー裁判官とルース・ベイダー・ギンズバーグ裁判官は，選択の戦略として漸進的決定をしばしば支持している．これが，彼女らがしばしばスカーリア裁判官に反対する根拠であり，実際，それが現代の連邦最高裁判所をめぐる主たる法哲学的論争としてみなされる．法の支配とコモン・ローの方法との緊張関係は，アントニン・スカーリアの著作『解釈の問題』の基礎的なテーマである．Antonin Scalia, *A Matter of Interpretation*, 5-15（Princeton, N.J.: Princeton University Press, 1997）をみよ．全体的な議論としては，Cass R. Sunstein, *One Case at a Time: Judicial Minimalism on the Supreme Court*（Cambridge, Mass.: Harvard University Press, 1999）をみよ．

（19） Edna Ullmann-Margalit and Sidney Morgenbesser, “Picking and Choosing,” 757-83, *Social Research* 44（1977）をみよ．

（20） たとえば John Conlisk, “Why Bounded Rationality?” 669-98, *Journal of Economic Literature* 34（1996）をみよ．

（21） エルスターの *Ulysses and the Sirens* におけるプリコミットメントの議論と，マクレネンにおける「断固たる選択（resolute choice）」の議論を参照せよ．

の問題に関心を向けている．マクレネンの主たる関心は，動学的整合性（dynamic consistency）に対して向けられている．同上219をみよ．ミルの短いが重要な議論は，不断の計算が認知的な負担となるということにかかわっている．同上152をみよ．

(11) その典型がジョンソンの文献〔前掲注9〕であり，彼は帰結主義的な目標の促進手段として（暫定的な原則のような）準則に代わる第二階の選択肢を探求していない．エルスターは，これらの戦略の一部については示唆に富む議論をしているが，しかし，さまざまな個所でばらばらに論じており，ある行為主体がこれらの戦略の間でどのように選択できるのか，また選択しているのかを議論しておらず，制度にかかわる問題をほとんど扱っていない．Elster, 前掲注4, 36-45（ランダム化について論じている）; Elster, 前掲注6, 36-47（表面上は準則を通じたプリコミットメントを論じている）をみよ．

(12) もちろん，第二階の決定は，限定合理的な人間あるいは機関による，自身の限定合理性に対する合理的な応答として機能するかもしれない．しかし，そのような決定にも，限定合理性の問題が存在するのであり，認知的問題や動機にかかわる問題を理由とする間違いを犯すかもしれないのである．

(13) 利己主義的な政治参加者は，自身に有利な結果を得るために，この種の論法を悪用しようとするだろう．産業界の代表者は，立法がうまくいく公算に神経質になって，立法府に委任された者の方が産業界の主張に理解がある（あるいは産業界の影響を被りやすい）という希望をもち，立法府が委任することを強く支持するかもしれない．第二階の戦略に含まれる戦略的考察事項については，瞥見的にしか取り上げない．ただ，これは，さらなる経験的研究と理論的研究を必要とする豊かな領域である．

(14) ここで重要なのは，暫定的な原則と例外をともなう準則を区別することである．例外をともなう準則は次のような構造をもつ．たとえば，「Xをせよ——ただし，Aの場合にはXをしなくともよい」「速度制限を守れ——ただし，緊急時に警察車両や救急車を運転している場合には速度制限を超えてもよい」というものである．これに対して，典型的な暫定的な原則は次のようなものである．「状況Aが起こっていることが示されない場合，また，示されるまでは，Pだという前提で行為せよ．状況Aにおいては，別のことをせよ」．行為主体が，状況Aの成否を知っている場合には，その二つは同じになる．行為主体がそれを知らない場合には，その二つはまったく異なることになる．暫定的な原則の場合には，その情報を知らないままで問題を処理できるのに対して，例外のある準則の場合には，問題を処理できず，Xをすることも，Xをしない

プリコミットメントにあり，それは，本章で論じられる一連の解決策の一部にすぎない．彼は，準則と他の種類のプリコミットメント戦略とを明確に区別しているわけではない．

(4) Jon Elster, *Solomonic Judgments*, 36–53 (Cambridge: Cambridge University Press, 1990); John Rawls, "Two Concepts of Rules," *Philosophical Review* 64 (1955): 3–32〔深田三徳訳「二つのルール概念」田中成明編訳『公正としての正義』木鐸社，1979年〕; Edward McClennen, *Rationality and Dynamic Choice* (Cambridge; Cambridge University Press, 1990) をみよ．また，多くの議論の有用なサーベイとして，マクレネン McClennen の著作 219–238 頁をみよ．経済学内部においては，Thomas Schelling, "Enforcing Rules on Oneself," *Journal of Law, Economics, and Organization* 1 (1985): 357–70; Kaplow, 前掲注 1; Richard Thaler, *Quasi-Rational Economics*, 77–90 (New York: Russell Sage 1993); Eric Rasmussen, "Managerial Conservatism and Rational Information Acquisition," *Journal of Economics and Management Strategy* 1 (1992): 175–202, and *Games and Information*, 129 (Oxford: Blackwell, 1994) をみよ．

(5) ミル自身は，この点を強調していた．John Stuart Mill, "Utilitarianism," in his *On Liberty and Other Essays*, ed. John Gray, 131–201 (Oxford: Oxford University Press, 1991) をみよ〔『功利主義論』の邦訳は，伊原吉之助訳，関嘉彦等編『世界の名著 38：ベンサム，J・S・ミル』（中央公論社，1967）459–528 をみよ〕．151–53〔訳書 480–482 頁〕．

(6) Jon Elster, *Ulysses and the Sirens*, 36–47 (Cambridge: Cambridge University Press, 1979) をみよ．

(7) McClennen, 前掲注 4, 50–85 をみよ．

(8) Thaler, 前掲注 4, 77–90 をみよ．

(9) Frederick Schauer, *Playing by the Rules* (Cambridge University Press, 1992) をみよ．本書には，有用な制度的な議論，とりわけ，裁判所と立法府に関する議論がある．また，コンラッド・ジョンソンの著作 Conrad Johnson, *Moral Legislation* (Cambridge: Cambridge University Press, 1991) は，いくつかの筋でそれを補完しており，立法段階における決定と個人の選択との相違を議論している．

(10) エルスター，前掲注 6, 37 の主たる関心は，意志の弱さという特殊な問題に向けられており，この問題は重要だが，以下でみるように，第二階の決定の多くの論拠の一つでしかない．同様に，セイラーとシェリングは，自己統御強調している).
(68) 私にはこれがドゥオーキンの指し示す方向であるように思える.前掲注 27.
(69) スティーヴン・ブレイヤー裁判官はこの一般的効果について論じている.概略は Stephen Breyer, *Active Liberty: Interpreting Our Democratic Constitution* (2006) をみよ.

第5章

† 完成前の草稿に有益なコメントをしてくださったことにつき,ジョシュア・コーエン,ヤン・エルスター,デヴィッド・フリードマン,エリザベス・ギャレット,ソール・レヴモア,アビシャイ・マルガリート,マーサ・ヌスバウム,エリック・ポズナー,リチャード・ポズナー,デヴィッド・ストラウス,そして,二人の匿名査読者に感謝する.また,ネブラスカ大学教員研究会への参加者にも感謝する.
(1) Gary Becker, *Accounting for Tastes* (Cambridge, Mass.: Harvard University Press, 1996).もちろん,経済学的な志向のある議論の一部でも,本章で論じられる問題の一部を取り上げており (Louis Kaplow, "Rules and Standards: An Economic Analysis," *Duke Law Journal* 42〔1992〕: 181-232 をみよ),われわれが記すとおり,多数の功利主義の伝統を汲む者を含む数多の人々が,近視眼あるいは自己管理の問題を克服するための戦略や制度を案出していると主張してきた.
(2) もっとも包括的に法的推論を取り扱っているロナルド・ドゥオーキンの *Law's Empire* (Cambridge, Mass.: Harvard University Press, 1986)〔小林公訳『法の帝国』未來社,1995 年〕は先例の援用については十分に論じている.しかし,決定負担を簡素化するための戦略の使用についてはまったく論じておらず,これは,重大な欠陥である.この論題の諸側面を有用な形で論じているものとして,次の文献を挙げることができる.Joseph Raz, *Practical Reason and Norms*, 2nd ed., 37-45 (Princeton, N.J.: Princeton University Press, 1991)(準則と排除的理由 exclusionary reasons を議論している)と *The Authority of Law*, 201-6 (Oxford: Oxford University Press, 1986)(類比 analogies を論じている).政治学の領域においては以下の文献をみよ.Yuen Foongh Khong, *Analogies at War* (Princeton, N.J.: Princeton University Press, 1992).
(3) 一つの突出した例外は,George Ainslie, *Picoeconomics* (Cambridge: Cambridge University Press, 1995) である.しかし,エインズリーの焦点は

いて，「自由の反全体主義的原則にもとづく懸念に関わりあうこともなく，また重要な基本的諸自由も侵害しない」と述べている（同上136）．だがそうだろうか？

(52)　概略は Herbert Hendin, *Seduced By Death: Doctors, Patients, and Assisted Suicide*（1998）をみよ．

(53)　同上215-28をみよ（昏睡や認知症と診断された患者のための判断を誰が下すべきかについて論じている）．

(54)　概略は Daniel T. Gilbert & Timothy D. Wilson, "Miswanting: Some Problems in the Forecasting of Future Affective States," in *Feeling and Thinking: The Role of Affect in Social Cognition 178*（Joseph P. Forgas ed., 2000）［以下，Gilbert & Wilson, Miswanting］をみよ．また，Timothy D. Wilson & Daniel T. Gilbert, "Affective Forecasting," 35 *Advances Experimental Soc. Psychol.* 345（2003）［以下，Wilson & Gilbert, Affective Forecasting］．

(55)　Wilson & Gilbert, "Affective Forecasting," 前掲注54, 345-46をみよ．

(56)　Gilbert & Wilson, "Miswanting," 前掲注54をみよ．

(57)　Fleming, 前掲注8, 3をみよ．

(58)　同上11をみよ．

(59)　同上92をみよ．

(60)　もちろんフレミングは裁判官だけに関心をしぼっているのではないし，私のここでの異論は司法機関外での憲法解釈に関する彼の提案にまでおよぶものではない．

(61)　ランディ・バーネットの投稿，前掲注20.

(62)　Ronald Dworkin, *Justice in Robes*（2006）〔宇佐美誠訳『裁判の正義』木鐸社，2009年〕は，難事案を解決するためにはきわめて野心的に考えねばならなくなる可能性がある，という正当な主張を行っている．

(63)　こうした理由から，エドワード・H. リーヴィの *An Introduction to Legal Reasoning* は，「例示による推論」を強調することで，憲法領域における法的推論にいまなお有益な手引きを示し続けている．Edward H. Levi, *An Introduction to Legal Reasoning 1*（1949）．

(64)　たとえばFleming, 前掲注8, 14をみよ．

(65)　John Rawls, "Reply to Habermas," 92 *J. Phil.* 132, 134（1995）をみよ．

(66)　Cass R. Sunstein, *Legal Reasoning and Political Conflict*（1996）をみよ．

(67)　だがDworkin, 前掲注62をみよ（概念的上昇を要する事例の可能性を度がなしうる理論構築の限界の問題に取り組んでいれば，そして解釈へのミニマリスト的な手法が最終的に熟議民主制の理念に根ざした解釈手法に適合しうる可能性とその程度について精査していれば，議論はいっそうすぐれたものになっていただろう．

(37)　Fleming, 前掲注 8, 135 をみよ．

(38)　同上 137 をみよ．

(39)　同上 11 をみよ．

(40)　同上．

(41)　同上．

(42)　U.S. Const. amend. I をみよ．

(43)　概略は Joseph M. Bessette, *The Mild Voice of Reason: Deliberative Democracy and American National Government*（1994）をみよ．

(44)　概略は Cass R. Sunstein, *Democracy and the Problem of Free Speech*（1993）をみよ（政治的言論を上位におきつつ，言論の自由に関する二層式の解釈を擁護している）．

(45)　特権と免除条項がもろもろの自律への権利よりも安全な拠り所を提供できるか否かについては，脇におくことにする．U.S. Const. amend. XIV, §1 をみよ．

(46)　同上をみよ（「いかなる州も，合衆国市民の特権ないし免除を減殺する立法やその強制を認めてはならない……」）．

(47)　*Lawrence v. Texas, 539 U.S. 558*（2003）をみよ．

(48)　Fleming, 前掲注 8, 89-140 をみよ．

(49)　*Ferguson v. Skrupa, 372 U.S. 726*（1963）をみよ（債務整理業者を法学学位取得者に限定するカンザスの法は憲法上の平等保護条項に抵触しないという見解を支持している）．

(50)　Institute for Justice, Economic Liberty Cases: New Mexico Interior Design, http://www.ij.org/economic_liberty/nm_interiordesign/index.html (last visited Mar. 30, 2007) をみよ（政府の認証なしに「インテリア・デザイナー」を名乗ることを禁じるニューメキシコの法に対する異議申し立てを論じている）．

(51)　フレミングは自分の手法が一般的なリバタリアン原則を必要とはしていない，と力説している．Fleming, 前掲注 8, 134-37. だがこれら二手法には確実に重なるところがあり，彼が両者の分離に成功しているかどうか，私には確信がもてない．彼はリバタリアンの嫌いそうなパターナリスティックな法につ

(17) 「普通の状況なら」という限定が必要なのは，部下であっても話者の意図とは別の何事かを問う場合があるからである．すべては部下の役割に左右される．

(18) Scalia, 前掲注 4, 129-49 をみよ．

(19) 概略は Antonin Scalia, "Originalism: The Lesser Evil," 57 *U. Cin. L. Rev.* 849 (1989) をみよ．

(20) http://legalaffairs.org/webexclusive/debateclub_cie0505.msp (May 2, 2005, 13: 43 EST) へのランディ・バーネットの投稿.

(21) Akhil Reed Amar, "Rethinking Originalism: Original Intent for Liberals (and for Conservatives and Moderates, Too)," Slate, Sept. 21, 2005, http://www.slate.com/id/2126680/ をみよ．

(22) *539 U.S. 558* (2003).

(23) 同上 561.

(24) 概略は Dworkin, 前掲注 8 をみよ．

(25) 同上をみよ．

(26) Fleming, 前掲注 8, 210-27 をみよ．

(27) 概略は Ronald Dworkin, *Freedom's Law: The Moral Reading of the American Constitution* (1996)〔石川文彦訳『自由の法――米国憲法の道徳的解釈』木鐸社，1999 年〕をみよ．

(28) たとえば Ronald Dworkin, "How to Read the Civil Rights Act," in *A Matter of Principle* 316 (1985) をみよ．

(29) フレミングは，ドゥオーキンとは違い，司法機関による憲法上の保護が一部不十分であることを認めており，それは妥当なことである．Fleming, 前掲注 8, 215 をみよ．

(30) Sunstein, 前掲注 10, 54-78 をみよ．

(31) こう述べるからといって，私は適合性と正当化に関するドゥオーキン特有の理解を支持しているわけではないし，適合性を純粋にプラグマティックな理由だけにもとづいて主張する可能性を否定しているわけでもない．

(32) Fleming, 前掲注 8 をみよ．

(33) 同上 210-15 をみよ．

(34) 同上 106 をみよ．

(35) 同上 126-27 をみよ．

(36) Sunstein, 前掲注 10 は，憲法解釈の手法が熟議民主制に根ざしていることを強調している．ここでその手法を全否定するつもりはないが，連邦司法制が明白な場合だけだ，という点にわれわれは同意するかもしれないが，明白な違憲がいつ生じたかをどうやって判定するのか？セア主義は，憲法の意味に関する一定の説明によって補われなければ，無益である．

(4) 概略は Antonin Scalia, *A Matter of Interpretation: Federal Courts and the Law*（1997）をみよ．

(5) 概略は Raoul Berger, *Government by Judiciary: The Transformation of the Fourteenth Amendment*（1977）をみよ．バーガーの関心は，起草時の意味よりも起草時の意図にあるのだが，本章での目的の範囲では，その意見の相違はバーガー市の「家族内の」問題とみて，脇においてもよいだろう．

(6) 概略は Cass R. Sunstein, *One Case at a Time: Judicial Minimalism on the Supreme Court*（1999）をみよ．

(7) もちろん，多種多様なミニマリズムが存在する．「裁判所は小さな，完全には理論化されていない手段をとるべきだ」と述べることは，裁判所が進むべき方向を示してはいない．さらなる議論ついては，Cass R. Sunstein, "Burkean Minimalism," 105 *Mich. L. Rev.* 353（2006）をみよ．

(8) Ronald Dworkin, *Law's Empire*（1986）〔小林公訳『法の帝国』未來社，1995年〕および James E. Fleming, *Securing Constitutional Democracy: The Case of Autonomy*（2006）の全体をみよ．

(9) オリュンポス的な実践と民主的自己統治との間の潜在的葛藤については，オリュンポスの裁判官はそうした葛藤を招かないだろうと仮定して，脇においている．

(10) より詳しい説明として，Cass R. Sunstein, *Radicals in Robes: Why Extreme Right-Wing Courts Are Wrong for America*（2005）をみよ．

(11) 概略は Richard A. Posner, *Law, Pragmatism, and Democracy*（2003）をみよ．

(12) Sunstein, 前掲注 10, 26 をみよ（クラレンス・トーマス裁判官の見解を論じている）．

(13) 同上（アントニン・スカーリア裁判官について論じている）．

(14) 法廷外の憲法解釈という着想は，Fleming, 前掲注 8 および Cass R. Sunstein, *The Partial Constitution*（1993）において，多角的に検討されている．

(15) たとえば，Saikrishna Prakash, "Radicals in Tweed Jackets: Why Extreme Left-Wing Law Professors Are Wrong for America," 106 *Colum. L. Rev.* 2207（2006）をみよ（Sunstein, 前掲注 10 の書評）．

(16) 同上 2226-32.

(22) 同上 428 をみよ．
(23) 同上 451 をみよ．
(24) 同上 457 をみよ．
(25) 同上 451 をみよ．
(26) この議論については，Cass R. Sunstein, “Burkean Minimalism,” *105 Mich. L. Rev. 353*（2006）をみよ．
(27) *Miranda v. Arizona, 384 US 436*（1966）.
(28) *United States v. Miller, 413 US 15*（1973）.
(29) *Brown v. Bd of Educ., 347 US 483*（1954）.
(30) Louis Kaplow, “Rules Versus Standards: An Economic Analysis,” *41 Duke LJ 557*（1992）をみよ．
(31) Henry Sidgwick, *The Methods of Ethics, 7th ed.*（New York: Dover Publications, 1966）, pp. 96-104.
(32) これはロナルド・ドゥオーキンの『法の帝国』にみられる傾向である．Dworkin, 前傾注 5.
(33) したがってジェファーソンは次のように述べている．激動は「善を生み出すものであり，政府の堕落を防ぎ，公共の事柄に対する……一般の注意を涵養してくれる．私は……時折多少の不安定さが存在することは好ましいと考えている」. “Letter to Madison（Jan. 30, 1798）”, reprinted in *The Portable Thomas Jefferson*. Merrill D. Peterson ed.（New York: Viking Press, 1975）.

第 4 章

† Karl N. Llewellyn Distinguished Service Professor, Law School and Department of Political Science, University of Chicago. この論文は当初フォーダム・ロー・スクールでのシンポジウム「憲法理論におけるミニマリズム対卓越主義」のために用意された．このシンポの参加者からは価値ある助言を得た．先行草稿へのみごとなコメントにつき，アブナー・グリーンとブライアン・ライターにも感謝したい．
(1) この趣旨での啓発的で強力な主張は，Adrian Vermeule, *Judging Under Uncertainty*（2006）に見出される．
(2) 概略は James B. Thayer, “The Origin and Scope of the American Doctrine of Constitutional Law,” 7 *Harv. L. Rev.* 129（1893）をみよ．
(3) 私はここで，セア主義が憲法解釈理論の説明としては不完全だという明白な事実を脇においている．裁判所が制定法を無効にすべきなのはその違憲性

る論争が，基底的な原理についての論争から生じる場合があることを正しく指摘している．私はここでは，たいていの場合，原理についての論争には意味についての論争がともなっていることを示唆するに留める．無論，この基本的なテーマは解釈についての不一致にかかわるが，ここではこの問題は扱わない．

(6) Stephen Breyer, “The Federal Sentencing Guidelines and the Key Compromises Upon Which They Rest,” *17 Hofstra L. Rev. 1*, 14–19（1988）.

(7) 集合知の一般的な取り扱いについては，James Surowiecki, *The Wisdom of Crowds*（New York: Anchor, 2005）を，コンドルセの定理への言及を含んだよりテクニカルな説明については，Cass R. Sunstein, *Infotopia: How many Minds Produce Knowledge*（New York: Oxford University Press, 2006）を参照せよ．

(8) *The New Republic*, June 6, 1994, p. 12 において引用されたもの．

(9) Samantha Power, *A Problem From Hell*（New York: Basic Books, 2002）を参照．

(10) Mary Ann Glendon, *A World Made Anew*（New York: Random House, 2001）を参照．

(11) 同上 51 をみよ．

(12) 同上 57 をみよ．

(13) 同上 77 をみよ（citing Maritain）; また，http://www.catholicculture.org/docs/doc_view.cfm?recnum=405 にも引用されている．

(14) Ronald Dworkin, *Justice in Robes*（Cambridge: Harvard University Press, 2006）〔宇佐美誠訳『裁判の正義』木鐸社，2009 年〕をみよ．

(15) *Brandenburg v. Ohio, 395 U. S. 444*（1969）をみよ．

(16) *Dandridge v. Williams, 397 U. S 471*（1970）をみよ．

(17) John Rawls, *A Theory of Justice*（Cambridge: Harvard University Press, 1971）〔川本隆史・福間聡・神島裕子訳『正義論』紀伊國屋書店，2010 年〕をみよ．ここで指摘した関連性の詳細については，Sunstein, 前掲注 3 をみよ．

(18) *Lochner v. New York, 198 U. S. 48, 69*（1908）（Holmes, J., dissenting）.

(19) Edmund Burke, *Reflections on the Revolution in France*, in *The Portable Edmund Burke* Issac Kramnick ed. 416–457（Penguin Books, 1999）.

(20) 同上 442 をみよ．

(21) 同上 451 をみよ．

一緒にできるわけでもない．議論とは，情報を結合させ，議論の範囲を拡大する方法なのである．」〔ただし訳を変えている〕）も合わせて考えられたい．

(263) Young, "Polity and Group Difference", 前掲注 2（集団代表制をこの根拠にもとづいて擁護している）; Pitkin, 前掲注 1, 90（共和主義の見解にもとづいて，部分的には「内部抗争がそれ自身で本質的かつ健全な現象である」ために，「階級と利益の多元性は必要である」と述べている）をみよ．

(264) 政治的熟議における意見の不一致の創造的な役割を論じた『ザ・フェデラリスト』第 70 編におけるハミルトンの議論（「立法部内部における意見の相違や党派の衝突は，……しばしば慎重な審議をもたらし，多数派の行きすぎを抑制するのに役立つことが多い」）をみよ．*The Federalist No. 70*, 426-27（A. Hamilton）（C. Rossiter ed. 1961）〔343 頁〕.

(265) J. Burnheim, *Is Democracy Possible?*（1985）; Held, 前掲注 9, 286〔319-20〕〔403-404 頁〕; Young, "Polity and Group Difference", 前掲注 2 をみよ．

(266) Okin, 前掲注 82 をみよ．

第３章

† Karl Llewellyn Distinguished Service Professor of Jurisprudence, University of Chicago. 私は別な場所でもこの問題に取り組んでおり，本章はそこでの論じ方のいくつかを利用している．Cass R. Sunstein, *One Case At A Time* (Cambridge: Harvard University Press, 1999); *Legal Reasoning and Political Conflict* (New York: Oxford University Press, 1996). 本章の特徴はミニマリズムの限界を記述し，裁判官がミニマリズムを超え出るべき状況を明確にしようと試みた点にある．

(1) たとえば，Frederick Schauer, *Free Speech: A Philosophical Inquiry* (Oxford: Oxford University Press, 1982) をみよ．

(2) ジョン・ロバーツ連邦最高裁首席裁判官の，ジョージタウン大学ローセンターの学位授与式における挨拶（2006 年 5 月 21 日）による．

(3) 完全には理論化されていない合意の詳細については，Cass R. Sunstein, *Legal Reasoning and Political Conflict* (Cambridge: Harvard University Press, 1996) で論じている．

(4) 410 U.S. 113 (1973). ロウ判決を覆すことに反対したものとして，*Planned Parenthood v. Casey*, 505 US833 (1992) をみよ．

(5) ロナルド・ドゥオーキンの *Law's Empire* (Cambridge: Harvard University Press, 1986)〔小林公訳『法の帝国』未來社，1995 年〕は意味に関す

and Constitutional Restraints," in *Choosing an Electoral System: Issues and Alternatives* (A. Lijphart & B. Grofman eds. 1984).

(258) Young, "Polity and Group Difference", 前掲注 2 をみよ．1982 年投票権法は，この考えにもとづいている．*42 U.S.C. §1973* (2) (1982) をみよ．もちろんここには，どの集団が不利な状況にいる集団として扱われるべきか，またどういった人々がその集団の代弁を認められるべきかを決定する際の問題がある．通常の比例代表制はこれらの難問を無視している．

(259) たとえば，Rokowski, "Representation in Political Theory and in Law," 91 *Ethics* 395 (1981); W.Lakeman, *How Democracies Vote: A Study of Electoral Systems* (4th ed. 1974); D. Rae, *The Political Consequences of Electoral Laws* (rev. ed. 1971); F. A. Hermens, *Democracy or Anarchy? A Study of Proportional Representation* (1972); *Choosing an Electoral System: Issues and Alternatives* (A. Lijphart & B. Grofman eds. 1984) をみよ．

(260) 概説として，Schuck, "The Thickest Thicket: Partisan Gerrymandering and Judicial Regulation of Politics," 87 *Colum. L. Rev.* 1325 (1987) をみよ．

(261) このリスクの程度について，前掲注 259 の引用文献をみよ．

(262) 参考として，Michelman, 前掲注 6, 76-77（裁判所での「複数性」を擁護している）を挙げておく．アリストテレスは，次のように示唆することで，この議論を支持する根拠を与えている．すなわち多様な集団は，「全員が一緒になって……個別的ではなく，集合的に一丸となって，少数の最善の人々の気質を凌駕するかもしれない．……熟議過程に貢献する数多くの人々がいるとき，各人は彼の持ち前の善性と道徳的賢慮を持ち出しながら……ある者はある部分を評価し，また別の者は別の部分を評価し，全員が一緒にすべてを評価することができる」. Aristotle, *Politics* 123 (E. Barker trans. 1972)〔牛田徳子訳『政治学』京都大学学術出版会，2001 年．ただし訳を変えている〕. Pocock, 前掲 3, 72-73〔67-68 頁〕(「どの個人も，どの社会類型も，意思決定において適切な役割をもつ，社会の理論を構築」しようとしたアリストテレスの努力を示している）のアリストテレスを論じた箇所をみよ．

Rawls, 前掲注 17, 358-59〔278-279 頁〕(「日常生活において，他人との意見の交換は，われわれの偏向的態度を抑え，われわれの視野を広げてくれる．われわれは，他人の観点から物事を見るように強いられ，われわれの視野の限界がわれわれの知るところとなる．……議論から得られる便益とは，代表者からなる立法者でさえ，知識や推論能力の点で限界があるという事実である．誰も他人が知っていることをすべて知っているわけではないし，他人と同じ推論を

62-75 付近の記載（政治的平等の共和主義的規範を論じている）; 前掲注 13-20 付近の記載（利益集団多元主義がそうした集団に与える逆の効果を論じている）をみよ．この後者の考えは，近年の法に根拠を置いていることに注目されたい．*Cannon v. University of Chicago, 441 U.S. 677*（1979）（性差別被害の賠償請求を行う私人の訴因を暗示している）; *Allen v. State Bd. of Elections, 393 U.S. 544*（1969）（投票権法下での私人の訴因を暗示している）をみよ．先住民に有利になるように制定法を解釈することを支持する規準も，明白な例であることにも注目されたい．制定法解釈のより詳細な議論は，Sunstein, 前掲注 232 においてみることができる．

(249) Davidson & Korbel, "At Large Elections and Minority-Group Representation: A Reassessment of Historical and Contemporary Evidence," 43 *J. Pol.* 982（1981）; Frickey, "Majority Rule, Minority Rights, and the Right to Vote: Reflections upon a Reading of Minority Vote Dilution," 3 *Law & Inequality* 209（1985）; Note, The Constitutional Imperative of Proportional Representation, 94 *Yale L.J.* 163（1984）をみよ．

(250) Note, 前掲注 249, 163 n. 1. 黒人の集団代表の議論の概説として，S. Welch & A. Karnig, *Black Representation and Urban Policy*（1980）; S. Welch & T. Bledsoe, *Urban Return and Its Consequences*（1987）をみよ．

(251) たとえば，*City of Mobile v. Bolden, 446 U.S. 55*（1980）をみよ．参考として，A. Thernstrom, *Whose Votes Count?*（1987）（投票権法が比例代表を創出することを批判している）を挙げておく．

(252) *Reynolds v. Sims, 377 U.S. 533*（1964）.

(253) *The Federalist No. 45 & 46*（J. Madison）〔224-234 頁〕をみよ．

(254) W. Gwyn, *The Meaning of the Separation of Powers*（1965）（混合統治を論じている）をみよ．

(255) 前掲注 201 をみよ．

(256) J. Adams, *Defence of the Constitutions of Government of the United States*, in 4 *Works of John Adams* 290-91（C.F. Adams ed. 1851）（「金持ちで，生まれのよい，有能な人々」を代表する上院の役割と，「大衆」を代表する下院の役割を強調している）; Held, 前掲注 9, 55-61〔73-82 頁〕をみよ．しかしながら米国の体制は，この起源から劇的に乖離してしまった．

(257) A. Lijphart, *Democracies* 150-68（1985）をみよ．しかしながら，多元主義的システムと結びつけて言及される公共選択やアローの諸問題もまた，ここで考慮に入れられるべきことに注意されたい．Riker, "Electoral Systems

的に歓迎している．比例原則は，ある事例では，社会的便益が社会的費用に比べて少ないことが相対的に明らかであろうという前提，そしてある事例では，制定法は問題視されている行為を容認ないし要求しないように解釈されなければならないという前提にもとづいてはじめて機能できるようになる．それゆえこの原理を機能させるためには，再分配，効率性，向上心の促進などの観点から，制定法の類型学を案出することが必要であろう．

(239) Stewart & Sunstein, "Public Programs and Private Rights," 95 *Harv. L. Rev.* 1193, 1206-07, 1289-1316 (1982) をみよ．

(240) たとえば，*Goldberg v. Kelly, 397 U.S. 254* (1970) をみよ．たとえば制定法解釈の問題の近年の例として，*Bartlett v. Bowen, 816 F.2nd. 695* (D.C. Cir. 1987) をみよ．

(241) *Heckler v. Chaney, 470 U.S. 821* (1985) をみよ．

(242) 参考として，G. Calabresi, *A Common Law for the Age of Statutes* 82 (1983)（裁判所は，制定法の老化を防ぐために制定法を先例として扱うことが認められるべきだと論じている）; Eskridge, "Dynamic Statutory Interpretation," 135 *U. Pa. L. Rev.* 1479 (1987)（裁判所は社会的状況の変化の余地を認めるように制定法を解釈するべきであると論じている）を挙げておく．

(243) たとえば，*Scenic Hudson Preservation Conference v. FPC, 354 F.2nd. 608* (2nd. Cir. 1965) をみよ．

(244) *Bob Jones Univ. v. United States, 461 U.S. 574* (1983).

(245) *Industrial Union Dep't v. American Petroleum Inst., 448 U.S. 607* (1980).

(246) *426 U.S. 88* (1976).

(247) *New York City Transit Auth. v. Beazer, 440 U.S. 568, 597-611* (1979) (White, J., dissenting); *Regents of the Univ. of Cal. v. Bakke, 438 U.S. 265* (1978) (Powell, J.) をみよ．また，Gewirtz, "The Courts, Congress, and Executive Policy-making," 40 *Law & Contemp. Probs.* 46, 65-83 (1976) もみよ．

(248) また他の可能性もある．第一に，制定法は，集合行為問題の克服を保障するように解釈されるべきである．前掲注 25-31（多元主義が集合行為問題を解決できないことを論じている）; Eskridge, Politics without Romance: Implications of Public Choice Theory for Statutory Interpretation, 74 *Va. L. Rev.* 275, 323-24, 330-34 (1988)（同様）をみよ．第二に，制定法は，伝統的に不利な状況にあった集団に有利になるように解釈されるべきである．前掲注

latory State," 103 *Harv. L. Rev.*（*1989*）; Eskridge, "Public Values in Statutory Construction," 137 *PA.L.Rev*（1989）をみよ．

（233） *TVA v. Hill, 437 U.S. 153*（1978）をみよ．また，Devins, "Regulation of Government Agencies Through Limitation Riders," 1987 *Duke L.J.* 456 もみよ．

（234） たとえば，*Ray v. Atlantic Richfield Co., 435 U.S. 151*, 157–58（1978）をみよ．

（235） *Philbrook v. Glodgett, 421 U.S. 707*, 713–15（1975）（党派相互の調和を論じている）をみよ．

（236） *Asbestos Information Ass'n v. OSHA, 727 F.2nd 415*, 423（5th Cir. 1984）をみよ．

（237） たとえば，*Industrial Union Dep't v. American Petroleum Inst., 448 U.S. 607*（1980）をみよ．

（238） *Corning Glass Works v. United States Int'l Trade Comm'n, 799 F.2nd. 1559*, 1565（Fed. Cir. 1988）; *Public Citizen v. Young, 831 F.2nd. 1108*（D.C. Cir. 1987）; *Center for Auto Safety v. Peck, 751 F.2nd. 1336, 1342*（D.C. Cir. 1985）; *Monsanto v. Kennedy, 613 F.2nd. 947*（D.C. Cir. 1979）をみよ．概説として，Gilhooley, "Plain Meaning, Absurd Results and the Legislative Purpose: The Interpretation of the Delaney Clause," *40 Admin. L. Rev. 267*（1988）; Mumpower, "An Analysis of the De Minimis Strategy for Risk Management," *6 Risk Analysis 437*（1981）をみよ．

比例原則とわずかな例外にともなう困難は，社会的費用と社会的便益を測定するための争いのない尺度が存在しないということにある．もし裁判所が便益と費用を技術的に――経済学の定式などによって――理解し，その評価を私人の支払意思にもとづいて行うならば，それは非常に争いのある手法に依拠することになるであろう．それは，懸案の計画を可決した立法部によってそれまでに否決された可能性の高い手法である．私人の支払意思の観点から費用と便益を測定する手法は，共和主義の信条とほとんど両立しない．この手法を擁護するために，共和主義を援用することはまったく奇想天外であろう．数多くの制定法は，選好を満たすよりも変更するように，あるいは資源を再分配するように，または公共的価値に関する熟議過程の結果を反映するように策定されている．しかもある制定法には，（たとえば）絶滅危惧種を保護するという象徴的な便益が存在することもある．さまざまな種類の非商品的価値がもろもろの規制計画によって実現されており，共和主義の理解はそうした価値を非常に好意共和主義の見解では，原告の主張を妨げる前政治的障害としてとらえられるべきではなく，むしろ性的嗜好にもとづいて差別的扱いをするさまざまな措置を平等保護条項にもとづいて非難するための根拠《データ》の一部としてとらえられるべきである．

(225)　*426 U.S. 229* (1976)．この根拠で最高裁の理由を非難しても，「意図」テストに代わる有効な選択肢の展開にともなうさまざまな困難を否定することはできない．

(226)　この点は，とりわけ数々の性差別事件において強調されてきた．たとえば *Mississippi Univ. for Women v. Hogan, 458 U.S. 718* (1982) をみよ．

(227)　Fiss, "Groups and the Equal Protection Clause," 5 *Phil. & Pub. Affairs* 107 (1976) をみよ．

(228)　P. Ricoeur, *Lectures on Ideology and Utopia* (1987); Walzer, 前掲注47をみよ．

(229)　たとえば，Easterbrook, 前掲注66; Easterbrook, "Statutes' Domains," 50 *U. Chi. L. Rev.* 533 (1983) をみよ．

(230)　Easterbrook, "Statutes' Domains," 前掲注229, 553は明白な事例である．それはまた，解釈の道具として，私的秩序形成を支持したロクナー流の前提を援用している．

(231)　たとえば，Macey, "Promoting Public-Regarding Legislation Through Statutory Interpretation: An Interest Group Model," 86 *Colum. L. Rev.* 223 (1986) をみよ．

(232)　ある解釈規準は立法部の意図を見分けようとする．対照的に，また別の解釈規準は，立法部の意図が不明な場合には，勝敗を決する要因として働き，通常は憲法に含まれることもある，手続的ないし実体的な目標を援用する．制定法は州の自律を促進するように解釈されるべきだという考えについて，*Pennhurst State School & Hosp. v. Halderman, 451 U.S. 1* (1981) をみよ．あるいは原住民族への侵害を避けるように解釈すべきだという考えについて，*Montana v. Blackfeet Tribe, 471 U.S. 759* (1985) をみよ．これらは，実体的規準の例である．他方，制定法解釈には行政当局への敬譲が与えられるべきだという主張について，*Chevron USA Inc. v. NRDC, 467 U.S. 837, 865-66* (1984) をみよ．あるいは裁判所は歳出予算法が実体法を修正すると軽々しく考えてはならないという主張について，*TVA v. Hill, 437 U.S. 153* (1978) をみよ．これらは，過程志向の制定法の例である．これらの技法について概略的でより立ち入った議論として，Sunstein, "Interpreting Statutes in the Regu-

(218)　Sunstein, 前掲注 6 をみよ.

(219)　同上をみよ.

(220)　Sage, "Fair Measure: The Legal Status of Underenforced Constitutional Norms," 91 *Harv. L. Rev.* 1212（1978）（憲法の諸規範が裁判所によって執行されていないことを論じている）をみよ.

(221)　たとえば，Ely, 前掲注 63（裁判所は実体的諸権利よりもプロセスへの諸権利を保護すべきだと論じている）をみよ．しかし，Sunstein, 前掲 164（ロクナー判決の教訓は，コモンローや現状を基準線としていることを論じている）; Horwitz, 前掲注 7, 1827–30 をみよ.

(222)　ロクナー判決それ自体の問題は，最高裁が，コモンローそのものに起源をもつ領域を自然的で前政治的なものとしてとらえていることであった．この見解では，ロクナー判決とプレシィ判決（*Plessy v. Ferguson, 163 U.S. 537* (1986)）との間に密接な結びつきがある．プレシィ判決において，最高裁は次のように述べた．すなわち原告の主張は，「社会的偏見を立法によって克服できるのであって，二つの人種の強制的混交にでもよらないかぎり黒人には平等な諸権利が保障されることはない，ということである．われわれは，この提案を受け入れることはできない．二つの人種が社会的平等の諸条件を満たせるとすれば，それは自然的血縁関係，互いの真価の相互承認，そして諸個人の自発的同意の結果でなければならない．……立法は，人種的本能を根絶し，身体的相違による差別を撤廃するには力不足である……」．同上 551 をみよ.

この種の議論は，同化法の強制の文脈ではいちおう筋は通っているかもしれない．だがプレシィ判決の状況では，それは現状の人種差別が前法的なものとして扱われるかぎりでのみもっともらしい，というだけである．プレシィ判決とロクナー判決のいずれもが，法が構成的（constitutive）ではなく単に便宜的（facilitative）なものであるかのように，あるいはわずかに異なる言い方をすれば，個人の意志と法的制約の間に穴のない透かしがあって，法的制約は個人の意志に影響を与えないかのように考えている．この考えは，近年の数多くの法に感染しており，共和主義の諸前提から擁護されることは不可能である．後掲注 224–25 をみよ.

(223)　*410 U.S. 113*（1973）.

(224)　*478 U.S. 186*（1986）．ここで肝要なのは，最高裁は，結婚には関与しないと述べることによって判決を下した，ということである．しかし結婚は，前政治的でも前法的でもあるわけではない．それは，誰が誰と結婚してよいのかを定める法的状態《ステイト》である．ゲイやレズビアンが結婚できないという事実は，わしい結果を生じるのに必要だということになってしまう」.

(207) たとえば，Parties, *Interest Groups and Campaign Finance Laws*（M. Malbin ed. 1981）をみよ.

(208) Michelman, 前掲注 79 1493 もみよ.

(209) G. McConnell, *Private Power and American Democracy* 101–10 (1966); Sunstein, 前掲注 115, 440–43 をみよ.

(210) Barber, 前掲注 145; McConnell, "Federalism: Evaluating the Framers' Design," 54 *U. Chi.L. Rev.* 1484, 1493–1511（1987); Sunstein, 前掲注 115, 504–08 をみよ.

(211) たとえば，Fried, "Individual and Collective Rights in Work Relations: Reflections on the Current State of Labor Law and Its Prospects," 51 *U. Chi. L. Rev.* 1012（1984）における提案は，まさしく間違った方向を示している. P. Weiler, *The Future of Labor and Employment Law: Reflections on Wrongful Dismissal within the Market, the Law, and Collective Bargaining*（temp. ed. Oct. 1987）をみよ.

(212) R. Stewart, *Federalism and Political Economy in the Great Republic* (forthcoming 1989）をみよ.

(213) R. Dahl, *A Preface to Economic Democracy*（1985); E. Greenberg, *Workplace Democracy*（1986); C. Gunn, *Workers' Self-Management in the United States*（1984）をみよ.

(214) McConnell, "Accommodation of Religion," 1985 *Sup. Ct. Rev.* 1 をみよ. 宗教問題を政治から除去したいという欲求 —— 前掲注 85 付近の記載をみよ —— と，宗教を関与させることが中立性のためにも望ましいであろうという主張との間に矛盾はない. 宗教を関与させるさまざまな施策は，見かけは中立的であってもさまざまな宗教組織を排除する制定法を通して宗教を不利に扱うことを避けるために必要であろう. このように宗教を関与させることは，政治的議題から宗教的論争を除去したいという一般的欲求と矛盾はしないのである.

(215) たとえば，L. Pfeiffer, *Church, State and Freedom*（1975）をみよ.

(216) たとえば，*Exxon Corp. v. Eagerton, 462 U.S. 176*（1983); *Schweicker v. Wilson, 450 U.S. 221*（1981); *United States R.R. Retirement Bd. v. Fritz, 449 U.S. 166*（1980); *Williamson v. Lee Optical, 348 U.S. 483*（1955）をみよ.

(217) たとえば，Linde, "Due Process of Lawmaking," 55 *Neb. L. Rev.* 197 (1976); Posner, 前掲注 184, 27–31 をみよ.

に，位置ある自我の観念を組み込む理論は，最終的に独我論か，あるいはきわめて散漫な人格観を生み出すおそれがある．参考として，D. Parfit, *Reasons and Persons* 219-44（1984）（各時点間でさまざまに異なる人格の観念を探っている）を挙げておく．

本章で論じられるこの種の問題は，視点が真実であるかどうか——それは語用論的その他の用語で理解される——を主張せずに，視点を記述・評価する試みをきわめて複雑にしてしまう．Habermas, 前掲注58, 294〔521-522頁〕, 336-37〔583-585頁〕.

(199)　同上294をみよ．

(200)　前掲注161-69をみよ．

(201)　*The Federalist No. 70*, 427（A. Hamilton）（C. Rossiter ed. 1961）〔343頁〕（「意見の相違」と「党派の衝突」は「熟議を促進する」ことができると論じている）; Pitkin, 前掲注1, 90（「階級と利益の多元性は市民にとって必要である．それは各人が共同体への貢献に関して固有の視点と精神をもっているから，というだけではなく，内部衝突はそれ自体で不可欠の健全な現象であるからでもある」.）; 同上82（「市民の徳は，同化と服従の画一的連帯の産物ではない．確かに市民の視点からは，画一性というよりも，まさしく多元性，競争，多様性こそが……力の源泉なのである」.）（強調は原文による）; 同上300-04をみよ；cf. Michelman, 前掲注6をみよ．

(202)　Pitkin, 前掲注1, 285-327における「最善のマキァヴェッリ」に関する議論をみよ．また Manin, 前掲注83, 360-61もみよ．

(203)　後掲注249-65をみよ．

(204)　*424 U.S. 1*（1976）.

(205)　同上48-49をみよ．

(206)　A. Meiklejohn, *Free Speech in America*（1946）をみよ．また，Rawls, "Basic Liberties and Their Priority," in 3 *The Tanner Lectures on Human Values* 76（S. McMurrin ed. 1982）をもみよ．ロールズによれば，「最高裁は，政治的自由の公正な価値が，正義に適う政治的手続を要求するということ，そして公正な価値を保障するためには，より多くの財産や富を有する者たちや，それに伴ってより高い組織技術を有する者たちが，自らを利するように選挙過程を統制できないようにしておくことが必要である，という本質的な点を理解していない．……この見解によれば，デモクラシーとは，諸々の経済的階級や利益集団間の規制された競争関係とされる．そうなると，明らかに非常に不平等な財政上の資金や技術を各人が自ら自由に用いることができることが，ふさ

格を論じている).
(185) Herzog, 前掲注 2; Sullivan, 前掲注 2 をみよ.
(186) Rush, 前掲注 151, 684, 687 をみよ.
(187) J. Rousseau, *The Government of Poland* 21 (W. Kendall trans. 1972)〔永見文雄訳「ポーランド統治論」『ルソー全集 5』白水社, 1979 年, 376 頁〕
(188) Rawls, 前掲注 49 をみよ.
(189) ここで私が強く依拠しているのは, Sullivan, 前掲注 2, および Herzog, 前掲注 2 である. また, Minow, 前掲注 162 (多様な社会集団間の差異化に関する諸問題を論じている) もみよ.
(190) 参考までに, Pitkin, 前掲注 52 (この根拠にもとづいてアレントの政治観に反論している) を挙げておく.
(191) Rosenblum, 前掲注 9, 143-47, 155-60 をみよ.
(192) A. De Tocqueville, *Democracy in America* 68-70, 189-93, 242-43, 520-24 (J. Mayer ed. 1969) をみよ.
(193) 後者の点について, C. Taylor, *Hegel And Modern Society* 116-18〔222-26 頁〕(1979)〔渡辺義雄訳『ヘーゲルと近代社会』岩波書店, 1981 年〕; Rosenblum, 前掲注 9, 155-60 をみよ.
(194) 近年の例としては次の判例がある. *Board of Directors of Rotary Int'l v. Rotary Club of Duarte, 481 U.S. 537* (1987) や *Roberts v. United States Jaycees, 468 U.S. 609* (1984). また *Village of Belle Terre v. Boraas, 416 U.S. 1* (1974) もみよ. 男性会員のみの組織に差別禁止規範を適用する試みにたびたびこの問題が生じる. Rhode, "Association and Assimilation," *81 Nw. U.L. Rev. 106* (1986) をみよ. ここには, 諸々の中間団体による諸慣行に対抗する点で, 政府の役割を擁護してしかるべき理由が存在する.
(195) この理解は不偏性とは異なる. 不偏性を非現実的な願望として拒否することもできるだろうが, しかし同時に社会的規範についてさまざまに異なる主張を調停する可能性を信じることもまたできるだろう.
(196) Okin, 前掲注 82 をみよ. もちろんこの考えは, それ自体では, 個々の諸問題を解決しないであろう ── ここには,「共感」を政治的・法的諸問題を解決する道具として用いようとする試みにも感染している同種の難点がある.
(197) Young, 前掲注 2 をみよ.
(198) 普遍主義への攻撃は, それがうまくいくとすれば, 個人間だけではなく, 個人内部にもあてはまるであろう. 熟議は, 異なる人々の間はもちろん, 個人内部においても行われる. 普遍主義を批判し, 視点の相違を称賛するため

(169)　たとえば，Mackinnon, 前掲注 156, 32-45 をみよ．

(170)　Okin, 前掲注 82; 参考までに，*City of Cleburne v. Cleburne Living Center, 473 U.S. 432, 455*（1985）（Stevens, J., concurring）（「不利な状況下にある階層の合理的構成員がこの事件における市条例の差別的適用を承認しようとは，私には到底思われない」）を挙げておく．

(171)　後掲注 184-89 をみよ．

(172)　前掲注 149-50, 154 をみよ．

(173)　Pitkin, 前掲注 1, 7, 300-04 をみよ．

(174)　たとえば，R. Hare, *Moral Thinking: Its Levels, Method and Point* 107-16〔161-174 頁〕（1981）〔内井惣七・山内友三郎監訳『道徳的に考えること―レベル・方法・要点』勁草書房，1994 年〕をみよ．

(175)　Ackerman, 前掲注 59, 10-12, 327-48（1980）をみよ．

(176)　ハーバーマスは数多くの箇所でこのように示唆してきた．たとえば，Habermas, 前掲注 58, 294-326〔521-566 頁〕をみよ．

(177)　Rawls, 前掲注 17, 17-22〔13-17 頁〕．

(178)　Elster, 前掲注 16, 109-40 をみよ．しかしながら，このように考えない形態の功利主義も可能である．たとえば，J. Riley, *Liberal Utilitarianism*（1988）をみよ．

(179)　Sunstein, "Legal Interference with Private Preferences," 53 *U. Chi. L. Rev.* 1129（1986）をみよ．前掲注 160-69 付近の記載で是認される「中立性」はもっと弱い制約である．

(180)　West, "Liberalism Rediscovered: A Pragmatic Definition of the Liberal Vision," 46 *U. Pitt. L. Rev.673*（1985）（デューイのリベラリズムを論じている）をみよ．

(181)　Fishkin, *Can There Be a Neutral Theory of Justice?, 93 Ethics 348*（1983）（中立性を社会理論の基礎として用いることに反論している）．

(182)　Lukes, "Of Gods and Demons: Habermas and Practical Reason," in *Habermas: Critical Debates* 219, 234-37（J. Thompson & D. Held eds. 1982）（ハーバーマスがこの作業に失敗していることを批判している）．

(183)　もちろんロールズはこのように原初状態を説明しようとしたわけではない．分析道具としての原初状態の装置が意図した実世界の過程と諸結果を創出するためには，以下で挙げるような諸制度が必要かもしれない．

(184)　Posner, "The DeFunis Case and the Constitutionality of Preferential Treatment of Racial Minorities," 1974 *Sup. Ct. Rev.* 1（立法過程の利己的な性

は，先述の共和主義の基本信条と重なりあう．無知のヴェールは，通常理解されるところでは，私益が政治的判断の原動力ではないことを保障するものである．すなわち政治的行為者は全員を代表するので，利益の歪曲力は除去される．原初状態の目的は，政治的行為者が肉体を奪われることを保障するのではなく，彼らが多様な視点を取れるように保障することである．Okin, 前掲注 82 をみよ．

また無知のヴェールはある程度の政治的平等をも保障し，普遍主義と市民活動はロールズの理論の核心部にある．『正義論』第 54 節を考察されたい．この箇所でロールズは，驚くべきことに，多数決ルールをマディソン的な観点から論じ，利益集団多元主義を率直に拒否している．

(161)　Pocock, 前掲注 3, 226-27〔196 頁〕(*liberta* という語は，「それは全市民が可能な限り完全に意思決定に参加するような状態を指し示すこともあれば，人ではなく法が至高であり，個人がその社会的便益を受け取るのは個人の手からではなく，非人格的な公的権威からである状態を指し示すこともある」) をみよ．

(162)　たとえば，Mackinnon, 前掲注 156, 164-66. 概説として，Minow, "The Supreme Court, 1986 Term-Foreword: Justice Engendered," 101 *Harv. L. Rev.* 10 (1987) をみよ．

(163)　*Lochner v. New York, 198 U.S. 45* (1905); *Plessy v. Ferguson, 163 U.S. 537* (1896); Wechsler, "Toward Neutral Principles of Constitutional Law," 73 *Harv. L. Rev.* 1 (1959) をみよ．

(164)　Sunstein, "Lochner's Legacy," 87 *Colum. L. Rev.* 873 (1987) をみよ．

(165)　Sunstein, "Naked Preferences and the Constitution," 84 *Colum. L. Rev.* 1689 (1984) をみよ．

(166)　*Railway Express Agency v. New York, 336 U.S. 106, 111-15* (1949) (Jackson, J., concurring) をみよ．

(167)　参考として，Habermas, 前掲注 58, 336〔583-84 頁〕, 294〔521-522 頁〕(知識と権力の間の不可避的な関係を強調するアプローチは，「何ら自分の立場を説明していない」のであって，「相対主義の自己否定に必然的に至り」，「自分のレトリックの規範的根拠を説明」できていないことを批判している) を挙げておく．

(168)　C. Gilligan, *In a Different Voice* (1982)〔岩男寿美子監訳，生田久美子・並木美智子共訳『もうひとつの声 ── 男女の道徳観のちがいと女性のアイデンティティ』川島書店，1986 年〕．

した人々によって示される．Sandel, 前掲注 37; R. Unger, *Knowledge and Politics*（1975）をみよ．

(151) Rush, “A Plan for the Establishment of Public Schools and the Diffusion of Knowledge in Pennsylvania (Philadelphia 1786)”, in 1 *American Writing During the Founding Era 1760–1805*（C. Hyneman & D. Lutz eds. 1983）をみよ．

(152) しかしながら次の点を記すことが重要である．すなわち，商業発展と私的市場は貴族支配への攻撃であるとはっきり意識されていた，ということである．Hirschman, 前掲注 93 をみよ．

(153) Main, 前掲注 72, 10–11, 132, 170, 249–81 をみよ．

(154) C. Macpherson, *The Political Theory of Possessive Individualism*（1975）; Simon, “The New Republicanism: Generosity of Spirit in Search of Something to Say,” 29 *Wm. & Mary L. Rev.* 83（1987）; White, “The Studied Ambiguity of Horwitz's Legal History,” 29 *Wm. & Mary L. Rev.* 101（1987）をみよ．参考として Herzog, “As Many as Six Things Before Breakfast,” 75 *Calif. L. Rev.* 609（1987）（リベラリズムの様々な戯画化を批判している）を挙げておく．

(155) たとえば，J. S. Mill, *Considerations on Representative Government*（1861）〔水田洋訳『代議制統治論』岩波書店，1997 年〕; J. S. Mill, *Principles of Political Economy*（1848 & photo. reprint 1965）; Rawls, 前掲注 17; W. Bagehot, *Physics and Politics*（J. Barzun ed. 1948）（「討論による統治」を扱っている）; E. Barker, *Reflections on Government* 67–68（1942）; J. Dewey, *The Public and Its Problems* 143–84（1946）; Holmes, 前掲注 2, 141–44 をみよ．

(156) このことは，リベラリズムに対する数多くの批判によって示されている．たとえば，C. Mackinnon, *Feminism Unmodified* 32–45（1987）や M. Kelman, *A Guide to Critical Legal Studies*（1987）などもそうである．

(157) Rawls, 前掲注 17; Holmes, “Liberal Guilt: Some Theoretical Reflections on the Welfare State,” in *Responsibility, Rights and Welfare*（D. Moon ed. 1988）をみよ．

(158) Holmes, 前掲注 157 をみよ．

(159) Rawls, 前掲注 17 をみよ．また Rosenblum, 前掲注 9, 152–86（リベラリズムが，リベラリズムに対する共同体論の批判のうち，とりわけいくつかの目的を組み込むことができることを論じている）もみよ．

(160) ロールズの原初状態の要件について，Rawls, 前掲注 17 をみよ．それ

みよ．また J. Mansbridge, *Beyond Adversary Democracy* 5（1982）をみよ．

(142) Arendt, 前掲注 137, 86-110〔33-221 頁〕（社会問題を論じている）をみよ．また Pitkin, 前掲注 52, 334-38（アレントを批判している）; R. Bernstein, Philosophical Profiles（1985）（同様）もみよ．J. Habermas, *Reason and the Rationalization of Society* 273-338（1985）（社会規範を生む理性のいくつかの役割を強調している）と，I. Balbus, *Marxism and Domination*（1983）（ハーバーマスを合理主義的すぎると批判している）を比較されたい．

(143) もちろんこの見解は，あるカント解釈に結びついている．C. Taylor, "Kant's Theory of Freedom," in *Philosophy and the Human Sciences* 318（1985）をみよ．

(144) 前掲注 140; Pitkin, 前掲注 1, 5（「古代アテネの政治的理想から，ハンナ・アレントによる近年のその復活に至るまで，共和的活動主義は，「男性的」英雄主義や軍事的栄光に結びついており，家族的なもの，私的なもの，個人的なもの，快楽的なものを蔑視することに結びついていたように思われる」.）; G. Lloyd, *The Man of Reason*（1984）; J. Elshtain, *Public Man, Private Woman*（1981）をみよ．

(145) B. Barber, *Strong Democracy* 198-203, 233-44（1984）; Pitkin, 前掲注 1, 300-04 をみよ．

(146) Ackerman, 前掲注 6; Skinner, "The Idea of Negative Liberty: Philosophical and Historical Perspectives," in *Philosophy in History* 193（R. Rorty, J. B. Schneewind & Q. Skinner eds. 1984）もみよ．

(147) たとえば，Horwitz, "Republicanism and Liberalism in American Constitutional Thought," 29 *Wm. & Mary L. Rev.* 57（1987）をみよ．だが，Kloppenberg, 前掲注 39（起草者たちはリベラルでも共和主義者でもあったと論じている）をみよ．

(148) Wood, 前掲注 3 をみよ．また J. Appleby, Capitalism and a New Social Order: The Republican Vision of the 1790's（1984）もみよ．

(149) J. Diggins, *The Lost Soul of American Politics*（1984）; Pocock, 前掲注 3, 333-552〔280-482 頁〕; Wood, 前掲注 3; Kramnick, "Republican Revisionism Revisited," 87 *Am. Hist. Rev.* 629（1982）; Banning, 前掲注 3 をみよ．

(150) これらの考えのいくつかは，T. Hobbes, *Leviathan*（M. Oakeshott ed. 1946）〔水田洋訳『リヴァイアサン』岩波書店，(一) 1992 年 (二) 1992 年 (三) 1982 年 (四) 1985 年〕にまで遡ることができる．しかしこのようなリベラリズムの表し方は，たいていの場合，リベラル自身よりも，リベラルを批判

ed. 1986）をみよ．しかしもともとの国制の基本的な制度理解を受容しつつ，財産の再分配が広範な状況で望ましいという信念を受け入れることも十分に可能であろう．たしかにニューディールはこうした理解の一部を実際に受け入れたのであった．Sunstein, 前掲注 115 をみよ．

（128） 公民的伝統は，教養ある市民に高い価値をおいていたので，徳を育成し参加を促進する手段として陪審制を重視していた．

（129） 前掲注 61-62（共和主義の伝統において財産の占める地位を論じている）をみよ．

（130） A. Amar, "The Bill of Rights: One View of the Cathedral"（1988 年時点で未公刊の草稿）をみよ．

（131） たとえば，Brest, "The Mistaken Quest for the Original Understanding," 60 *B.U.L. Rev.* 204（1981）をみよ．

（132） たとえば，Dahl, 前掲注 5, 4-32; Bork, 前掲注 121, 2-3 をみよ．

（133） たとえば，Epstein, 前掲注 31, 3-18 をみよ．

（134） A. MacIntyre, *Whose Justice? Which Rationality?* 349-69（1988）（道徳的推論が伝統の内部で行われる仕方を論じている）; Amar, 前掲注 123, 1426 n. 9（「利用可能な過去」の観念を論じている）; Walzer, 前掲注 47 をみよ．

（135） D. Bell, *And We Are Not Saved*（1987）; A. Norton, *Alternative Americas*（1987）をみよ．

（136） たとえば，Arendt, 前掲注 37, 250-55〔400-407 頁〕; Pocock, 前掲注 3, 67-71, 199-211, 431-32〔62-66，177-185，369-370 頁〕をみよ．

（137） H. Arendt, *The Human Condition*（1963）〔志水速雄訳『人間の条件』筑摩書房，1994 年〕; H. Pitkin, 前掲注 1（マキァヴェッリを論じている）; Pocock, 前掲注 3, 201; Pocock, "Ideological Context," 前掲注 68, 18-19（武器所持と公民能力を完全に同一視することは，マキァヴェッリが後の政治思想家にもっとも長きにわたって残した遺産の一つである．）; Pocock, "Argument and Character," 前掲注 61, 54-55 をみよ．

（138） Pocock, "Argument and Character," 前掲注 61, 54.

（139） ジョンソン大統領の貧困との戦いと，カーター大統領のエネルギー危機への対策は，近年の顕著な例である．

（140） ここには性差別問題もある．戦争の比喩は伝統的には女性を排除するように作用した．Pitkin, 前掲注 1, 4（マキァヴェッリは「共和主義者であるとともに，ファシストの原型のような者でもあった」と示唆している）をみよ．

（141） Pocock, 前掲注 3, 66-80〔62-75 頁〕におけるアリストテレスの議論を

(116) この点は，Ackerman, 前掲注 6, 1013 において，おそらくあまりに強く主張されている．もちろん批准過程の民主的性格を過度に強調しすぎることは間違いであろう．この過程では，市民のうち多くの集団《カテゴリー》が排除されたのである．

(117) *J. Elliot,* 前掲注 103, 536–37 (1888).

(118) *The Federalist No. 55,* 346 (J. Madison) (C. Rossiter ed. 1961) 〔271–272 頁〕をみよ．

(119) *The Federalist No. 76,* 458 (A. Hamilton) (C. Rossiter 1961) 〔370 頁〕.

(120) *The Federalist No. 55,* 346 (J. Madison) (C. Rossiter 1961) 〔274 頁〕.

(121) たとえば，Dahl, 前掲注 5, 4–32 (1956); Bork, "Neutral Principles and Some First Amendment Problems," 47 *Ind. L.J.* 1, 2–3 (1971) をみよ．

(122) *The Federalist No. 57,* 351 (J. Madison) (C. Rossiter ed. 1961) 〔280–281 頁〕(「統治者を獲得する選挙という方法は，共和政府に特徴的な政策である」〔ただし訳語を変えている〕) をみよ．

(123) *The Federalist No. 51,* 322 (J. Madison) (C. Rossiter ed. 1961) 〔254 頁〕; また Amar, "Of Sovereignty and Federalism," 96 *Yale L.J.* 1425 (1987) もみよ．

(124) Sunstein, 前掲注 115, 434–37 をみよ．

(125) *The Federalist No. 51,* 323 (J. Madison) (C. Rossiter ed. 1961) 〔254 頁〕.

(126) *The Federalist No. 70,* 426–27 (A. Hamilton) (C. Rossiter ed. 1961) 〔343 頁〕(「意見の相違は……熟議をもたらす」〔ただし訳語を変えている〕) をみよ．2 *J. Story, Commentaries on the Constitution* 547–58 (1833) (二院制が熟議を促進し党派分裂を軽減する仕方を強調している); J. Wilson, "Lectures on Law," in 1 *The Works of James Wilson* 290–92, 414–15 (R. McCloskey ed. 1967) (どのように二院制が熟議を改善し統治へのアクセス地点を多様化するかを論じている); Michelman, 前掲注 6 (対話と多元性を共和主義的信条として強調している) も参考として挙げておく．

(127) Bessette, "Deliberative Democracy: The Majority Principle in Republican Government," in *How Democratic Is the Constitution?* 102 (R. Goldwin & W. Schambra eds. 1980) をみよ．もちろん私財の理解には争いがあるが，それもこの体制の一部である．Hofstadter, "The Founding Fathers: An Age of Realism," in *The Moral Foundations of the American Republic* (R. Horwitz

代表者たちが指図によって左右されるならば，熟議において役に立ちはしないであろう……」. 1 *Annals of Cong.* 733-45（J. Gales ed. 1789）.

この討議のなかでは，共和主義の二つの構想の間に闘争があった．一方は，ニュー・イングランドの諸都市によって示されるもので，古典的伝統から考えを引き継いで，自治を指図権の擁護論としてみなしていた．もう一方は，マディソンの諸原理に根拠をおいて，連邦政府を共和主義的熟議の中枢とみなし，指図権を重大な脅威としてとらえた．

これらすべてのことは，次のようなマディソンの見解と両立する．すなわち「われわれの連邦政府において真実の権力は共同体の多数者にあり，私権の侵害は，有権者の趣意に反する政府の行為によるのではなく，なによりも有権者の大多数の単なる手段である政府の行為によるものと理解しなければならない．」"Madison to Jefferson, Oct. 17, 1788," in 11 *J. Madison, Papers Of James Madison* 298（R. Rutkind & C. Hobson eds. 1977）.

（114） Meyers, "Beyond the Sum of the Interests," in *The Mind of the Founder: Sources of the Political Thought of James Madison xxiv-xxxiii*（M. Meyers rev. ed. 1981）〔以下では Meyers, *The Mind of the Founder*〕をみよ．ジェファーソンも上院に関して同様の文脈で次のように述べた．「私は二つの事柄を視野に入れていた．すなわちもっとも賢明な人々が選出されるようにすること，そして彼らが選ばれた後には彼らを完全に独立させること，である」. 1 *Papers of Thomas Jefferson* 503（J. Boyd ed. 1950）. 近年の議論として，Thompson, "Representatives in the Welfare State," in *Democracy and the Welfare State*（A. Gutman ed. 1988）をみよ．

（115） R. Lerner, *The Thinking Revolutionary* 122-28（1987）をみよ．マディソンは上院を「政府の大きな錨《アンカー》」として描いていたことに注目されたい．"Madison to Jefferson, Oct. 24, 1787." この制度理解は，争いのある実質的立場，すなわちある形態の富の再分配を防ぎたいという欲求と関連している．起草者たちの思想では，熟議への信念，党派対立への危惧，既存財産権の保護は，しっかりと結びついていた．Madison, "Property and Suffrage: Second Thoughts on the Constitutional Convention," in *The Mind of the Founder*, 前掲注 114, 501. しかしこの結びつきは偶然にすぎない．たとえばニューディール期には，熟議的代表制への信念は，まったく異なる実質的理解と結びついていた．Sunstein, "Constitutionalism After the New Deal," 101 *Harv. L. Rev.* 421（1987）（熟議と新たな制度的・実質的諸理論に対するニューディール期の信念を論じている）をみよ．

(103)　*J. Elliot, The Debates in the Several State Conventions on the Adoption of the Federal Constitution* 164, 232（1888）; 同上 536–37 をみよ．

(104)　*The Federalist No. 10*（J. Madison）をみよ．

(105)　*The Federalist Nos. 9, 12 & 71*（A. Hamilton）．

(106)　次のようなマディソンの主張に注目されたい．すなわち米国の諸政府の際立った特徴は，統治過程から「集団的権能をもつものとしての人民を全面的に排除したところ」にある，という主張である．*The Federalist No. 63*, 387（J. Madison）（C. Rossiter ed. 1961）〔316 頁〕（強調は原文による）．

(107)　*The Federalist No. 10*（J. Madison）〔43–49 頁〕; Main, 前掲注 72, 261–63 をみよ．

(108)　本章で示された説明には異論がある．概説的な議論として，しばしば競合的する見方から，Pocock, 前掲注 3; Wood, 前掲注 3; Ackerman, 前掲注 6; Dahl, 前掲注 5; Diamond, "Ethics and Politics: The American Way," in *The Moral Foundations of the American Republic* 75（R. Horwitz ed. 1986）を挙げておく．また「フィラデルフィア憲法制定会議での議論は，公民的人文主義の理論が実現に達した，悪名高くもこれまでのなかでもっとも強力な議論である」という見解も合わせて考えられたい．Pocock, "Cambridge Paradigms and Scottish Philosophers," in *Wealth and Virtue* 239（I. Hont & M. Ignatieff eds. 1983）．

(109)　*The Federalist No. 10*, 82（J. Madison）（C. Rossiter ed. 1961）〔47 頁〕．もちろんこの考えは，政治的熟議者の範疇を制限することによって，熟議の意欲《アスピレーション》を削ぐものであった．

(110)　*The Federalist No. 64*, 391（J. Madison）（C. Rossiter ed. 1961）〔313 頁〕．

(111)　*The Federalist No. 68*, 414（A. Hamilton）（C. Rossiter ed. 1961）〔333 頁〕．

(112)　同上 412〔331–332 頁〕をみよ．

(113)　次のようなシャーマンの言明を考えられたい．「これらの文言は，人民には立法議会の討議を指図する権利があるという考えを伝えることによって，人民を間違った方に向かわせることになると見込まれる．だがこの考えは正義に適っているとは認められない，というのも，それが人民会議の目的を挫いてしまうからである．私が思うに，人民が代表者を選んだときには，連邦の他の地域からやってきた他の代表者と出会い，相談し，共同体全体の一般的利益になるような行為について彼らと合意することがその代表者の義務である．もし代表者たちと絶えず争うことになるであろう」. 2 *The Complete Antifederalist* 369（H. Storing ed. 1980）. しかし 後掲注 126-27, 201-02 付近の記載をみよ.

(92)　Montesquieu, *The Spirit of Laws*, bk. XX, ch. ii〔第 20 編第 2 章〕(spec. ed. 1984)（Dublin 1751)〔202-203 頁〕

(93)　*The Federalist No. 12* (A. Hamilton); T. Paine, "Rights of Man," in 7 *Life of Thomas Paine* 6-7 (1792)〔西川正身訳『人間の権利』岩波書店, 1971 年〕(「私は商業の擁護者であり続けてきた. というのも私は商業の効果に親しみを覚える者であるからだ. それは, 国家を相互に役立たせることによって, 人類統一に向けて作用する平和なシステムである」.). また概略として, A. Hirschman, *The Passions and the Interests* (1973)（商業の緩和効果を論じている）をみよ.

(94)　Goodin, 前掲注 14, 93-96（人種差別的選好を制約するものとして熟議の役割を論じている); 前掲注 41（マディソンの見解）をみよ.

(95)　近年の議論としては, Elster, 前掲注 16, 15-26; R. Lindley, *Autonomy* 63-70 (1980); R. Young, *Personal Autonomy: Beyond Negative and Positive Liberty* 49-62 (1986) をみよ.

(96)　前掲注 22-25 付近の記載や, Frankfurt, "Freedom of the Will and the Concept of a Preference," 68 *J. Phil.* 5 (1971) をみよ.

(97)　概略として, J. Elster, "Weakness of the Will and the Free Rider Problem," 1 *Econ. & Phil.* 264 (1985) をみよ.

(98)　参考までに, Held, 前掲注 9, 270-73〔300-05〕〔381-387 頁〕(デモクラシー観が見かけの上で多様であるにもかかわらず, 自律が中心的論点であることを論じている）を挙げておく.

(99)　Pitkin, 前掲注 11, 347-49 をみよ.

(100)　後掲注 154-60 付近の記載をみよ.

(101)　J. Adams, "Defense of the Constitution of Government of the United States," in 6 *Works of John Adams* 130-31, 206-08 (C. F. Adams ed. 1851) をみよ.

(102)　Webster, "An Examination into the Leading Principles of the Federal Constitution", in *Pamphlets on the Constitution of the United States* 59 (P. Ford ed. 1888) をみよ. これに対して, "Letter of Richard Henry Lee to Henry Laurens," in 2 *Letters of Richard Henry Lee* 62-63 (J. Ballagh ed. 1914)（「徳を軽蔑し, 自惚れたこれ見よがしの言葉で悪徳から公共善を導き出したマンデヴィルがあなた方の中にいる！」ことを批判している）をみよ.

man, "Law's Republic," 97 *Yale L.J.* 1493 (*1988*).

(80) J. Schumpeter, *Capitalism, Socialism, and Democracy* (1976)〔中山伊知郎・東畑精一訳『資本主義・社会主義・民主主義』東洋経済新報社，1995年〕をみよ．

(81) Michelman, 前掲注 6, 24-36 をみよ．

(82) Okin, *Reason and Feeling in Thinking about Justice,* in *99 Ethics* (1989) をみよ．また Rawls, 前掲注 17, 358 もみよ．

(83)「普遍主義は……［政治において］役割をもつが，最初からそこにあるものとして想定されはしない．それは過程の理想的観点であるように思われる．実際は，どの党派も現実に普遍的な党派となることなどないだろう．つねに対立者が残るだろう．これが政治的多元主義の核心である．それにもかかわらず，熟議システムの構造は，通常，主張者に自分の見解を広め，よりいっそう一般的な立場を示そうと努めさせる．一般性を希求するある種の競争があるのだ．」Manin, 前掲注 18, 338, 358-59. また S. White, *The Recent Work Of Jurgen Habermas* 75-77 (1988)（妥協の役割について論じている）; E. Spitz, *Majority Rule* 211-16 (1984)（妥協，熟議，多数決ルールを論じている）もみよ．

(84) White, 前掲注 83, 75-77 をみよ．

(85) このように宗教を政治から除外すべきであるのは，次のような二つの考えにもとづいている．すなわち宗教的確信は私権の問題だという考えと，そして宗教を政治的議題から外すのは，膠着状態と党派分裂に陥らないように，共和主義の政治を保護するためだという考えである．このやや皮肉な後者の意味において，権利は共和主義的熟議の先行条件である．Holmes, "Gag Rules and Democracy," in *Constitutionalism and Democracy* (J. Elster ed. 1988) をみよ．

(86) Pocock, "Harrington's Ideas," 前掲注 61, 4, 142-44, 393-94 をみよ．

(87) 前掲注 36 をみよ．

(88) Elster, 前掲注 16, 91-100 をみよ．ここでは，これらの効果が政治参加の原動力ではありえそうもないことが示されている．むしろそれらは，道具的な諸目的のために参加する活動の「本質的に副産物」であるに違いない，とされる．

(89) Main, 前掲注 72, 135-42 をみよ．

(90) Pocock, "Ideological Context," 前掲注 68, 18 をみよ．

(91) 反連邦主義者のブルータスは，この点を強調している．「共和国において，人々の作法，情緒，関心は似ているべきだ．もしそうでなければ，絶え間ない意見の衝突が起こるであろう．一方の党派の代表者たちは，他方の党派のうに配慮する措置をどれだけ取っても取りすぎるということはない……財産の不平等を穏やかに軽減するもう一つの手段は，ある特定の水準以下では全員を免税し，幾何学的漸進に従って，次第に高い比率で財産に課税していくことである．いかなる国であれ未開拓の土地や貧しい失業者がいる《ママ》ときはいつでも，財産に関する諸法が自然権を侵害するところまで過度に拡張されてきたことは明らかである．地上には，人類が労働し生計を立てるための共通のストックが与えられているのである．

8 T. Jefferson, *The Papers of Thomas Jefferson* 681–82（J. Boyd ed. 1953）. また以下の文献もみよ．T. Paine, “Dissertation on the First Principles of Government,” in 5 *Life of Thomas Paine* 221（1795）（「代表政府の真実かつ唯一の根拠は，諸権利の平等である」）; 4 *J. Elliott, Debates of the Several State Conventions on the Adoption of the Federal Constitution* 320–23（1888）（「財産が平均的であることはわが国の性格の主たる特徴である……われわれは次のように確信する．すなわち国の富の大部分がほとんど等しく人民の手にあり，人民の間には危険な金持ちも惨めな貧乏人もほとんどいない．またわれわれは，穏やかで平等な政府の恩恵のもとで生きる喜びを感じている．その政府は，差別を知らず，真価や才能のある人々を知っている．その政府の下では，名誉と義務がすべての市民に与えられるように開かれている」.）（ピンクニーによる記載）

(76)　Pocock, 前掲注 3, 255〔219 頁〕（共和主義の「決定を普遍化して，決定が腐敗する個別的な利害の影響を免れるように保証するという機能」を論じている.「多数者の役割は，非選良の意志を主張することではなく，統治の非人格性を極大化することであった」.）をみよ．また 後掲注 108–17 もみよ．

(77)　Pocock, 前掲注 3, 132–36〔122–126 頁〕; Pitkin, 前掲注 11, 85–87 をみよ．もちろんこの過程は文化的制約のなかで生じる．

(78)　たとえば，調整交渉への批判的議論として，Funk, “When Smoke Gets in Your Eyes: Regulatory Negotiation and the Public Interest——EPA’s Woodstove Standards,” 18 *Envtl. L.* 55（1987）をみよ．

(79)　J. Dewey, *The Quest for Certainty* 259, 265, 272–73（1929）（「対象が享受される諸条件」と「対象を尊重・愛好する諸結果」を批判的に考察する必要があると主張し,「価値に関する判断とは，われわれの愛着や享楽の形成を規制すべきものに関する判断である」と論じている（強調は原文による））をみよ．Putnam, 前掲注 47; C. Peirce, “Pragmaticism in Retrospect: A Last Formulation,” in *Philosophical Writings Of Peirce*（J. Buchler ed. 1955）; Michel-

る），467-70, 537〔404-407，467-468 頁〕（立場の平等と，政治的平等の共和主義的観念を区別している）; Pocock, “Oceana: Its Ideological Context,” in *The Political Works of James Harrington* 15, 18［以下では Pocock, “Ideological Context”］（J.G.A. Pocock ed. 1977）（共和主義の平等は「他の誰にも服さず公的権力にのみ等しく服する市民間の相互依存の関係」であると記している）もみよ．参考までに以下の文献を挙げておく．S. Verba & G. Orren, *Equality in America: The View from the Top* 7-20（1985）（米国が，政治的平等への信条をもっているものの，経済的平等については曖昧であることを論じている）; S. Verba, *Elites and the Idea of Equality* 264-65（1987）（経済的平等に信条をもっていない数多くの人々が政治的平等への信念を抱いていることを述べている）．

（69） *The Anti-Federalist No. 16*（H. Storing ed., M. Dry Abr. 1985）．

（70） *Cato's Letters* 113, 161, 207.

（71） *Middlesex Gazette*（Middletown, Conn.）, June 18, 1787.

（72） J.T. Main, *The Anti-Federalists: Critics of The Constitution 1781-1788*, 162-67, 26-70（1981）をみよ．

（73） *Buckely v. Valeo, 424 U.S. 1*（1976）をみよ．

（74） *The Federalist No. 10*（J. Madison）（平等な富の分配を「不適切で有害な計画」のうちに含めている）をみよ．もちろんバークは，政治的熟議を信じていても，平等を信じてはいなかった．同種の見解を現在示しているものとして，Kronman, 前掲注 8 をみよ．こうしたアプローチのリスクのいくつかについて，後掲注 249-65 付近の記載をみよ．

（75） マディソンが挙げた「党派の害悪」に抗する一連の措置から引用した，次の抜粋について考えられたい．

> 1. 全員に政治的平等を確立すること．2. 節度のない，とくに相応でない富の蓄積によって，財産の不平等をさらに増やそうとする少数者の不必要な機会を抑えること．3. 財産権を侵害することなく，極端な富を平均的な水準にまで抑え，極端な貧困を健全な水準にまで高める法の穏やかな執行．
>
> 14 J. Madison, *The Papers of James Madison 197-98*（R.A. Rutland ed. 1983）（強調は原文による）

またジェファーソンの示唆もみよ．

> 私は，財産の平等な分配が実現不可能であることはわかっている．だがこの膨大な不平等の諸帰結が多くの人間にとてつもない苦難をもたらしたのだから，立法府は財産を再分配して，この再分配が人類の自然的愛情を伴うよ

And Distrust (1980)〔佐藤幸治，松井茂記訳『民主主義と司法審査』成文堂，1990 年〕をみよ．ただし多元主義の見解は，熟議や市民活動にあまり価値をおかないのだが．

もちろん政治的平等に対する共和主義の志向《アスピレーション》は，共和国の実践の重大な属性によって侵害された．政治的平等における共和主義の信念と，共和国の社会的階層制との間の関係は非常に複雑である．共和主義者は，政治的平等を意外な場に見出す．Pocock, 前掲注 3, 467-70〔404-407 頁〕; Pitkin, 前掲注 11, 23-90 をみよ．

(64)　後掲注 204-07 をみよ．

(65)　後掲注 206 をみよ．

(66)　*Buckley v. Valeo, 424 U.S. 1 (1976); 52 Fed. Reg. 31,768* (1987)（連邦通信委員会（FCC）により公正さの法理が覆された判決）. 次のことに注目することが重要である．すなわち，まさにこの結びつきにおいて，ある多元主義者は，功利主義の伝統に由来しており，統治への横からの制約を政治闘争に干渉させないように最小化しようとしている，ということである．たとえば，Easterbrook, "The Supreme Court, 1983 Term-Foreword: The Court and the Economic System," 98 *Harv. L. Rev.* 5 (1984) をみよ．他の評者は，多元主義が政治についての正確な記述であると信じ，「レント・シーキング」を危惧し，ロックと手を結んでいると称して，統治行為を妨げる厳格な財産基底的障壁を設けようと試みている．Epstein, 前掲注 31 をみよ．これらの見解はいずれも，共和主義に対立する．

(67)「共和国への愛は，民主政の国においては，民主政への愛であり，民主政への愛とは平等への愛である．民主政への愛はさらに質素への愛である．ここでは各人は同じ幸福と同じ利益をもたねばならないから，同じ喜びを味わい，同じ希望を抱かなければならない．これは一般的な質素からしか期待できない事柄である．平等への愛は，民主政の国においては，野心を他の公民よりいっそう大なる奉仕を祖国に捧げようとする希望，幸福だけに限定する．……したがって，共和国において平等と質素とが愛されるためには，法律がそれらを確立していなければならない，というのは極めて真実な格率である．」Montesquieu, *The Spirit of Laws bk. V*, chs. iii-iv〔第五編三・四章〕(D. Carrithers ed. 1977)〔野田良之・稲本洋之助・上原行雄・田中治男・三辺博之・横田地弘訳『法の精神』岩波書店，1989 年，107-110 頁〕.

(68)　後掲注 75（マディソンを論じている）をみよ．また Pitkin, 前掲注 1, 88-90; Pocock, 前掲注 3, 258〔221 頁〕（政治的平等と経済的不均衡を論じてい頁〕(「合理的な立法者はそれぞれ，どんな法や政策が正義の諸原理に最もよく一致することか，ということに関する自己の意見を票決に付すことができる」).

(56) たとえば，Sandel, "The Procedural Republic and the Unencumbered Self," 12 *Pol. Theory* 81 (1984)〔鬼澤忍訳『公共哲学』筑摩書房，2011年，234-158頁〕をみよ.

(57) ここで次のことに注目する価値がある．すなわち，建国期に権利章典をもっとも断固として支持したのは反連邦主義者だったのであり，彼らは共和主義思想と密接に結びついていた，ということである.

(58) この種の大まかな観念は，以下の文献に見られる．Rawls, 前掲注17, や J. Habermas, *The Philosophical Discourse of Modernity* 294-326〔521-566頁〕(1987)〔三島憲一訳『近代の哲学的ディスクルス』岩波書店，1999年〕. また，Held, 前掲注9, 182, 298-99〔195, 333-34〕〔247-248，420-421頁〕(「理想的な規範的合意」を論じている))もみよ.

(59) Rawls, 前掲注17, 205-21 (良心の自由を論じている); B. Ackerman, *Social Justice in the Liberal State* 4-10, 357-59 (1980) をみよ．これら二つの労作のいずれもが，ここで示されている共和主義理解と多くを共有している．また，Habermas, 前掲注58, 294-326〔521-566頁〕(歪みなきコミュニケーション的行為を政治の規正理念として示している) もみよ.

(60) 現代の例としては，Epstein, 前掲注31, 3-18; R. Nozick, *Anarchy, State, and Utopia* (1974)〔嶋津格訳『アナーキー・国家・ユートピア―国家の正当性とその限界』木鐸社，1992年〕を挙げることができる.

(61) Pocock, 前掲注3, 386-87, 390〔329-330，332-333頁〕(ハリントンを論じている); J. G. A. Pocock, "Oceana: Its Argument and Character," in *The Political Works of James Harrington* 43, 68 [以下では Pocock, "Argument and Character"] (J.G.A. Pocock ed. 1977); Pocock, "The History of the Ideology: Harrington's Ideas after His Lifetime," in 同上 150-51 [以下では Pocock, "Harrington's Ideas"] をみよ.

(62) R. Dahl, "On Removing Certain Impediments to Democracy in the United States," in *The Moral Foundations of The American Republic* (R. Horwitz ed. 1985) をみよ.

(63) マディソンの見解に関して，前掲注41; 後掲注75をみよ．この点では，政治的平等への共和主義的信念と，多元主義者の政治過程へのアクセスを促進しようとする努力との間に結びつきがある．たとえば，J. Ely, *Democracy*

(1987)（基礎づけ主義に反論している）; M. Walzer, *Interpretation and Social Criticism*（1987）〔大川正彦・川本隆史訳『解釈としての社会批判—暮らしに根ざした批判の流儀』風行社，1996 年〕（解釈を社会評価の方法として論じている）をみよ．

(48) 後掲注 216-20, 229-48 付近の記載（制定法解釈と憲法上の規制を記している）; Sunstein, 前掲注 6, 49-79 をみよ．

(49) Manin, 前掲注 18, 338; Pitkin, 前掲注 11, 93-97; J. Rawls, "The Priority of the Right"（著者に手渡された未公刊の手稿）; Beer, "The Strengths of Liberal Democracy," in *A Prospect of Liberal Democracy*（W. Livingston ed. 1979）. 討論による統治とリベラルな伝統については，後掲注 155 をみよ．

(50) Elster, 前掲注 16, 105-11, 121-31 をみよ．また K. Bumiller, *The Civil Rights Society: The Social Construction of Victims* 26-30（1987）（差別の犠牲者が，不平を主張する方ではなく，かつて教え込まれた不平をもらす方を選ぶメカニズムを論じている）もみよ．

(51) 前掲注 17 やその付近の記載をみよ．

(52) Pitkin, "Justice: On Relating Public to Private," 9 *Pol. Theory* 327, 346-47（1981）をみよ．

(53) これらの結果が文化的に特殊であるのかどうか，あるいはどこまで特殊であるのかは本章の射程を越える．たとえば，M. Walzer, *Spheres of Justice: A Defense of Pluralism and Equality*（1982）〔山口晃訳『正義の領分—多元性と平等の擁護』而立書房，1999 年〕; J. Rawls, "The Idea of an Overlapping Consensus," *7 Oxford J. Legal Stud. 1*（1987）をみよ．もっと言えば政治的真理の共和主義的構想は，基礎づけ主義的ではなく，プラグマティックなものとして考える方がよいであろう．

(54) ここでの考えは，「熟議」という語は，通常の言語の意味では，インプットとアウトプットに対する制約を含意するということである．つまり結果として，ある種の帰結は真正な熟議過程の産物ではありえないということである．

また差別禁止の措置は，熟議だけではなく，広範な社会発展の産物である，ということに注目することも重要である．不利な状況にある人々の一部に対する社会権力の行使，経済条件の変化，技術の発展，その他の要因などが重要な役割を果たす．（この点で，性差別の禁止が，1964 年公民権法第 7 編の反対者によって加えられ，熟議もなく採用されたことは皮肉である．）

(55) たとえば，Pocock, 前掲注 3, 209〔184 頁〕（政治的行為者は「公共善」に目を向けるべきだと記している）をみよ．また Rawls, 前掲注 17, 361〔280

More General Theory of Regulation," 19 *J.L. & Econ.* 211（1976）（同様）とを比較せよ．

（39） 概括的な議論として，Pangle, *Civic Virtue: The Founders' Conception and the Traditional Conception, in Constitutionalism and Rights*（G. Bryner & N. Reynolds eds. 1987）; Pocock, 前掲注 3; Kloppenberg, "The Virtues of Liberalism: Christianity, Republicanism and Ethics in Early American Political Discourse," 74 *J. AM. HIST.* 9（1987）をみよ．

（40） Arendt, 前掲注 37, 248-55〔351-458 頁〕; Held, 前掲注 9.

（41） そしてマディソンはこう続ける．「何よりも共和政府にとって本質的なことは，政府が社会の特権階級や，とるに足りない一部少数のものに基礎をおくものではなく，社会の大多数の人々に基礎をおいていることである．……共和政体であるためには，政治を担当するものが，直接にであれ間接にであれ，人民によって選任され，前述のいずれかの方法によってその任期が定められていることで十分である……」. *The Federalist No. 39*, 241（J. Madison）（C. Rossiter ed. 1961）〔斎藤眞・武則忠見訳『ザ・フェデラリスト』福村出版，1998 年，第 39 編 186 頁〕（強調は原書による）.

（42） 後掲注 136-46 とその付近の記載（共和主義思想のさまざまな形態を記している）をみよ．

（43） 後掲注 95-100 付近の記載をみよ．ここでの難問のいくつかについて，Nagel, 前掲注 18, 113-20, 130-34, 166-71 をみよ．

（44） Pocock, 前掲注 3, 287-90〔243-246 頁〕; Pitkin, 前掲注 11, at 300-04; 後掲注 104-18 付近の記載（マディソンと反連邦主義者を論じている）をみよ．

（45） 対照的にルソーは，数多くの共和主義者にとって重要な発想の源であるが，市民の間の熟議を信頼していなかった．J. Rousseau, "The Social Contract," in *Jean Jacques Rousseau: Political Writings* 29-30（F. Watkins trans. 1986）〔小林善彦・井上幸治訳『人間不平等起原論・社会契約論』中央公論新社，2005 年〕をみよ．

（46） ここには共和主義と，カントの思想から導かれる政治観との間に結びつきがある．I. Kant, *Groundwork of the Metaphysics of Morals* 114（H. Paton trans. 1984）〔宇都宮芳明訳『道徳形而上学の基礎づけ』以文社，2004 年〕をみよ．

（47） M. Nussbaum, *The Fragility of Goodness: Luck and Ethics in Greek Tragedy and Philosophy*（1986）（プラトンの基礎づけへの信念とアリストテレスの実践理性を対照している）; H. Putnam, *The Many Faces of Realism*

い公共的欲望を正確に把握できると述べたりすることによって，この結論を過大評価してはならない．歴史の証拠はそのまったく逆を示しているし，近年の公共選択理論の発展もその逆を示している．Farber & Frickey, "Legislative Intent and Public Choice," 74 *Va. L. Rev.* 423, 429-37 (1988); Sen, "Social Choice and Justice: A Review Article," 23 *J. Econ. Literature* 1764, 1770-74 (1985) をみよ．

(31) J. Buchanan & G. Tullock, *The Calculus of Consent* (1962); R. Epstein, *Takings: Private Property and the Law of Eminent Domain* (1985).

(32) 後掲注 49-62, 221-25 をみよ．

(33) たとえば，L. Milbrath, *Political Participation: How and Why Do People Get Involved in Politics?* (1965); B. Berelson, P. Lazarsfeld, & W. Mcphee, *Voting: A Study of Opinion Formation in a Presidential Campaign* (1954) をみよ．

(34) Hardin, 前掲注 29 をみよ．

(35) J. Gaventa, *Power and Powerlessness* (1980); Elster, 前掲注 16, 125-33; Boudon, "The Logic of Relative Frustration," in *Rationality and Revolution 245* (M. Taylor ed. 1988) をみよ．

(36) C. Pateman, *Participation and Democratic Theory* (1970); cf. Elster, 前掲注 16（こうした効果は「本質的に副産物」であることを示している）をみよ．

(37) いくつかの共和主義的アプローチは，アリストテレスまで遡って，政治生活は人間にとって（あるいは少なくともある階級の人間にとって）最善の生活であるという考えを前提としている．たとえば，H. Arendt, *On Revolution* 215-82 (1963)〔志水速雄訳『革命について』筑摩書房，1995 年，351-458 頁〕; Frug, "The City as a Legal Concept," 93 *Harv. L. Rev.* 1059 (1980) をみよ．またこの見解は M. Sandel, *Liberalism and The Limits of Justice* (1982)〔菊池理夫訳『自由主義と正義の限界〔第二版〕』三嶺書房，1999 年〕の根底にもあるように思われる．しかし現代共和主義は，それ以外の善き生の構想をも尊重している．

(38) M. Derthick & P. Quirk, *The Politics of Deregulation* 8-27, 237-58 (1985)（議会の行動は利益集団の圧力によっては説明できないと論じている），S. Kelman, *Making Public Policy* 44-66 (1987)（同様），A. Maass, *Congress and The Common Good* (1983)（同様）と，Becker, 前掲注 9（立法の結果に及ぼされる利益集団の影響力について論じている），Peltzman, "Toward a

(21) トクヴィルはこのように示した. A. De Tocqueville, "Democracy in America," in *John Stuart Mill on Politics and Society* 186, 222–23 (G. Williams ed. 1976)〔井伊玄太郎訳『アメリカの民主政治』講談社, 1987年〕をみよ. また W. Nelson, *On Justifying Democracy* 94–130 (1980)(公的熟議をデモクラシーの価値として強調している)や, Elster, 前掲注16, 35–42 (この見解を批判的に論じている)もみよ.

もちろん, この効果の程度を誇張しすぎるのは誤りであろう. 私益の動機は隠されているだけかもしれない. その場合, 熟議の要件が偽善と欺瞞の誘因になることもありうる.

(22) Sunstein, "Legal Interference with Private Preferences," 53 *U. Chi. L. Rev.* 1129, 1140 (1986) をみよ.

(23) 参考までに以下の文献を挙げておく. Stewart, "Regulation in a Liberal State: The Role Of Non-Commodity Values," 92 *Yale L.J.* 1537 (1983)(規制対象となる非商品的価値を論じ, 制定法を「理想」として理解しようとする努力を批判している); Kelman, "On Democracy-Bashing," 74 *Va. L. Rev.* 199, 224–35 (1988)(規制にかかわる政治的選択が「レント・シーキング」以外の規準にしたがって評価されなければならないと論じている).

(24) この種の枠組みは, 規制に対する経済学的アプローチのいくつかの規範的側面に潜在している. *Journal Of Law And Economics* のほとんどすべての論考が, この点を確証する少なくとも一つの根拠を与えている.

(25) Becker, 前掲注9をみよ.

(26) K. Arrow, *Social Choice and Individual Values* (*2nd ed. 1963*); W. Riker, *Liberalism vs. Populism: A Confrontation Between the Theory of Democracy and the Theory of Public Choice* (1982) をみよ.

(27) Riker, 前掲注26をみよ.

(28) これは標準的な経済学上の反論である. 近年の議論として, J. Elster, *Nuts and Bolts for the Social Sciences* (1989) をみよ.

(29) これは利益集団政治に対する経済学上の批判の根拠である. たとえば R. Hardin, *Collective Action* (1982); M. Olson, *The Logic of Collective Action* (1965) をみよ.

(30) Riker & Weingast, "Constitutional Regulation of Legislative Choice: The Political Consequences of Judicial Deference to Legislatures," 74 *Va. L. Rev.* 373, 381–88 (1988) をみよ. しかしながら, 民主的結果と公共的意志の間に結び付きがあることを否定したり, 非民主的制度も民主的制度と同じくら

れないし，（たとえば）人種差別的な先入観にもとづく法を産出してしまうかもしれない．だが共和主義の希望は，熟議過程がこれら選好の発生を減らしてくれるであろう，ということにある．Goodin, "Laundering Preferences," in *Foundations of Social Choice Theory* 75（J. Elster & A. Hylland eds. 1986）をみよ．もちろん多元主義者たちは，刑事法や，財産・不法行為・契約に関するコモンローのある側面によって示されるような，私的行為に課される法的制約を信頼している．これらの法的制約は，暴力や詐欺に制限を課するかぎり，私的選好を外生変数としてとらえていない．すなわちこうした諸法の標的は，行為はもちろんのこと，人格なのである．本章の重点は，暴力や詐欺の文脈からまったく外れたところに，討論を通した「選好洗浄」の機能があると考える人にとって，多元主義は好ましくないであろう，ということである．

(15) たとえば，Gewirtz, "Choice in The Transition: School Desegregation and the Corrective Ideal," 86 *Colum.L. Rev.* 728, 745-48（1986）（人種分離が選好に及ぼす影響について論じている）をみよ．

(16) J. Elster, *Sour Grapes* 109-11, 125-40（1983）をみよ．

(17) この考えは社会契約の伝統の際立った要素である．J. Rawls, *A Theory of Justice* 136-42（1971）〔川本隆史・福間聡・神島裕子訳『正義論 改訂版』紀伊國屋書店，2010年〕（この種の歪曲効果を除去するために原初状態の装置を用いている）をみよ．政治的態度における私益の役割をさらに詳述した文献として，Akerlof & Dickens, "The Economic Consequences Of Cognitive Dissonance," 72 *Am. Econ. Rev.* 307（1982）; J. Elster, *Making Sense of Marx* 459-61（1985）; R. Geuss, *The Idea of A Critical Theory* 12-22（1981）をみよ．

(18) この考えは，個人の自律に関するカント的観念と同種の政治的自由の構想に結びついている．個人的自由が私的自治にみられるように，政治的自由は目的の集合的選択としてみなされる．Pitkin, 前掲注 1, 7, 240, 281-82, 315-16, 324-25; T. Nagel, *The View from Nowhere* 113-20, 130-37, 166-71（1986）〔中村昇・鈴木保早・山田雅大・岡山敬二・斎藤宣之・新海太郎訳『どこでもないところからの眺め』春秋社，2009年〕をみよ．政治と市場の相違については，たとえば，Manin, "On Legitimacy and Political Deliberation," 15 *Pol. Theory* 338（1987）; Elster, "The Market and the Forum: Three Varieties of Political Theory," in *Foundations of Social Choice Theory*, 前掲注 14, 103 をみよ．

(19) Bachrach & Baratz, "The Two Faces of Power," *56 Am. Pol. Sci. Rev. 947*（1962）をみよ．

(20) S. Lukes, *Power*（1974）; Elster, 前掲注 16, 125-40.

るものとしては，A. Kronman, The Cooley Lectures（未公刊）（*The Yale Law Journal* に掲載）をみよ．

(9)　この言葉は，ここで用いられているかぎり，利益集団政治理論のことを指している．たとえば，A. Bentley, *The Process of Government*（1908）; Dahl, 前掲注 5; D. Truman, *The Governmental Process*（1951）; Becker, "A Theory of Competition Among Pressure Groups for Political Influence," 98 *Q.J. Econ.* 371（1983）; Stigler, "The Theory of Economic Regulation," 2 *Bell J. Econ. & Mgmt. Sci.* 3（1971）などをみよ．概説として，D. Held, *Models Of Democracy* 186-220（1987）〔2nd. ed. 199-232（1996）〕〔中谷義和訳『民主政の諸類型』御茶の水書房，1998 年，253-196 頁〕; Farber & Frickey, "The Jurisprudence of Public Choice," *65 Tex. L. Rev. 873*（1987）をみよ．私は「多元主義」という言葉を用いて，善き生についての多様な構想を追求するさまざまな集団を含むものとして，政治や社会を捉える見解のことを指しているのではない．N. Rosenblum, *Another Liberalism* 155-60（1987）をみよ．

(10)　もちろんもろもろの既存の権限は，制定法の産物である．この意味で，それらは前政治的なものとしてはけっして理解されない．Hale, "Coercion and Distribution in a Supposedly Non-coercive State," 38 *Pol. Sci. Q.* 470（1923）をみよ．

(11)　H. Pitkin, *The Concept of Representation* 144-67（1967）（この見解とそれへの反論を論じている）をみよ．

(12)　この理解は，たとえば次のような文献に暗示されているように思われる．Plott, "Axiomatic Social Choice Theory: An Overview and Interpretation," in *Rational Man and Irrational Society?* 229（B. Barry & R. Hardin eds. 1982）; C. Offe, "Legislation Through Majority Rule?," in *Disorganized Capitalism* 259（1985）（多数決ルールの伝統的正当化論の難点を論じ，改革の提言をしている）．またそれとは異なる見解は，E. Spitz, *Majority Rule* 198-216（1984）（社会的熟議のなかでのさまざまな改善を指摘することによって，多数決ルールを部分的に擁護している）で示されている．

(13)　もちろん，なぜ選好が好ましくないかを説明したり，あるいは不正な背景的諸制度を特定したりするような外的基準が必要である．通常こうした判断は，ある種の選好の諸結果はある社会集団を従属させるとか，ある選好の一部が，利用できる機会を制限する社会諸制度の一関数である，といった信念にもとづいている．後掲注 18-20, 49-52 をみよ．

(14)　もちろん好ましくない選好は，政治的討論において役割を演じるかもし

（1986）.

（3）T. Pangle, *The Spirit of Modern Republicanism*（1988）; J. G. A. Pocock, *The Machiavellian Moment*（1975）〔田中秀夫・奥田敬・森岡邦泰訳『マキァヴェリアン・モーメント　フィレンツェの政治思想と大西洋圏の共和主義の伝統』名古屋大学出版会，2008 年〕; G. Wood, *The Creation of the American Constitution 1776-1787*, at 46-90, 430-67（1969）; Appleby, "Republicanism in Old and New Contexts," 43 *Wm. & Mary Q.* 20（1986）; Appleby, The Social Origins of American Revolutionary Ideology, 64 *J. Am. Hist.* 935（1977-78）; Banning, "Jeffersonian Ideology Revisited: Liberal and Classical Ideas in The New American Republic," 43 *Wm. & Mary* Q. 3（1986）; Banning, "Republican Ideology and the Triumph of the Constitution, 1789 to 1793," 31 *Wm. & Mary Q.* 167（1974）; Kramnick, "The "Great National Discussion": The Discourse of Politics in 1787," 45 *Wm. & Mary Q.* 3（1988）; Shalhope, "Republicanism and Early American Historiography," *39 Wm. & Mary Q.* 334（1982）.

（4）少なくともロックが従来どおりに理解されるかぎり，そのようなとらえ方はできない．L. Hartz, *The Liberal Tradition in America*（1955）をみよ．また別の意見では，たとえば J. Ashcraft, *John Locke and the Revolutionary Tradition*（1986）をみよ．

（5）R. Dahl, *A Preface To Democratic Theory*（1956）をみよ．

（6）次の文献をみよ．Michelman, "Supreme Court, 1985 Term-Foreword: Traces of Self-Government," 100 *Harv. L. Rev.* 4（1986）; Sherry, "Civic Virtue and The Feminine Voice in Constitutional Adjudication," 72 *Va. L. Rev.* 543（1986）; Sunstein, "Interest Groups in American Public Law," 38 *Stan. L. Rev.* 29（1985）; Ackerman, "The Storrs Lectures: Discovering the Constitution," 93 *Yale L.J.* 1013（1984）（「通常」時の政治と起草期における「立憲」時の政治観について論じている）.

（7）近年の多くの著作家たちは共和主義をリベラリズムに代わる選択肢として描いている．たとえば，Horwitz, "History and Theory," *96 Yale L.J. 1825*, 1831-35（1987）（リベラリズムと共和主義を対置している）をみよ．

（8）公民的徳性に価値をおく人々のうち，人格改善を強調する――古典的定式におけるように――者もいれば，それを社会的正義を達成するための前提条件として理解する者もいる．後者の見解では，公民的徳性は，公的熟議へ参加するために必要なのであり，健全な熟議過程のための手段である．後者の見解がここでの主たる対象である．後掲注 55-56 付近の記載をみよ．人格を強調す

(204)　Lawrence Lessig, *Code and Other Laws of Cyberspace* 186 (2000) をみよ．Shapiro, 前掲注 127, 105-23.

(205)　この似通った考えの人たちが熟議を行うというのは，これ以上ないほどに単純化した事例ではある．ただ，留意すべきは，異質混交的な集団においても，そこで中間に位置する見解が特定されるという条件が揃いさえすれば，集団極化は生じうるということである．

第2章

†　この論文の原稿は，米国哲学会（American Philosophical Association）の例会とマギル大学（McGill University）の法理論ワークショップで報告された．本稿に対して次の方々から価値あるコメントが寄せられた．ブルース・アッカーマン，アキル・アマー，ドゥルシラ・コーネル，リチャード・クラスウェル，ヤン・エルスター，ウィリアム・エスクリッジ，リチャード・ファロン，フィリップ・フリッキー，J・デイヴィド・グリーンストーン，スティーヴン・ホームズ，ラリー・クレイマー，キャサリン・マッキノン，マイケル・マッコネル，フランク・マイケルマン，マーサ・ミノウ，リチャード・A・ポズナー，スティーヴン・シャルホファー，リチャード・B・スチュワート，カスリーン・サリヴァン，アラン・サイクス，マーク・タシュネット，ロビン・ウェスト，以上の方々である．

(1)　H. Pitkin, *Fortune Is a Woman: Gender and Politics in the Thought of Niccolo Machiavelli* (1984); J. Witherspoon, *The Dominion of Providence over the Passion of Men, A Sermon* 34 (1778); P. Payson, *A Sermon Preached before the Honourable Council... of the State of Massachusetts Bay* 32 (1778) をみよ．また概説として，Bloch, "The Gendered Meanings of Virtue in Revolutionary America," 13 *Signs* 37, 44-47 (1987) をみよ．

(2)　この批判はまったく異なる政治的見解の持ち主から挙げられている．たとえば，I. M. Young, "Impartiality and the Civic Public: Some Implications of Feminist Critiques of Moral and Political Theory," 5 *Praxis Int'l* 381 (1986); I. M. Young, "Polity and Group Difference: A Critique of the Ideal of Universal Citizenship," 99 *Ethics*［以後，Young, "Polity and Group Difference"］〔施光恒訳「政治体と集団の差異―普遍的シティズンシップの理念に対する批判」『思想』(岩波書店) 867 号〕; S. Holmes, *Benjamin Constant and the Making Modern Liberalism* 148 (1984); K. Sullivan, "Rainbow Republicanism," 97 *Yale L. J.* (1988); Herzog, "Some Questions for Republicans," 14 *Pol. Theory* 473

The Effects of Prior Theories on Subsequently Considered Evidence," 37 *J. Personality & Soc. Psychol.* 2098, 2102–04 (1979).

(191) 同上.

(192) Brian Mullen et al., "Group Cohesiveness and Quality of Decision Making," 25 *Small Group Res.* 189, 199–202 (1994); Brian Mullen & Carolyn Copper, "The Relation Between Group Cohesiveness and Performance: An Integration," 115 *Psychol. Bull.* 210, 225 (1994) をみよ．この効果を証拠づけるものとして，Harrington, 前掲注 35, 30–34 をみよ．

(193) James S. Fishkin, *The Voice Of The People*, 43, 161–81 (1997).

(194) 同上 206–07 をみよ．

(195) 同上.

(196) 同上 207 をみよ．

(197) Fishkin & Luskin, 前掲注 6, 23.

(198) 同上 22–23 をみよ（赤字削減に傾倒する強さが，1 から 4 で表される尺度上で，3.51 から 3.58 へ上がった．教育により多くの支出をすべきだとする立場への支持の強さが，1 から 3 で表される尺度上で，2.71 から 2.85 へ上がった．海外の米国企業のための支援に傾倒する強さが，1 から 3 で表される尺度上で，1.95 から 2.16 に上がった）．

(199) 同上 23 をみよ．同上 22 もみよ（外国の援助のための支出に傾倒する強さが，1 から 3 で表される尺度上で，1.40 から 1.59 へ上がった．また，社会保障への支出に傾倒する強さが，1 から 3 で表される尺度上で，2.38 から 2.27 に下がった）．

(200) Teger & Pruitt, 前掲注 76, 201–02 をみよ（他人の見解に触れるだけで起こる集団極化を見出している）．

(201) 同上 196–201 をみよ．

(202) ただ，注意が必要なのは，多様な人々の混じる集団ともいえる陪審で審議が行われる状況において，チョイス・シフトが生じていることである．Schkade et al., 前掲注 8, 1154–56.

(203) それゆえに，ブルース・アッカーマンやジェイムズ・フィシュキンによる「熟議の日（deliberation day）」の提案に対しては，慎重にならざるをえない．Bruce Ackerman & James Fishkin, *Deliberation Day* (2004). 問題は，この提案が局地的な性格を色濃く有していることにある．提案に従って人々が熟議を行う場合，その相手は自分と同じコミュニティーに属する人たちだと考えられる．このような状況は，集団極化や社会の断片化の原因となるのである．

ついて，集団に与える影響力が男女間で違いがあらわれない課題もあった．Katherine W. Hawkins, "Effects of Gender and Communication Content on Leadership Emergence in Small Task-Oriented Groups," 26 *Small Group Res.* 234, 243-44（1995）をみよ．

（178） たとえば，Aronson, 前掲注 17, 242-43 をみよ（カルトの指導者の役割について論じている），Leon Festinger et al., *When Prophecy Fails* 3-30（1956）（信じがたい考えを信じ続ける条件について，社会的支援の必要性も含めて，論じている．）

（179） Letter from Thomas Jefferson to James Madison（Jan. 30, 1787）, in *The Portable Thomas Jefferson* 416-17（Merrill D. Peterson ed., 1975）.

（180） Edmund Burke, Speech to the Electors（Nov. 3, 1774）, in *Burke's Politics: Selected Writings and Speeches of Edmund Burke on Reform, Revolution, and War* 116（Ross J.S. Hoffman & Paul Levack eds., 1949）.

（181） 同上.

（182） *The Federalist No. 10*, 84（James Madison）（Clinton Rossiter ed., 1961）.

（183） Sunstein, 前掲注 171, 41-42 をみよ．

（184） 安定を揺さぶる権利について主張を行う次の文献は，このような読み方が可能である．Roberto Mangabeira Unger, *The Critical Legal Studies Movement* 39, 43, 53-57（1986）

（185） Irving L. Janis, *Groupthink: Psychological Studies of Policy Decisions and Fiascos* 267-71（2nd ed. 1982）をみよ．

（186） Habermas, 前掲注 9, 231-50 をみよ．

（187） Sunstein, 前掲注 131 をみよ．

（188） 前述第 4 節（5）合議体の裁判所をみよ．

（189） たとえば，Iris Marion Young, *Justice and the Politics of Difference* 183-91（1990）をみよ（多様な観点にもとづく表現を確保する手段として，集団代表制を推進する立場をとる）．Cass R. Sunstein, "Beyond the Republican Revival," 97 *Yale L.J.* 1539, 1585-89（1988）（公共財に関する良質な議論を確保する手段として，集団代表制を推進する立場をとる）〔本書第 2 章〕．これらの論議を概観するために，以下の文献に収録された論文をみよ．*Choosing an Electoral System: Issues and Alternatives*（Arend Lijphart & Bernard Grofman eds., 1984）.

（190） Charles G. Lord et al., "Biased Assimilation and Attitude Polarization:

(161)　熟議の役割がなくなるわけではない．事実に関する一定の理解を前提として，何をするのかという問題は残る．

(162)　前掲注 123 と，そこで触れている文献．

(163)　*Federalist No. 51* は，この観点からみるとよく理解できる．*The Federalist No. 51* (James Madison).

(164)　近時のミネソタ州における提案をみよ．George Will, Editorial, "One-House Town," *Wash. Post*, Nov. 4, 1999, A35, 1999 WL 23312778.

(165)　James Wilson, "Lectures on Law," in 1 *The Works Of James Wilson* 291 (Robert Green McCloskey ed., 1967).

(166)　Harrington, 前掲注 83, 25-26.

(167)　後掲注 173-177 で触れる文献.

(168)　（投資組織のように）集団でなんらかの課題に取り組む状況について立証する証拠として，Harrington, supra note 83 をみよ．

(169)　Charlan Jeanne Nemeth, "Differential Contributions of Majority and Minority Influence," 93 *Psychol. Rev.* 23 (1986); Harrington, 前掲注 83.

(170)　Sunstein, 前掲注 5, 22.

(171)　Cass R. Sunstein, "Interest Groups in American Public Law," 38 *Stan. L. Rev.* 29, 41-42 (1985).

(172)　Rawls, 前掲注 2, 359.

(173)　たとえば，Catharine A. Mackinnon, *Toward a Feminist Theory of the State* 83-105 (1989) における意識発揚に関する議論をみよ．

(174)　論争を巻き起こし，世に広く喧伝されたものとして，神学者メアリー・デイリーの事例がある．彼女は，ボストン大学で自分の授業から男性を排除しようと奮闘した．Carey Goldberg, "Facing Forced Retirement, Iconoclastic Professor Keeps On Fighting," *N.Y. Times*, Aug. 15, 1999, A13, 1999 WL 30476861 をみよ．Boy Scouts of America v. Dale, 120 S. Ct. 2446 (2000)（団体の利益とボーイスカウトの排除権を肯定した），および，*Roberts v. U.S. Jaycees, 468 U.S. 609, 622* (1984)（ジェイシーズの排除権を否定した）もみよ．

(175)　Christensen & Abbott, 前掲注 16, 273 をみよ．

(176)　同上 274 をみよ．

(177)　Catherine Kirchmeyer & Aaron Cohen, "Multicultural Groups: Their Performance and Reactions with Constructive Conflict," 17 *Group & Org. Mgmt.* 153, 166 (1992). 興味深いことに，ジェンダーの規範にかかわる変化に

（144） 47 U.S.C. §154（b）（5）（1994）（FCC）; 15 U.S.C. §41（1994）（FTC）.

（145） Frank B. Cross & Emerson H. Tiller, "Judicial Partisanship and Obedience to Legal Doctrine: Whistleblowing on the Federal Courts of Appeals," 107 *Yale L.J.* 2155（1998）; Richard L. Revesz, "Environmental Regulation, Ideology, and the D.C. Circuit," 83 *Va. L. Rev.* 1717, 1755（1997）.

（146） Revesz, 前掲注 145, 1755.

（147） Cross & Tiller, 前掲注 145 をみよ.

（148） *467 U.S. 837*（1984）.

（149） Cross & Tiller, 前掲注 145, 2172.

（150） 同上.

（151） 同上.

（152） 経験的事実に言及したものとして，Christensen & Abbott, 前掲注 16, 273-77 をみよ.

（153） 時間の経過とともに，「考えられない」から「考えない」へ変化することを論じたものとして，Kuran, 前掲注 30, 176-95 をみよ.

（154） アフリカ系米国人向けの新聞にかかわる議論について，Jacobs, 前掲注 14, 31-53 をみよ.

（155） 後掲注 163-172 に触れる文献.

（156） たとえば，Shapiro, 前掲注 127, 205-07; Sunstein, 前掲注 131, 180-182, 187-189.

（157） さまざまなパースペクティブについて，*Deliberative Democracy*, 前掲注 5 をみよ.

（158） 不完全な手続的正義と純粋な手続的正義に関する議論について，Rawls, 前掲注 2, 83-90.

（159） たとえば，1 Jürgen Habermas, *The Theory of Communicative Action* 99（Thomas McCarthy trans., Beacon Press 1984）（1981）. このようにハーバーマスは，戦略的行為とコミュニケーション行為を区別し，「了解へ到達することが協働的に追求される目標とされる」ことを強く主張する．同上．ハーバーマスの見解を扱っている次の文献をみよ．Gutmann & Thompson, 前掲注 5, 52-94. 相互性について言及しながら，理由によって立場を正当化したいという願望の存在を強調的に論じている.

（160） Robert E. Goodin, Laundering Preferences, in *Foundations Of Social Choice Theory* 75, 77-90（Jon Elster & Aanund Hylland eds., 1986）をみよ（不評を買いそうな意見表明を控える自己検閲について論じている）.

てほしい．現実の強盗団は，通常の会話においてはコーシャス・シフトがみられるが，実行に移すときにはリスクの高い方に向かう変化がみられる（そして同時に，一般市民の危険が高まる）のである． Cromwell et al., 前掲注 67.

（124） Jacobs, 前掲注 14, 140–51 をみよ．

（125） Kuran, 前掲注 104, 648.

（126） 同上 650–51 をみよ．

（127） たとえば，Andrew L. Shapiro, *The Control Revolution* 124–32（1999）.

（128） 同上 124–28 をみよ．

（129） Jacobs, 前掲注 14, 144–45.

（130） 同上.

（131） 議論の詳細について，Cass R. Sunstein, *Republic.Com*（2001）〔石川幸憲訳『インターネットは民主主義の敵か』毎日新聞社，2003 年〕）.

（132） Wallace, 前掲注 3, 78.

（133） Kuran, 前掲注 104, 635–51.

（134） 次の文献の，オンラインで活動する集団の内部で起こる重大な誤りについての論証を比較参照せよ．Ross Hightower & Luftus Sayeed, "The Impact of Computer-Mediated Communication Systems on Biased Group Discussion," 11 *Computers In Hum. Behav.* 33（1995）.

（135） *Syracuse Peace Council v. FCC, 867 F.2nd 654*（D.C. Cir. 1989）.

（136） 同上 661 をみよ．

（137） Thomas W. Hazlett & David W. Sosa, "Was the Fairness Doctrine a "Chilling Effect"? Evidence from the Postderegulation Radio Market," 26 *J. Legal Stud.* 279（1997）（論文タイトルの問いに対し，肯定的な回答をしている）.

（138） Habermas, 前掲注 5, 362.

（139） Cass R. Sunstein, "Television and the Public Interest," 88 *Cal. L. Rev.* 499, 549–57（2000）.

（140） Shapiro, 前掲注 127, 205–07. Sunstein, 前掲注 131 もみよ（多様な見解との接触を推進するよう企図するシャピロの提案と，他の改革案について論じている）.

（141） この語はニコラス・ネグロポンテによる．Shapiro, 前掲注 127, 45.

（142） Brown, 前掲注 8, 227–29（さまざまな研究を集めている）.

（143） 同上 229. Schkade et al., 前掲注 8 をみよ．懲罰的損害賠償について審議する陪審で生じるチョイス・シフトを扱っている．

よりも高い額――場合によってはかなり高い額――を決定するのである．同上1155-56をみよ．また，Cason & Mui, 前掲注8, 1476-78もみよ．当初の意見の分布にかかわりなく，集団が全体として，みずからの物質的利益を公正のために犠牲にする方へ，方向を変えることを見出した．ケイソンとムイは，独裁者ゲームの特徴をもつ状況下でのチョイス・シフトについて研究している．その実験では，1人が一定額の金の配分を提案するよう求められる．彼女は，自分とその他の被験者との配分の仕方を提案し，提案者以外の被験者は，それがそのような配分の仕方であっても受け入れなければならない．ケイソンたちが見出したのは，一般的に集団は，集団討論の結果，平等な配分を提案する方向へ向かうということである．

(112)　David G. Myers, "Polarizing Effects of Social Interaction," in *Group Decision Making*, 前掲注87, 125, 135.

(113)　Kuran & Sunstein, 前掲注25, 733の利用可能性起業家（availability entrepreneurs）およびCass R. Sunstein, "Social Norms and Social Roles," 96 *Colum. L. Rev.* 903, 909（1996）の，規範起業家（norm entrepreneurs）に関する議論を比較参照のこと．これらの用語が強調するのは，利己的であると利他的であるとを問わず，政治的リーダーが発するシグナルにはさまざまな種類があるということである．極化起業家は，利用可能性起業家と同様，人間の心理には自分が向かせたい方向への動きを生み出すために簡単に利用できる側面がある，ということを認識していることがわかる．

(114)　Lois Marie Gibbs, *Love Canal: The Story Continues...*（1998）をみよ．

(115)　同上28-110.

(116)　Penina Glazer & Myron Glazer, *The Environmental Crusaders* 6-15, 50-57, 171-73（1998）をみよ．

(117)　Turner et al., 前掲注11, 154.

(118)　この例は，ヴィクトル・オシャティンスキーが示したものである．

(119)　Aronson, 前掲注17, 242-43と比較参照せよ（ジョーンズ・タウンで起きた集団自殺について論じている）．

(120)　Turner et al., 前掲注11, 158, 167-70.

(121)　Heath & Gonzalez, 前掲注81, 323-24.

(122)　同上322.

(123)　たとえば，*Callanan v. United States, 364 U.S. 587, 593-94*（1961）（「協働で行為すると，そこに加わっている個人が犯罪へ進む道から外れる可能性が低くなる」）．この点を指摘してくれたダン・カーンに感謝する．思い出し

人々からなる集団（たとえば，−5から+5までで表す尺度上で，構成員すべてが+1であることから，中央値が+1となる）よりも，多様な人々の混じる集団（たとえば，さまざまな見解があり，同じ尺度上での中央値が+3となる）方なのである．

（101） Schkade et al., 前掲注 8. 実験又は現実世界の時間の経過において，最初の見解につき小さな差しかない場合がある．この場合の影響については疑問もある．たとえば，積極的差別是正措置に 5 人が反対で 6 人が賛成の集団と，6 人が反対で 5 人が賛成の集団とが，最終的にはまったく異なる立場にたどりついているということが，本当にあるのだろうか．おそらく答えとしてもっとも適切なのは，以下のようなものとなる．すなわち，このような二つの集団は，もともとの中間的見解が非常に近いので，事件においても，そしておそらく現実世界においても，時間の経過によって大きな変化が生じる可能性は低い．

（102） 同上 1156.

（103） 同上 1140.

（104） 関連して，1960 年代の熟議集団について論じたものとして，James Miller, *"Democracy Is In The Streets": From Port Huron To The Siege Of Chicago*（1994）. ラディカリズムの増加とラディカルな見解の拡大を追っている．これと次の文献で示された東ヨーロッパの「民族化」の議論とを比較せよ．Timur Kuran, "Ethnic Norms and Their Transformation Through Reputational Cascades," 27 *J. Legal Stud.* 623, 648-49（1998）. 後掲注 125 から 126 とそこで触れる文献をみよ．

（105） Turner et al., 前掲注 11, 152 をみよ（「極化が予測される諸々の状況の幅はどのくらいか」という問いに対する明確な答えは存在しないことが示唆されている）.

（106） 後述第 4 節（5）での，立法府の議員に関する議論をみよ．現実世界においてどうしても目立つ例として，1980 年から 1992 年にかけて民主党が中道派へ変転したこと，共和党が 1995 年から 2000 年にかけて中道派へ変転したことを思い起こしてほしい．

（107） Hirschleifer, 前掲注 18, 198-200（情報公開の効果について論じている）.

（108） Schkade et al., 前掲注 8.

（109） 同上 1161-62.

（110） 同上．

（111） 懲罰的賠償の研究によって得られたデータは，この推論を強固に支持する．審議を行った多くの陪審が，審議前に個別の陪審員が考えた額の最高額向性に沿ったものとなる．そして，ここに個人の変化が生じる．同上．予想される相違と裏づけ証拠について，同上 158-70 をみよ．非常に興味深い内容が含まれている．それは，他より極端主義的な人々の集団は，極端主義的な方向に向かって，相対的により大きな変化をみせることが予測される，ということである．この内容は，おそらく説得討議理論となんらかの対立を生じることになる．同上 158.

(85) 同上 151.

(86) Harrington, 前掲注 35, 26.

(87) Maryla Zaleska, "The Stability of Extreme and Moderate Responses in Different Situations," in *Group Decision Making* 163, 164 (Hermann Brandstätter et al. eds., 1982).

(88) Wallace, 前掲注 3, 73-76; Abrams et al., 前掲注 12, 113-16; Spears et al., 前掲注 70, 130-31.

(89) Spears et al., 前掲注 70, 122-24.

(90) Harrington, 前掲注 83, 26.

(91) 群衆行動，抑圧，社会的同一性に関する啓発的な所見が次の文献にある．Amartya Sen, *Reason Before Identity* 19-22 (1999).

(92) Turner et al., 前掲注 11, 159-62; Abrams et al., 前掲注 12, 98-99; Spears et al., 前掲注 70, 123-24, 130-31.

(93) Eugene Burnstein, "Persuasion as Argument Processing," in *Group Decision Making*, 前掲注 87, 103, 107-11.

(94) Duncan A. Ferguson & Neil Vidmar, Effects of Group Discussion on Estimates of Culturally Appropriate Risk Levels, 20 *J. Personality & Soc. Psychol.* 436, 443-44 (1971).

(95) Brown, 前掲注 8, 225.

(96) Amiram Vinokur & Eugene Burnstein, "Effects of Partially Shared Persuasive Arguments on Group-Induced Shifts: A Group-Problem-Solving Approach," 29 *J. Personality & Soc. Psychol.* 305, 314 (1974).

(97) Burnstein, 前掲注 93, 111-12.

(98) Brown, 前掲注 8, 226.

(99) Fishkin & Luskin, 前掲注 6, 29-30.

(100) これは大げさな単純化である．真に問題なのは，熟議前の中間的見解である．中間に位置する見解に極端な性質があればあるほど，生じる変化は極端なものとなる．そして，中間に位置する見解が極端なのは，似通った考えの

ついて）実験にもとづく研究により，社会的影響からの説明が支持される．ただし，議論の説得力からの説明を支持するものではない．Cason & Mui, 前掲注 8, 1476-78.

(80) たとえば，Mark Kelman et al., "Context-Dependence in Legal Decision Making," in *Behavioral Law and Economics*, 前掲注 78, 61, 71-76 をみよ（とりわけ，同じ選択がより好ましいと評価されるのは，一定範囲の選択肢のうち，それが中間的なものだと考えられるときである，という知見について論じている）．

(81) これと関連して，自分と同じ意見を聞くことで，個人的立場に対する確信が増し，同方向のより極端な判断へ向かう道を構成員に開くことが，可能性としてありうる．この可能性は，ヒースとゴンザレスによって提示されている．Chip Heath & Rich Gonzalez, "Interaction with Others Increases Decision Confidence but Not Decision Quality: Evidence Against Information Collection Views of Interactive Decision Making," 61 *Org. Behav. & Hum. Decision Processes* 305, 318-19 (1995).

(82) いうまでもなく，これは映画「12 人の怒れる男」のプロットである．この映画では，陪審員のなかで 1 人だけ意見の異なる男性をヘンリー・フォンダが演じており，彼が陪審全体の意見を変えていく．*Twelve Angry Men* (United Artists 1957) をみよ．Brown, 前掲注 8, 229-39 もみよ（この映画の心理学的リアリズムについて論じている）．

(83) Brooke Harrington, "The Pervasive Effects of Embeddedness in Organizations," 23-24 (1999) (unpublished manuscript, on file with *The Yale Law Journal*).

(84) Hermann Brandstätter, "Social Emotions in Discussion Groups," in *Dynamics Of Group Decisions* 93, 93-97, 106-08 (Hermann Brandstätter et al. eds., 1978). Turner et al., 前掲注 11, 154-59 において，著者たちは，この証拠を新たな体系を形作る基礎として使おうとしている．その体系を，彼らは「集団極化の自己カテゴリー化理論」と呼んでいる．同上 154 をみよ．これが説明するには，「説得力の有無は，集団内における共通のアイデンティティを創り出す自己カテゴリー化にかかっている」．そして，集団極化が起こる「理由は，集団構成員が，自分の意見を，集団の立場だとイメージするものに合わせる（同調する）からである．そして，より極端な，すでに極化しているプロトタイプ的な応答が，このイメージを決めるのである」．同上 156 をみよ．集団が一定の方向に傾いていると，「プロトタイプ」として認識されるのは，その方実際にどこが平均かわかるとすれば，次のように考えられないだろうか．すなわち，人は誰しも自分はそれなりに大胆な人間だと思いたいのであり，平均より下にいる人は，よりリスクの高い立場をとる動機を有することから，平均を変動させ，リスキー・シフトを生じさせる，と．Brown, 前掲注 8, 214.

(76)　Allan I. Teger & Dean G. Pruitt, "Components of Group Risk Taking," 3 *J. Experimental Soc. Psychol.* 189 (1967).

(77)　ここで，駆け引きと多元的無知の除去の両方を指摘できるだろう．多元的無知とは，他人が何を考えているか（あるいは，考えていることを進んで口にするか）を知らないことである．これらの知見に含意されているのは，人は同調したいわけではなく，感じのよい形で違っていたいと思うということである．「単純接触」にかかわる知見は非常に示唆的であるが，これが社会的影響の説明を確証するわけではない．可能性としてありうるのは，他人の見解というのは，議論からまったく離れたところでただ単に情報的刺激を与えるのであり，したがって，人は評判を維持するために動くのではなく，正しいことをするために動く，ということである．

(78)　集団極化現象の存在により，経済学や法学における合理的主体モデルに関して，さまざまな疑念が提示されると思われる（これらのモデルについての概観は，Gary S. Becker, *Accounting for Tastes* (1996); *Behavioral Law and Economics* (Cass R. Sunstein ed., 2000) をみよ）．ただ，ここまで述べてきた集団内部の個人の言動についていえば，そのような疑念の余地はない．提示された議論の根拠について評価を行うことはじつに合理的である．もし，変化を正当化すると考えられる議論がもっとも多く，もっとも説得的であるならば，個人に変化が生じるのはまったく合理的である．より困難な問題は，「社会的影響」によって集団極化を説明することから生じると考えられる．ただ，人が自分の評判を気にするのもまた，合理的な現象である．もし，人が評判を気にするがゆえに自分の評価を変えるとしたら，一定の評判の維持は端的に人の関心の一部だということになる（そして，このことに不合理な点はどこにもない）．人がもし，評判を理由に意見を変えたのではなく，一定の自己像を理由に変えたとしよう——たとえば，自分は大胆な人であるとか，強い国防にコミットしているとか，人種問題について左寄りの立場だと考えている場合である．その場合の，他人の見解に触れた後の立場の変更もまた，まったく合理的である．

(79)　Brown, 前掲注 8, 219-20.（公正のために進んで金銭を犠牲にすることに

Technology Library）を引用している）．James A.F. Stoner, "Risky and Cautious Shifts in Group Decisions," 4 *J. Experimental Soc. Psychol.* 442（1968）．この段落と次の段落の内容は次の文献から引いている．Brown, 前掲注 8, 200–06.

（64） この区別の例として，Zuber et al., 前掲注 10, 50, 59 をみよ．

（65） 同上 59.（「チョイス・シフトと集団極化は区別される必要がある．（…）これら二つのレベルにおいて進行するプロセスは，それぞれ異なる可能性がある」.）

（66） 概要について，Brown, 前掲注 8, 208–10 をみよ．

（67） Paul F. Cromwell et al., "Group Effects on Decision-Making by Burglars," 69 *Psychol. Rep.* 579, 586（1991）.

（68） Brown, 前掲注 8, 211.

（69） 同上 224, 226–27.

（70） 比較的最近の関連文献として，Russell Spears et al., "De-Individuation and Group Polarization in Computer-Mediated Communication," 29 *Brit. J. Soc. Psychol.* 121（1990）.

（71） Turner et al., 前掲注 11, 153.

（72） Brown, 前掲注 8, 207–08. ただ，注意が必要なのは，集団極化作用が「模範的な集団構成員」への同調にあるとするのも，一つの説明の仕方だということである．そのような説明をするのが「メタ・コントラスト原理である．すなわち，ある人と内集団の構成員との相違が小さければ小さいほど，その人と外集団の構成員との相違は大きくなり，その人はますます内集団の典型に近づく」. Craig McGarty et al., "Group Polarization as Conformity to the Prototypical Group Member," 31 *Brit. J. Soc. Psychol.* 1, 3（1992）. この立場はさまざまな問題を提起する．そして，この立場ともっとも適合的なのは，被験者が容易に内集団と外集団を把握することのできる場合である．同上をみよ．

（73） Brown, 前掲注 8, 210–29, および Isenberg, 前掲注 55. この文献をレビューしている．概観と新たな整理の仕方を提案するものとして，Turner et al., 前掲注 11, 142–70 もみよ．

（74） 大気浄化法の制定過程について，非常に鮮やかに論証したものとして，E. Donald Elliott et al., "Toward a Theory of Statutory Evolution: The Federalization of Environmental Law," 1 *J.L. Econ. & Org.* 313（1985）をみよ．ただ，ここで論じているメカニズムを明らかにしているわけではない．

（75） ブラウンは次のように述べている．

をみよ．種々様々な知見を見出している．

(55) Daniel J. Isenberg, "Group Polarization: A Critical Review and Meta-Analysis," 50 *J. Personality & Soc. Psychol.* 1141, 1141 (1986).

(56) 異なる熟議集団が各々異なる方向へ極化した場合，もともとは少しの違いしかなかったのに，行き着く先がまったく違ったものとなりうる．なんらかの提案について構成員が最初反対に傾いていた集団と，同じ提案について構成員が最初賛成に傾いていた集団は，もともと非常に近い立場にある．しかし，もし，二つの集団がそれぞれの集団内部で一定の頻度で討論を行いながらも，集団どうしで互いに討論を行うことがなければ，二つの集団の最終的な立場はまったく異なるという状況になりうるのである．

(57) Brown, 前掲注 8, 222-26. ここには，米国，英国，フランスが含まれる．たとえば，Abrams et al., 前掲注 12, 112 (New Zealand); Zuber et al., 前掲注 10 (Germany) もみよ．もちろん，集団極化に向かう傾向が，文化圏によって大きかったり小さかったりする可能性はある．これは実証的研究にとってきわめて興味深い領域となるだろう．

(58) Brown, 前掲注 8, 224.

(59) David G. Myers, "Discussion-Induced Attitude Polarization," 28 *Hum. Rel.* 699, 710-12 (1975).

(60) Brown, 前掲注 8, 224 (discussing a study in David G. Myers & George D. Bishop, "The Enhancement of Dominant Attitudes in Group Discussion," 20 *J. Personality & Soc. Psychol.* 386 (1971)).

(61) 同上.

(62) 実験にもとづく研究において，極化の発生は指定された問題と選択肢を前提としている．したがって，極端主義に向かう傾向は，選択肢と相関的であり，かならずしも規範的な意味での極端主義を意味するとはかぎらないし，全人口にわたる極端主義を指すわけでもない．現実世界において，政治的起業家たちは，その関心が利己的か利他的かに関係なく，なんらかの意味で問題における選択肢の重要性に気づいており，みずから意図して人目を引くように作られた選択肢に沿って変化を生じさせようとする．人目を引く選択肢（「伝統的に不利な立場におかれてきた集団に対する救済措置は好ましいか」に対置される「割り当てに賛成するか」）は，きわめて重要となりうるのである．

(63) Brown, 前掲注 8, 248 (J.A.F. Stoner, "A Comparison of Individual and Group Decisions Including Risk" (1961) (unpublished M.S. thesis, Massachusetts Institute of Technology) (on file with *the Massachusetts Institute of*

(44) Mark Granovetter, "Threshold Models of Collective Behavior," 83 *Am. J. Soc.* 1420, 1441-42 (1978). 最近のよく知られた研究として，Malcolm Gladwell, *The Tipping Point* 5-22 (2000) をみよ．

(45) Anderson & Holt, 前掲注 42 をみよ．

(46) Sushil Bikhchandani et al., "A Theory of Fads, Fashion, Custom, and Cultural Change as Informational Cascades," 100 *J. Pol. Econ.* 992 (1992), Kuran & Sunstein, 前掲注 25, 715-35 をみよ．

(47) Robert J. Shiller, *Irrational Exuberance* 151-67 (2000).

(48) Kennedy, 前掲注 24.

(49) これらの例のいくつかについて，次の文献で論じている．Kuran & Sunstein, 前掲注 25, 725-35; Granovetter, 前掲注 44, 1422-24. エイズに関連して，南アフリカでは，不幸な，そして文字どおり致命的なカスケード効果が見出せる．ムベキ大統領は，エイズと HIV との関連性について疑念を表明し，それは広く喧伝された．これが広まったのは，ネットサーフィンが行われることによって，「否定論者」の見解が知られるようになったからである．Thomas H. Maugh II, "AIDS Researchers Meet at Ground Zero," *L.A. Times*, July 10, 2000, at A1, 2000 WL 2258962. この他にも，たとえば，「奇跡的な回復」は現実にあり，自然食品が人の身体を守り治すのだ，といった類の多くの神話が広められている．Donald G. McNeil Jr., "South Africa: AwC'mon, You Don't Really Believe Those AIDS Myths," *Africa News*, June 11, 1999, 1999 WL 19530508 をみよ．

(50) Daughety & Reinganum, 前掲注 42, 167-82 をみよ（裁判所における群衆行動の可能性について論じている）．

(51) この点は，集団極化に関する知見と相通ずるところがある．自分なりの見解を確固として有している人たちは，討論の結果として意見が「変動する」可能性が低いのである．後掲注 98-99 で触れる文献をみよ．

(52) Kuran, 前掲注 30, 4-21.

(53) Susanne Lohmann, "The Dynamics of Informational Cascades: The Monday Demonstrations in Leipzig, East Germany, 1989-91," 47 *World Pol.* 42, 76 (1994) をみよ．

(54) 本章では，関連する問い，すなわち個々人の行う決定における認識バイアスや動機バイアスを集団が増幅するのか，あるいは除去するのか，という問題は扱わない．一般的に概観したものとして，Norbert L. Kerr et al., "Bias in Judgment: Comparing Individuals and Groups," 103 *Psychol. Rev.* 687 (1996)

Yale Law Journal）もみよ．ここで示されているのは，社会的紐帯が機能している場合，反対意見が抑えられ，結果的に判断が質の悪いものになる可能性がある，ということである．

（36）　Abrams et al., 前掲注 12, 106-08.

（37）　同調の度合いがもっとも低く，そして答えの正確性がもっとも高いのは，公に意見を表明する人々が，自分たちは異なる集団に属すると考えている場合である．同時に，同調が起こり，不正確な回答がなされる頻度がもっとも多いのは，公に意見を表明する人々が，自分たちは同じ集団に属すると考えている場合である．これは，実験下における個人的な回答が不正確なものとなる頻度が，他の状況と比べて大して多いわけではない場合ですら，そうである．同上 108 をみよ．

（38）　Asch, 前掲注 31, 17.

（39）　Aronson, 前掲注 17, 23-24.

（40）　Abrams et al., 前掲注 12, 108. 対照的に，自分たちは異なる集団に属していると考えている人々が，公に意見表明するときは，より正確で同調的ではない答えがなされる．ここから，興味深く難しい問題が引き出される．個人的に意見を聞かれて答えた場合より，公に意見表明するときの方がより正確なのはなぜか，という問題である．この問いに答えるには，被験者たちが（たとえ心のなかでその意見は正しいのではないかと思っているとしても），自分が属するのとは異なる集団に属する人々の意見に反対することが，明らかに好ましいと思う可能性について考えればよい．現実世界において，このような作用は，人が，対立あるいは敵対している人たちに同意するのかと問われた場合に，強くなると考えられる．人は，たとえ答えが「イエス」でも「ノー」ということがあるだろう．その理由は単純に，同意することによって評判と自己像の両方を損ねるからである．

（41）　Asch, 前掲注 31, 21.

（42）　たとえば，Lisa R. Anderson & Charles A. Holt, “Information Cascades in the Laboratory,” 87 *Am. Econ. Rev.* 847（1997）; Abhijit V. Banerjee, “A Simple Model of Herd Behavior,” 107 *Q.J. Econ.* 797（1992）; Sushil Biikhchandani et al., “Learning from the Behavior of Others: Conformity, Fads, and Informational Cascades,” 12 *J. Econ. Persp.* 151（1998）; Andrew F. Daughety & Jennifer F. Reinganum, “Stampede to Judgment: Persuasive Influence and Herding Behavior by Courts,” 1 *Am. L. & Econ. Rev.* 158, 159-65（1999）.

（43）　Kuran & Sunstein, 前掲注 25, 763-67 をみよ．

〔*Journal of Industrial Economics*, Vol. 50, No. 1, pp. 57–84, March 2002 と同一〕

（25） Timur Kuran & Cass R. Sunstein, “Availability Cascades and Risk Regulation,” 51 *Stan. L. Rev.* 683, 767（1999）; H. Wesley Perkins, “College Student Misperceptions of Alcohol and Other Drug Norms Among Peers: Exploring Causes, Consequences, and Implications for Prevention Programs,” 177, 194, in U.S. Dep't of Educ., *Designing Alcohol and Other Drug Prevention Programs in Higher Education: Bringing Theory into Practice*（1997）. 以下でみることができる．http://www.edc.org/hec/pubs/theorybook/perkins.pdf.〔http://www.higheredcenter.org/services/publications/designing-alcohol-and-other-drug-prevention-programs-higher-education-bringing と同一〕．伝染効果についての概略は，次の文献にうまくまとめられている．Gardner et al., 前掲注 21, 91–93.

（26） たとえば，Aronson, 前掲注 17, 22; Ross & Nisbett, 前掲注 17, 44–45.

（27） Andrew Caplin & John Leahy, “Miracle on Sixth Avenue: Information Externalities and Search,” 108 *Econ. J.* 60, 61（1998）.

（28） George A. Akerlof, “A Theory of Social Custom, of Which Unemployment May Be One Consequence,” in *An Economic Theorist's Book of Tales* 69（1984）.

（29） Robert H. Frank, *Luxury Fever* 8–10, 122–45（1999）をみよ（贅沢品の購入と地位向上をめぐる競争とを関連づけている）．ここが，唯一フランクが説明している箇所である．彼はまた，大多数の人々により形作られる「準拠枠」についても強調する．同上 131–32 をみよ．

（30） Kuran & Sunstein, 前掲注 25, 691–703, 715–35（一定のカスケードと民主政治との間にある関連性について論じている）．Timur Kuran, *Private Truth, Public Lies* 3–21（1995）もみよ（人々から受けるプレッシャーの故に，選好について実際とは異なることを述べる現象について論じている）．

（31） 概要について，Solomon E. Asch, “Opinions and Social Pressure,” in *Readings About The Social Animal* 13（Elliot Aronson ed., 1995）をみよ．

（32） 同上 15 をみよ．

（33） 同上 16 をみよ．

（34） 同上 18 をみよ．

（35） Abrams et al., 前掲注 12, 106–08. 集団構成員の間にある社会的紐帯の「悪い面」にかかわる議論について，Brooke Harrington, “Cohesion, Conflict and Group Demography”（1999）（unpublished manuscript, on file with *The*

in *Decision Making In Health Care* 267, 273–76 (Gretchen Chapman & Frank Sonnenberg eds., 2000).

(17) たとえば，Dan M. Kahan, "Social Influence, Social Meaning, and Deterrence," 83 *Va. L. Rev. 349* (1997). 広範に概観したものとして，Elliot Aronson, *The Social Animal* (7th ed. 1995); Lee Ross & Richard E. Nisbett, *The Person and The Situation* (1991) をみよ．これらは両方ともに，長く詳細に，そして非常に啓発的に論じているが，驚くことに，集団極化については扱っていない．

(18) カスケードに加わることの合理性について，David Hirschleifer, "The Blind Leading the Blind: Social Influence, Fads, and Informational Cascades," in *The New Economics of Human Behavior* 188, 189 (Mariano Tommasi & Kathryn Ierulli eds., 1995) をみよ．

(19) あるマイクロソフトの社員が概略的に述べた，マイクロソフトの社員たちの態度について知ると，興味深く率直な議論ができるだろう．Michael Kinsley, "The View from the Cafeteria: Microsoft Employees Don't Recognize Themselves in the Government's Suit," *Time*, Apr. 10, 2000, 152, 2000 *Wl* 17632849 をみよ．この議論はカスケード効果と集団極化を示すものとして引用されてもおかしくはない．

(20) Ross & Nisbett, 前掲注 17, 28–57; Dan M. Kahan, "Gentle Nudges vs. Hard Shoves: Solving the Sticky Norms Problem," 67 *U. Chi. L. Rev.* 607 (2000); Kahan, 前掲注 17.

(21) Harold H. Gardner et al., "Workers' Compensation and Family and Medical Leave Act Claim Contagion," 20 *J. Risk & Uncertainty* 89, 101–10 (2000).

(22) Robert B. Cialdini et al., "A Focus Theory of Normative Conduct: Recycling the Concept of Norms To Reduce Littering in Public Places," 58 *J. Personality & Soc. Psychol.* 1015, 1017 (1990).

(23) Stephen Coleman, *Minn. Dep't of Revenue, The Minnesota Income Tax Compliance Experiment State Tax Results* 1, 5–6, 18–19 (1996), http://www.state.mn.us/ebranch/mdor/reports/compliance/pdf.〔http://www.taxes.state.mn.us/legal_policy/research_reports/content/complnce.pdf と同一〕

(24) Robert E. Kennedy, "Strategy Fads and Competitive Convergence: An Empirical Test for Herd Behavior in Prime-Time Television Programming" (Aug. 1999) (unpublished manuscript, on file with *The Yale Law Journal*).

掲注 5, 360-87; Jürgen Habermas, *The Structural Transformation Of The Public Sphere* (Thomas Burger trans., Mass. Inst. of Tech. Press 1989) (1962).

(10) 注意が必要なのは，ここで述べていることには，二つの異なった側面が含まれているということである．第一に，集団的決定を求められた熟議集団は，熟議開始前の全構成員の意見の中間に位置する立場がもつ方向性をより極端なものにする方向へ向かうことが予測される，という側面．第二に，熟議集団に属する個々の構成員に，討論後に匿名で意見を聞くと，彼らの傾向が，熟議開始前の全構成員の意見の中間に位置する立場がもつ方向性をより極端なものにする方向へ向かうことが予測される，という側面．この二つの現象は，実証研究の文献において一緒くたにされていることが多いし，私も本章でつねに区別するわけではない．しかし，目的によっては，この区別が重要な場合がある．そして，それゆえに，「チョイス・シフト」として言及される集団の動きと，「集団極化」として言及される個々人の動きを区別する研究が存在するのである．たとえば，Johannes A. Zuber et al., "Choice Shift and Group Polarization: An Analysis of the Status of Arguments and Social Decision Schemes," 62 *J. Personality & Soc. Psychol.* 50, 50, 59 (1992). この区別については，本章でも後により詳細に論じる．後掲注 64-65 で触れる文献をみよ．

もう一つ注意が必要なのは，実験において，極端主義の程度もさまざまな傾向も，なんらかの外的な基準あるいは規範的基準によって測定されるわけではない，ということである．測定は，集団構成員個々の以前の状態との比較で行われる．たとえば，ある見解に賛成か反対か，それはどの程度かを，−5 から 5 までの値で示すよう尋ねる形である．

(11) John C. Turner et al., *Rediscovering The Social Group* 142 (1987).

(12) Dominic Abrams et al., "Knowing What To Think by Knowing Who You Are," 29 *Brit. J. Soc. Psychol.* 97, 112 (1990).

(13) ここで述べているのは現実世界で行われる熟議のことであって，理念としての熟議について考察する論者が示すような諸条件のもとで行われる熟議のことではない．たとえば，Habermas, 前掲注 5, 99-131 をみよ．

(14) 最後の点について，アフリカ系米国人向けの新聞に関する議論を行った Ronald Jacobs, *Race, Media, And The Crisis Of Civil Society: From Watts To Rodney King* 140-51 (2000) をみよ．

(15) 憲法問題とのかかわりについて，後掲注 164-165，169-171.

(16) Caryn Christensen & Ann S. Abbott, "Team Medical Decision Making,"

論調査（deliberative opinion poll)」を用いた，フィシュキンの継続的な実験である．James S. Fishkin & Robert C. Luskin, "Bringing Deliberation to the Democratic Dialogue," in *The Poll with a Human Face* 3（Maxwell McCombs & Amy Reynolds eds., 1999）をみよ．フィシュキンが設定した集団は，少なくとも規則的には，極化をしない．この結果が独特の条件設定の産物であることは間違いない．そこでは，事実や価値の主張に応じて，各々の議題にかかわる議論の素材が示されるのである．フィシュキンの研究については，後掲注193-203に触れる文献をみよ．

(7) Aristotle, *The Politics* 108-09（Ernest Barker trans., Oxford Univ. Press 1995).

(8) このテーマについて，心理学においては数多くの研究が残されてきた．たとえば，Roger Brown, *Social Psychology: The Second Edition* 200-48（1986)．にもかかわらず，経済学，社会学，哲学，法学，政治学に関連する文献においては，私の知るかぎり，このテーマに関して継続的な議論は行われていない．また，集団極化と社会的言動との関連性，あるいは，集団極化と民主主義との関連性について扱ったものもないようである．経済学における例外として，Timothy Cason & Vai-Lam Mui, "A Laboratory Study of Group Polarisation in the Team Dictator Game," 107 *Econ. J.* 1465（1997)．著者たちは，この論文を「経済学に，この心理学の成果を取り入れることを試みた最初の研究」だとしている．同上1466をみよ．社会学においても，このテーマを扱ったものは非常に少ない．そのうちの一つとして，Noah E. Friedkin, "Choice Shift and Group Polarization," 64 *Am. Soc. Rev.* 856（1999）をみよ．集団極化にかかわる調査は次の文献のなかでも行われている．Kenneth L. Bettenhausen, "Five Years of Groups Research: What We Have Learned and What Needs To Be Addressed," 17 J. *Mgmt.* 345, 356-59（1991).

陪審の審議が行われる状況での集団極化に関し，有意義な議論を行ったものが，いくつかある．1976年に行われた模擬陪審実験（Brown, 前掲注226-29）によって，集団極化が検証され，実際に極化が起こることが見出された．同上228をみよ．そして，集団極化の検証を目的としたわけではない他の多くの模擬陪審によって，証拠が集められている．すなわち，「報告されたデータによって確認可能なあらゆる場合」において，集団極化が生じたという証拠である．同上229をみよ．; David Schkade et al., "Deliberating About Dollars: The Severity Shift," 100 *Colum. L. Rev.* 1139（2000）もみよ．

(9) この用語は，ユルゲン・ハーバーマスの議論に関連する．Habermas, 前

原注

第 1 章

† 本章については，ダニエル・カーネマンとディビッド・シュカーデとの討論を重ね，多くのことを得られた．ここに特別の謝意を表する．また，C・エドウィン・ベーカー，ロバート・エリクソン，エドワード・グレーザー，ロバート・グッディン，クリスティン・ジョルス，ダン・カーン，ティムール・クラン，ローレンス・レシッグ，ジョン・マニング，アンドレイ・マーモー，ヴィクトル・オシャティンスキー，エリック・ポズナー，リチャード・ポズナー，ジェフリー・ラチリンスキー，ディビッド・ストラウスからの有益なコメントにも感謝する．コーネル大学とシカゴ大学で行われたワークショップの参加者には非常にお世話になった．また，オースティンのシカゴ大学で開かれた熟議民主主義に関するカンファレンスの参加者，とくに私の報告に対してコメントいただいたノーマン・ブラッドバーンとロバード・ラスキンにも感謝したい．ブライアン・レーマンとブルック・メイは，調査アシスタントとしてすばらしい手腕を発揮してくれた．

(1) *The Federalist No. 70*, 426–27 (Alexander Hamilton) (Clinton Rossiter ed., 1961)〔斎藤眞・武則忠見訳『ザ・フェデラリスト』福村出版，1998 年，343 頁〕.

(2) John Rawls, *A Theory of Justice, revised edition*, p. 315〔川本隆史，福間聡，神島裕子訳『正義論　改訂版』紀伊國屋書店，2010 年，473 頁〕.

(3) Patricia Wallace, *The Psychology of the Internet* 81–82 (1999).

(4) 道徳的，政治的な議論が個人の判断に影響を及ぼしそうにない場合もある．ここで扱う証拠が示すのは，議論が少なからぬ変化を生むことがしばしばある，ということである．

(5) たとえば，*Deliberative Democracy* (Jon Elster ed., 1998); Amy Gutmann & Dennis Thompson, *Democracy and Disagreement* 128–64 (1996); Jürgen Habermas, *Between Facts and Norms* 287–328 (William Rehg trans., Polity Press 1996) (1992); Cass R. Sunstein, *The Partial Constitution* 133–45 (1993).

(6) 次のものは例外である．James D. Fearon, *Deliberation as Discussion, in Deliberative Democracy*, 前掲注 5, 44; and Susan C. Stokes, “Pathologies of Deliberation,” in *Deliberative Democracy*, 前掲注 5, 123. とくに興味深いのが，多様な人々からなる集団に公的な問題について熟議を行うよう求める「討論型世

わ行

ま行

や行

ら行

な行

は行

た行

さ行

索引　＊イタリック体は原注番号．カッコ内は章数．

訳者略歴（50 音順）

大森秀臣（おおもり・ひでとみ）　第 2 章
岡山大学大学院社会文化科学研究科教授．法哲学．『共和主義の法理論―公私分離から審議的デモクラシーへ』（勁草書房，2006 年），「レトリックと共和政」（『岡山大学法学会雑誌』（一）第 66 巻 2 号，2016 年，（二）第 67 巻 2 号，2017 年）．

那須耕介（なす・こうすけ）　編・監訳，第 4 章
京都大学大学院人間・環境学研究科教授．法哲学．「可謬性と統治の統治：サンスティーン思想の変容と一貫性について」（平野仁彦，亀本洋，川濱昇編『現代法の変容』有斐閣，2013 年，pp. 285-310），「リバタリアン・パターナリズムとその 10 年」（『社会システム研究』第 19 号，2016 年 3 月，pp. 1-35），“Doubting Doubts, Rescuing Beliefs: Brian Tamanaha and Reflection on the Philosophy of Law” in: Kosuke Nasu (ed.) *Insights about the Nature of Law from History*, ARSP-B, Bd. 152 (2017)), pp. 123-132

早瀬勝明（はやせ・かつあき）　第 1 章
甲南大学法科大学院教授．憲法学．『憲法 13 条解釈をどうやって客観化するか』（大学教育出版，2011 年），「あなたは法解釈の客観性を信じますか」（『法哲学年報 2007』，2008 年），「ブラウン判決は本当にアメリカ社会を変えたのか（一）（二・完）」（『山形大学法政論叢』第 35 号，第 36 号，2006 年）など．

松尾陽（まつお・よう）　第 5 章
名古屋大学大学院法学研究科教授．法哲学．「集団分極化と民主的憲法論の課題」（『近畿大学法学』59 巻 4 号，2012 年），「法解釈方法論における制度論的転回（一）（二・完）」（『民商法雑誌』140 巻 1 号・2 号，2009 年）．

米村幸太郎（よねむら・こうたろう）　第 3 章
横浜国立大学国際社会科学研究院准教授．法哲学．「規範的正義論の基礎についてのメタ倫理学的再検討」（『国家学会雑誌』第 121 巻 1・2 号，2008 年），「自然権なしに人権は存在しうるか」（井上達夫編『講座人権論の再定位 5：人権論の再構築』第 5 章，法律文化社，2010 年）．

著者略歴

キャス・サンスティーン　Cass R. Sunstein
1954年生. ハーヴァード大学ロースクール教授. 専門・憲法学, 行政法, 環境法, 法哲学. 1978年ハーヴァード大学ロースクール修了. 連邦最高裁判所で最高裁判事補佐官を務めた他, マサチューセッツ州最高裁判所, 米国司法省等に勤務. 1981年よりシカゴ大学, 2008年から現職. 2009年, 行政管理予算庁の情報・規制問題室長に就任. 著作に『#リパブリック』『選択しないという選択』(以上, 伊達尚美訳, 勁草書房),『命の価値』(山形浩生訳, 勁草書房),『シンプルな政府』『賢い組織は「みんな」で決める』(以上, 田総恵子訳, NTT出版)『実践　行動経済学』(遠藤真美訳, 日経BP社) など.

エドナ・ウルマン＝マルガリート　Edna Ullmann-Margalit　1946年―2010年. ヘブライ大学教授.

熟議が壊れるとき　民主政と憲法解釈の統治理論

2012年10月20日　第1版第1刷発行
2018年11月20日　第1版第3刷発行

著　者　キャス・サンスティーン
編・監訳　那　須　耕　介
発行者　井　村　寿　人

発行所　株式会社　勁《けい》草《そう》書　房

112-0005 東京都文京区水道2-1-1　振替 00150-2-175253
(編集) 電話 03-3815-5277／FAX 03-3814-6968
(営業) 電話 03-3814-6861／FAX 03-3814-6854
精興社・松岳社

ISBN978-4-326-15422-7　Printed in Japan

http://www.keisoshobo.co.jp